中华人民共和国
公司法
注释本

邵兴全　主编

法律出版社
LAW PRESS CHINA
·北　京·

图书在版编目(CIP)数据

中华人民共和国公司法注释本 / 邵兴全主编. -- 6版. -- 北京 : 法律出版社, 2024
(法律单行本注释本系列)
ISBN 978-7-5197-8791-2

Ⅰ. ①中… Ⅱ. ①邵… Ⅲ. ①公司法-法律解释-中国 Ⅳ. ①D922.291.915

中国国家版本馆 CIP 数据核字(2024)第 011585 号

中华人民共和国公司法注释本
ZHONGHUA RENMIN GONGHEGUO GONGSIFA ZHUSHIBEN

邵兴全 主编

责任编辑 李 群 陈 熙
装帧设计 李 瞻

出版发行 法律出版社
编辑统筹 法规出版分社
责任校对 张红蕊
责任印制 耿润瑜
经　　销 新华书店

开本 850 毫米×1168 毫米 1/32
印张 12.625 **字数** 375 千
版本 2024 年 2 月第 6 版
印次 2024 年 2 月第 1 次印刷
印刷 三河市兴达印务有限公司

地址:北京市丰台区莲花池西里 7 号(100073)
网址:www.lawpress.com.cn
投稿邮箱:info@lawpress.com.cn
举报盗版邮箱:jbwq@lawpress.com.cn

销售电话:010-83938349
客服电话:010-83938350
咨询电话:010-63939796

书号:ISBN 978-7-5197-8791-2　　**定价**:28.00 元

凡购买本社图书,如有印装错误,我社负责退换。电话:010-83938349

本书编写组成员名单

主　编　邵兴全

撰稿人（以撰写条文先后为序）

吴圣奎　黄　献　刘海斌　马永林
丁海平　何　巍　肖　平　杨　超
郑　洋　陈　龙　周高彦　胡　玄
杨　璐　陈汉杰　朱雪萍　杨　爱

统稿人　邵兴全　周高彦　马永林

编辑出版说明

现代社会是法治社会,社会发展离不开法治护航,百姓福祉少不了法律保障。遇到问题依法解决,已经成为人们处理矛盾、解决纠纷的不二之选。然而,面对纷繁复杂的法律问题,如何精准、高效地找到法律依据,如何完整、准确地理解和运用法律,日益成为人们"学法、用法"的关键所在。

为了帮助读者快速准确地掌握"学法、用法"的本领,我社开创性地推出了"法律单行本注释本"系列丛书。本丛书自首次出版至今已十余年,历经多次修订完善,现已出版近百个品种,涵盖了社会生活的重要领域,已经成为广大读者学习法律、应用法律之必选图书。

本丛书具有以下特点:

1. 出版机构权威。成立于 1954 年的法律出版社,是全国首家法律专业出版机构,始终秉承"为人民传播法律"的宗旨,完整记录了中国法治建设发展的全过程,享有"社会科学类全国一级出版社""全国百佳图书出版单位"等荣誉称号。

2. 编写人员专业。本丛书皆由相关法律领域内的专业人士编写,并引入匿名审稿评估制度,确保图书内容始终紧跟法治进程,反映最新立法动态,体现条文本义内涵。

3. 法律文本标准。作为专业的法律出版机构,多年来,我社始终使用全国人民代表大会常务委员会公报刊登的法律文本，积淀了丰富的标准法律文本资源，并根据立法进度及时更新相关内容。

4. 条文注释规范。本书对每个条文提炼条文主旨，并对每个条文进行注释，使读者能精准掌握立法意图，轻松理解条文内容。

5. 适用要点详细。本书特设“适用要点”栏目，对实务运用中应该注意的事项、常见的处理方法、关键字句的理解、需要注意的细节或陷阱等，作详细而有条理的阐释。

6. 关联法规全面。本书收录常用法律法规、部门规章等，方便读者快速找到相关联的法规，使全书更为实用。

7. 关联案例精准。本书收录法院裁判典型案例，读者可搜索相应的案号查看案例原文。

8. 新旧对照清晰。本书特设双栏新旧条文对照表，增、删、改规定醒目标出，让读者精准把握新旧条文变化的内容。

需要说明的是，本丛书中“条文主旨”“条文注释”“适用要点”等内容皆是编者为方便读者阅读、理解而编写，不同于国家正式通过、颁布的法律文本，不具有法律效力。本丛书不足之处，恳请读者批评指正。

我们用心打磨本丛书，以期待为法律相关专业的学生释法解疑，致力于为每个公民的合法权益撑起法律的保护伞。

法律出版社法规中心

2024 年 2 月

主要法律法规及司法解释全称简称

1.《中华人民共和国公司法》,简称《公司法》或本法。

2.《中华人民共和国民法典》,简称《民法典》。

3.《中华人民共和国合伙企业法》,简称《合伙企业法》。

4.《中华人民共和国证券法》,简称《证券法》。

5.《中华人民共和国企业破产法》,简称《企业破产法》。

6.《中华人民共和国企业国有资产法》,简称《企业国有资产法》。

7.《中华人民共和国市场主体登记管理条例》,简称《市场主体登记管理条例》。

8. 最高人民法院关于适用《中华人民共和国公司法》若干问题的规定(一),简称《公司法解释一》。

9. 最高人民法院关于适用《中华人民共和国公司法》若干问题的规定(二),简称《公司法解释二》。

10. 最高人民法院关于适用《中华人民共和国公司法》若干问题的规定(三),简称《公司法解释三》。

11. 最高人民法院关于适用《中华人民共和国公司法》若干问题的规定(四),简称《公司法解释四》。

12. 最高人民法院关于适用《中华人民共和国公司法》若干问题的规定(五),简称《公司法解释五》。

目　　录

中华人民共和国公司法

《公司法》新旧条文对照表①

① 因篇幅所限,《公司法》新旧条文对照表收录在二维码中,请读者扫描本页的二维码阅读。

《中华人民共和国公司法》适用提要

一、2023 年《公司法》的主要内容

公司是最重要的市场主体，公司法是社会主义市场经济制度的基础性法律。《公司法》于 1993 年制定，1999 年、2004 年对《公司法》个别条款进行了修改，2005 年进行了全面修订，2013 年、2018 年对公司资本制度相关问题作了两次修改，2023 年进行了系统性修订。2023 年《公司法》共 15 章 266 条，各章主要内容如下：

第一章是总则。该章规定适用于所有公司的共性问题，又被称为“通则”。相对而言，其他章节被称为分则。

第二章是公司登记。2023 年修订时的新设章节，明确公司设立登记、变更登记、注销登记的事项和程序，同时要求公司登记机关优化登记流程，提高登记效率和便利化水平。

第三章是有限责任公司的设立和组织机构。该章规定了有限责任公司的设立、注册资本、股东出资、股东会、董事会、监事会的职权及运作方式。

第四章是有限责任公司的股权转让。该章规定了有限责任公司股权转让的相关问题。

第五章是股份有限公司的设立和组织机构。该章规定了股份有限公司的设立方式、股东出资、股东会、董事会、监事会的职权及

运作方式。

第六章是股份有限公司的股份发行和转让。该章规定了股份有限公司股份发行的原则、类别股及无面额股的发行、股票交付及授权资本制、股份转让等相关内容。

第七章是国家出资公司组织机构的特别规定。该章结合国有企业改革实践,做好与《企业国有资产法》的衔接,对国家出资公司组织机构进行特别规定。

第八章是公司董事、监事、高级管理人员的资格和义务。该章规定了董事、监事、高级管理人员的忠实与勤勉义务,以及违反忠实与勤勉义务的法律责任;同时,对控股股东、实际控制人进行规范。

第九章是公司债券。该章为落实党中央关于公司债券管理体制改革要求,适应债券市场发展实践需要,完善债券发行、债券持有人名册、债券持有人会议等相关规定。

第十章是公司财务、会计。该章规定公司应当按照《公司法》、《会计法》以及相关行政法规、规章的规定,建立公司的财务、会计制度。

第十一章是公司合并、分立、增资、减资。公司合并、分立、增资、减资都属于公司的重大事项,为保护中小股东及债权人利益,该章对这些重大事项规定了严格的程序。

第十二章是公司解散和清算。该章规定了公司的解散、清算等退出规则。

第十三章是外国公司的分支机构。该章规定了外国公司分支机构的设立和经营等问题。

第十四章是法律责任。该章规定了公司、公司的高级管理人员及其他相关人员的法律责任。本章的规定主要以行政责任为主。民事责任主要规定在前面的章节,主要为损害赔偿的责任。本章规定的行政责任则主要是责令改正和罚款。至于刑事责任,则规定在《刑法》中。

第十五章是附则。该章规定了《公司法》中几个重要术语的法定解释及实施时间。

二、2023 年《公司法》修改的主要内容

2023 年 12 月 29 日,十四届全国人大常委会第七次会议修订通过《公司法》。该次修订是贯彻落实党中央关于深化国有企业改革、优化营商环境、加强产权保护、促进资本市场健康发展等重大决策部署的需要,也是适应实践发展,不断完善公司法律制度的需要。在 2018 年《公司法》基本框架和主要制度的基础上作了系统性修改,其具体修改内容如下:

(一)完善公司资本制度

一是完善注册资本认缴登记制度。规定有限责任公司股东出资期限不得超过 5 年。根据国家市场监督管理总局的意见,授权国务院制定具体办法,对 2023 年《公司法》施行前已登记设立且出资期限超过本法规定期限的公司设置过渡期,要求其将出资期限逐步调整至本法规定的期限以内。二是在股份有限公司中引入授权资本制,允许公司章程或者股东会授权董事会发行股份,同时要求发起人全额缴纳股款,既方便公司设立、提高筹资灵活性,又减少注册资本虚化等问题。三是规定股份有限公司可以发行优先股和劣后股、特殊表决权股、转让受限股等类别股。四是允许公司根据章程择一采用面额股或者无面额股。五是允许公司按照规定使用资本公积金弥补亏损。六是规定简易减资制度,允许公司按照规定通过减少注册资本方式弥补亏损，但不得向股东分配，也不得免除股东缴纳出资或者股款的义务。七是增加股东未按期缴纳出资的失权制度、股东认缴出资加速到期制度，规定股权转让后转让人、受让人的责任。

（二）优化公司治理

一是允许公司只设董事会、不设监事会，公司只设董事会的，应当在董事会中设置审计委员会行使监事会职权。二是简化公司组织机构设置。对于规模较小或者股东人数较少的公司，可以不设董事会，设一名董事，不设监事会，设一名监事；对于规模较小或者股东人数较少的有限责任公司，经全体股东一致同意，可以不设监事。三是为更好保障职工参与公司民主管理，规定职工人数300人以上的公司，除依法设监事会并有公司职工代表的外，其董事会成员中应当有公司职工代表。公司董事会成员中的职工代表可以成为审计委员会成员。四是对股份有限公司董事会审计委员会和上市公司董事会审计委员会的议事方式和表决程序作了规定。

（三）加强股东权利保护

一是强化股东知情权。扩大股东查阅材料的范围，允许有限责任公司股东查阅会计凭证，股份有限公司符合条件的股东查阅会计账簿和会计凭证，允许股东查阅、复制全资子公司相关材料。二是完善股份有限公司股东请求召集临时股东会会议的程序，完善股东临时提案权规定，强化股东民主参与公司治理。三是对于公司的控股股东滥用股东权利，严重损害公司或者其他股东利益的，规定其他股东有权请求公司按照合理的价格收购其股权。四是规定公司减少注册资本，应当按照股东出资或者持有股份的比例相应减少出资额或者股份,法律另有规定、有限责任公司全体股东另有约定或者股份有限公司章程另有规定的除外。五是允许股东对公司全资子公司董事、监事、高级管理人员等提起代表诉讼。

(四)强化控股股东、实际控制人和董事、监事、高级管理人员的责任

一是完善忠实和勤勉义务的具体内容。二是加强对董事、监事、高级管理人员与公司关联交易等的规范,增加关联交易等的报告义务和回避表决规则。三是强化董事、监事、高级管理人员维护公司资本充实的责任。四是规定董事、高级管理人员执行职务存在故意或者重大过失,给他人造成损害的,应当承担赔偿责任。五是规定公司的控股股东、实际控制人不担任公司董事但实际执行公司事务的,对公司负有忠实义务和勤勉义务。六是规定公司的控股股东、实际控制人指示董事、高级管理人员从事损害公司或者股东利益的行为的,与该董事、高级管理人员承担连带责任。

(五)完善公司设立、退出制度

一是新设"公司登记"一章,明确公司设立登记、变更登记、注销登记的事项和程序;同时要求公司登记机关优化登记流程,提高登记效率和便利化水平。二是充分利用信息化建设成果,明确电子营业执照、通过国家企业信用信息公示系统发布公告、采用电子通信方式召开会议和表决的法律效力。三是扩大可用作出资的财产范围,明确股权、债权可以作价出资。四是放宽一人有限责任公司设立等限制,并允许设立一人股份有限公司。五是完善公司清算制度,明确清算义务人及其责任。六是增加简易注销和强制注销制度,方便公司退出。

（六）完善国家出资公司相关规定

一是设“国家出资公司组织机构的特别规定”专章，将适用范围由国有独资有限责任公司，扩大到国有独资、国有资本控股的有限责任公司、股份有限公司。二是坚持党对国有企业的领导，强调国家出资公司中中国共产党组织的领导作用。三是要求国有独资公司董事会成员中外部董事应当过半数。四是规定国有独资公司在董事会中设置由董事组成的审计委员会行使监事会职权的，不设监事会或者监事。五是增加国家出资公司应当依法建立健全内部监督管理和风险控制制度的规定。

（七）完善公司债券相关规定

一是根据《关于国务院机构改革方案的决定》将国家发展改革委企业债券审核职责划入中国证监会的要求，删去国务院授权的部门对公开发行债券注册的规定。二是明确公司债券可以公开发行，也可以非公开发行。三是将发行可转债的公司由上市公司扩大到所有股份有限公司。四是增加债券持有人会议决议效力的规定，增加债券受托管理人相关规定。

三、适用《公司法》应当注意的问题

公司作为商业组织形式之一，已经成为人们创造财富、持续推动我国经济社会走向繁荣的主要工具。在公司的生存与发展的过程中，必须将各种生产要素集合起来，这些生产要素的提供者就自然成为公司的利益相关者。公司的利益相关者主要包括股东、债权人、供应商等。这些利益相关者之间的诉求与目标往往不一致，进而容易引发冲突，因此，为了平衡这些利益相关主体的利益，需要制定《公司法》，以规范公司及相关利益主体的行为，促进社会主义市场经济的发展。

《公司法》是我国民商法律制度的重要组成部分，是规定各种公司的设立、活动、解散以及其他对内对外关系的法律规范的总称。在法律性质上，《公司法》属于私法、商事法和商事主体法。设立公司，利用公司投资兴业，需要首先学习、领会《公司法》的基本内容。在这个过程中，有以下几个问题值得注意：

第一，坚持系统性观点。《公司法》规则的构建既精妙又繁复，在学习、理解《公司法》相关制度时，要坚持系统性的观点，善于从整体上进行把握。比如，理解公司资本制度，不仅要理解股东出资等资本进入制度，还要注意与资本流转、利润分配等资本流出制度相衔接，从而实现对公司资本制度的系统性把握。

第二，正确处理《公司法》与《民法典》的适用关系。我国采取的是民商合一的立法体例，在《民法典》之外还存在大量商事特别法，如《公司法》，因此，在适用时必须处理好二者之间的关系。《公司法》相对于《民法典》，前者属于特别法，后者属于一般法。按照特别法优先一般法适用的原则，《公司法》有相关规定的，应当优先适用这些规定。比如，针对股权转让，《公司法》有专章规定，因此，当股权转让发生纠纷时，应优先适用《公司法》中的相关规定。当《公司法》中没有相关规定时，才适用《民法典》总则编、物权编及合同编中的相关规定。

第三，坚持内外有别，保护善意相对人的信赖利益。《公司法》既规定公司设立、运作、退出等主体法律制度，又规范公司经营等行为，因此，《公司法》既是主体法，又是行为法。针对这一特点，在适用《公司法》时，应坚持内外有别，保护善意相对人的信赖利益。比如，对于公司行为而言，公司决议可能因召集程序问题而被撤销，但公司依据该决议与善意相对人形成的交易行为不受影响。

第四，尊重公司自治，司法慎重介入公司纠纷。传统意义上，公司法属于私法，因此，《公司法》中许多条文属于任意性规范，只有少部分条文属于强制性规范。针对这一特点，适用《公司法》裁决公司纠纷时，首先应尊重公司自治，除非确实出现公司自治失灵或损害公共利益的情况，否则，司法不宜介入。比如，股东提起利润分配之诉，如果股东会没有作出利润分配决议，除非存在滥用股东权利的情形，否则应尊重公司自治，驳回股东诉讼请求。

中华人民共和国公司法

（1993年12月29日第八届全国人民代表大会常务委员会第五次会议通过　根据1999年12月25日第九届全国人民代表大会常务委员会第十三次会议《关于修改〈中华人民共和国公司法〉的决定》第一次修正　根据2004年8月28日第十届全国人民代表大会常务委员会第十一次会议《关于修改〈中华人民共和国公司法〉的决定》第二次修正　2005年10月27日第十届全国人民代表大会常务委员会第十八次会议第一次修订　根据2013年12月28日第十二届全国人民代表大会常务委员会第六次会议《关于修改〈中华人民共和国海洋环境保护法〉等七部法律的决定》第三次修正　根据2018年10月26日第十三届全国人民代表大会常务委员会第六次会议《关于修改〈中华人民共和国公司法〉的决定》第四次修正　2023年12月29日第十四届全国人民代表大会常务委员会第七次会议第二次修订）

第一章　总　　则

第一条　【立法目的】[①]为了规范公司的组织和行为，保护公司、股东、职工和债权人的合法权益，完善中国特色现代企业制度，弘扬企业家精神，维护社会经济秩序，促进社会主义市场经济的发展，根据宪法，制定本法。

① 条文主旨为编者所加，下同。

条文注释

立法目的为立法活动提供价值指引,承载着立法所要达到的目标。本法的立法目的包括以下四个方面:

第一,规范公司的组织和行为。《公司法》是组织法,其确定了公司的法律地位,规定了各种公司的设立条件和程序、存续期间的治理、解散清算的退出程序;同时《公司法》也是行为法,其对某些商业经营和交易活动行为作了规定,如股票的发行、公司债券的发行、公司决议等。公司是在市场经济条件下,为适应社会化生产而产生的现代企业组织形式。作为市场主体,公司的设立和行为是否规范、治理结构是否科学合理,直接关系到公司能否以最有效的方式从事经营活动,创造社会生产力。制定《公司法》,旨在通过为公司提供切实可行的制度供给,以规范公司的组织和行为,使公司能够按照法律的规范设立并进行活动,以充分发挥其优势,促进市场经济的发展。

第二,保护公司、股东、职工和债权人的合法权益。(1)保护公司的合法权益。公司是社会主义市场经济的重要主体,是国民财富的主要创造者,本法的首要立法目的就是保护公司的合法权益。本法的许多内容,如股东缴纳出资义务不适用诉讼时效制度、股东不得抽逃出资、公司可以拒绝有不正当目的的股东查阅公司会计账簿及会计凭证、公司弥补亏损和提取公积金后所余税后利润才可向股东分配等都体现了对公司合法权益的保护。(2)保护股东的合法权益。股东是公司的投资者与受益人,是公司直接融资的主要对象。公司要发展壮大,不但需要充足的资本,还要为股东带来收益。如果公司不能很好地维护股东的合法权益,不能为股东谋取合法收益,股东的投资热情必将减退,因此,要依法保护股东的合法权益。例如,本法规定了股东有限责任制度,股东以其"认缴的出资额为限"或者以其"认购的股份为限"对公司承担责任。公司的债务由公司偿还,股东无义务以自己的财产偿还公司的债务。有限责任制度是对股东最大的保护。又如,2023年《公司法》修订扩大了知情权的范围,明确规定股东可以要求查阅公司会计凭证。(3)保护职工的合法权益。公司职工作为公司重要的利益相关者,是公司从事生产经营活动所依靠的必不可少的力量,是公司宝贵的人力资本,具有极为重要的地位。公司职工依法享有平等就业和选择职业、取得劳动报酬、休息休假、获得劳动安全卫生保护等权利。保护职工合法权益,实质就是保护公司自身合法权益,因此,公司应当采用多种形式来保护职工合法权益。(4)保护债权人的合法权益。从会计学上看,资产 = 负债 + 所有者权益,即公司资产来源于股东投资和负债。股东受有限责任制度的保护,且本法将对公司的控制权赋予公司股东,致使债权人只能被动接受公司行为后果、承受公司经营不善的风险。实践中,受利益的驱使,公司股东滥用公司法人独立地位和股东有限责任,逃避债务,将风险转嫁给债权人的现象时有发生,因此,本法设计并贯彻了保护债权人的理念。例如,本法第 32 条规定了公司登记事项及公示要求;第 40 条规定了公司公示事项,本法及其他法律法规还规定了公司财务状况的公开制度,这些重大事项公开目的是让潜在的或者现实的债权人了解公司资信状况、责任性质、营业状况及其前景等,从而使债权人在交易前对目标公司有充分的了解,减少交易的盲目性,增加交易的安全性。

第三,完善中国特色现代企业制度,弘扬企业家精神。党的二十大报告明确提出,要完善中国特色现代企业制度,弘扬企业家精神,加快建设世界一流企业。现代企业制度的核心内容是完善的企业法人制度、严格的有限责任制度、科学的企业领导体制与组织管理制度。建立现代企业制度,在借鉴西方现代企业理论的同时,还必须体现中国特色,“特”就特在把党的领导融入公司治理各环节、把企业党组织内嵌到公司治理结构之中。企业家是担任企业高级管理职务的经营者,具有独特的人力资本价值。现代企业制度应弘扬企业家精神。不但要弘扬企业家富而有责、富而有义、富而有爱的精神,更重要的是弘扬企业家的创新精神。企业家对未来有更为独特的判断,不重视短期投资回报率,有更长远的谋划。因此,将弘扬企业家精神纳入本法立法目的,有助于构建保护企业家的公司法。

第四,维护社会经济秩序,促进社会主义市场经济的发展。制定本法的根本目的是通过规范公司的组织和行为,保护公司及有关利害关系人的合法权益,使公司的活动纳入法制轨道,形成良好的社会经济秩序,为市场主体提供公平、有序的发展环境,从而促进社会主义市场经济的发展。

此外,本条明确《宪法》为本法的制定依据。我国《宪法》以法律的形式确认了中国各族人民奋斗的成果,规定了国家的根本制度和根本任务,是国家的根本法,具有最高的法律效力,因此,《公司法》作为我国商事领域的基本法律,应当以《宪法》为依据。

第二条 【调整范围】本法所称公司,是指依照本法在中华人民共和国境内设立的有限责任公司和股份有限公司。

条文注释

本条明确了本法的调整对象包括在中华人民共和国境内设立的有限责任公司和股份有限公司。有限责任公司和股份有限公司的设立、治理及行为等由本法规范,而个人独资企业、合伙企业等企业组织形式不受本法调整。实践证明,这样规定适应我国社会主义市场经济发展的需要,符合我国的实际情况。

有限责任公司是指公司的股东对公司以其认缴的出资额为限承担责任的公司。其特点是:(1)有限责任公司具有较强的人合性,股东人数不多(1人以上50人以下),相互间的合作关系建立在股东之间信任的基础上。也正是因为有限责任公司的人合性,其股东所持股权的转让会受到法律和公司章程的限制,不像股份有限公司股东所持股份那样可以自由转让。(2)各股东的出资共同组成公司的资本,但这些资本无须划分为等额股份。一般来说,股东各自以出资额为限承担责任,享受股东权益。(3)设立程序相对简单,设立成本较低,不对外公开发行股票。(4)治理结构相对简单且灵活,规模较小或股东人数较少的公司可以不设立董事会或者监事会,只设董事和监事,甚至经全体股东同意,也可以不设监事。按照公司章程的规定在董事会中设置审计委员会的,不设监事会或者监事。

股份有限公司是指公司的资本划分为等额股份,公司股东以其认购的股份为限对公司承担责任的公司。其特点是:(1)股份有限公司是典型的资合公司,公司通过发行股票筹集资金,其资本划分为等额股份。股东通常较多,股东之间可能不熟悉,且不参与公司的经营活动,通过股东会对公司产生影响。(2)设立需履行相对严格的程序,如应有一定数量的发起人,发起人应签订发起协议,从事公司的筹备工作,募集设立的公司还应当遵守《证券法》等相关法律规定。(3)股份有限公司一般须有健全的内部治理机构。公司必须设股东会和董事会。按照公司章程的规定在董事会中设置审计委员会的,不设监事会或者监事。法律对公司各机构的职权、议事规则均有较明确的规定。针对我国的上市公司,还有独立董事的规定。(4)如果章程不予限制,公司的股份一般可以自由转让。股份的转让无须其他股东同意。当然,法律对特定主体如董事、监事、高级管理人员等所持股票转让有限制的,应当遵守法律的规定。

适用要点

(1)我国《公司法》只规定了两种公司类型,即有限责任公司和股份有限公司,不采用无限公司和两合公司等股东对公司承担无限责任等公司形式。(2)一人有限责任公司、一人股份有限公司、上市公司等并非独立的公司类型,而是从属于有限责任公司或股份有限公司的特殊形式。

第三条 【公司法律地位及权益保护】公司是企业法人,有独立的法人财产,享有法人财产权。公司以其全部财产对公司的债务承担责任。

公司的合法权益受法律保护,不受侵犯。

条文注释

第1款是关于公司法律地位和责任承担的规定。(1)公司是企业法人,明确了公司的性质和法律地位。依照我国《民法典》的规定,法人分为营利法人、非营利法人和特别法人三种类别。公司作为营利法人的典型代表,具有民事权利能力和民事行为能力,依法独立享有民事权利和承担民事责任。确立公司的独立法人地位,也就从法律上保证了公司可以独立地享有财产权及其他权利,独立地从事生产经营活动,独立地与其他经济实体发生权利义务关系,同时公司也被要求独立承担民事责任。(2)公司有独立的法人财产,享有法人财产权,是由公司的法人地位决定的。公司的法人财产权包括物权、知识产权、债权和对外投资的股权等。公司享有的法人财产权的客体由物、智力成果、股权和其他财产权利等构成。公司独立享有的法人财产是公司能够自主经营、自负盈亏、对外独立承担责任的物质基础。公司享有法人财产权才能体现公司的法人人格,实现公司的权利能力和行为能力。(3)公司以其全部财产对公司的债务承担责任。这是公司作为独立法人的应有之义,也明确了公司对外承担责任的形式。公司作为独立法人,应当独立承担民事责任。公司承担民事责任的范围是其所有的全部财产,其财产不足以清偿到期债务时将面临破产。公司的财产包括股东在公司设立时认缴的出资以及因经营行为积累的资产。股东已经向公司缴纳的出资在公司成立后无权抽回。如果股东在公司成立后抽回已缴纳的出资,则侵犯了公司的财产权,必须将有关财产退还公司。股东已向公司认缴了出资并承诺了出资期限而到期未实际缴纳的,则构成股东对公司的债务,公司应当向股东追缴出资。

第2款是关于公司的合法权益受法律保护的规定。公司是独立享有权利和经济利益的法人,其合法权益受到法律的保护,禁止任何人以任何方式侵犯公司的合法权益。公司的合法权益包括公司的合法财产、公司开展生产经营活动所形成的合法商业利益等。公司的合法权益受到法律保护,侵犯公司合法权益的,将受到法律的追究。

适用要点

(1)公司属于营利法人,以取得利润并分配给股东为主要目的。(2)如果股东没有滥用公司法人人格,已经履行了出资义务,公司债务一般就与股东无关,公司以其自身的财产独立对外承担责任。

关联法规

《民法典》第3条、第57～60条、第76条

关联案例

海南碧桂园房地产开发有限公司与三亚凯利投资有限公司、张某男等确认合同效力纠纷案①

第四条　【股东责任形式和股东权利】 有限责任公司的股东以其认缴的出资额为限对公司承担责任；股份有限公司的股东以其认购的股份为限对公司承担责任。

公司股东对公司依法享有资产收益、参与重大决策和选择管理者等权利。

条文注释

第1款明确了公司股东有限责任的基本原则。依照本法第3条第1款规定，当公司负债时，股东并不直接对债权人负责，而是由公司以自己的全部财产对公司债务承担责任。股东对公司债务所承担的责任，体现为股东对公司的出资，股东须以其全部出资，也仅以该出资额为限，对公司债务承担责任。也就是说，股东在依照有关法律和公司章程的规定履行了出资义务后，只要不存在滥用公司法人人格的情形，对公司债务将不再承担责任。股东对公司的有限责任是公司制度的基础，这一制度有效地降低了投资者风险，极大地鼓励了投资。

第2款明确了股东的基本权利主要体现为资产收益权、参与公司重大决策权和选择管理者的权利，其中第一个权利为自益权，后两个权利为共益权。(1)资产收益权，是指股东按照其对公司的投资份额从公司所余税后利润中获得红利的权利。获取红利是股东

① 参见最高人民法院(2019)最高法民终960号(《最高人民法院公报》2021年第2期)。

投资的主要目的，股东享有依法向公司请求分配红利的权利。对此，本法第 210 条第 4 款规定："公司弥补亏损和提取公积金后所余税后利润，有限责任公司按照股东实缴的出资比例分配利润，全体股东约定不按照出资比例分配利润的除外；股份有限公司按照股东所持有的股份比例分配利润，公司章程另有规定的除外。"(2) 参与公司重大决策权，是指股东对公司具有重大影响和风险的重大事项，如发展战略、重大投资、重要业务、重大合同等方面的决策，通过在股东会会议上表决，由股东会会议作出决议的参与决策方式。为了提高公司的经营效率，股东的权限应有所限制，对公司一般的经营决策，股东和股东会不应干预。(3) 选择管理者的权利，主要是指股东选举公司董事、监事的权利。此外，选择管理者的权利也包括决定管理者的薪酬。

适用要点

(1) 股东出资后，该出资即成为公司财产，由公司享有法人财产权，股东对该出资即丧失占有、使用、收益和处分的权利。(2) 股东作为投资者，对公司重大决策和选择管理者的权利均应通过股东会来行使，股东没有直接决定权。

关联法规

《民法典》第 60 条；《公司法解释四》第 13～15 条；《公司法解释五》第 3 条、第 4 条

关联案例

甘肃乾金达矿业开发集团有限公司与万城商务东升庙有限责任公司盈余分配纠纷案①

第五条　【公司章程】设立公司应当依法制定公司章程。公司章程对公司、股东、董事、监事、高级管理人员具有约束力。

① 参见最高人民法院(2021)最高法民再 23 号(《最高人民法院公报》2023 年第 1 期)。

条文注释

1. 关于公司章程的制定。公司章程是关于公司组织和行为的自治规则，是公司设立的法定必备文件之一，具有特定的法律地位，所以其制定主体也有特定的要求。

依照本法第45条的规定，有限责任公司的公司章程，应当由全体股东共同制定。依照本法第94条、第104条的规定，股份有限公司的公司章程无论采取发起方式设立，还是采取募集方式设立，都是由全体发起人拟订公司章程，并提交成立大会通过。成立大会应有持有表决权过半数的认股人出席方可举行，并且必须经出席会议的认股人所持表决权的过半数通过，方为完成公司章程的制订程序。

2. 关于公司章程的内容。公司章程主要规定公司的宗旨、组织机构设置及其运行等涉及公司根本性、方向性的问题，所以只能就公司的一些重大问题作出规定，而不可能事无巨细、面面俱到。依照本法第46条第1款规定，有限责任公司的公司章程应当载明的事项包括：公司名称和住所；公司经营范围；公司注册资本；股东的姓名或者名称；股东的出资额、出资方式和出资日期；公司的机构及其产生办法、职权、议事规则；公司法定代表人的产生、变更办法；股东会认为需要规定的其他事项。依照本法第95条规定，股份有限公司的公司章程应当载明的事项包括：公司名称和住所；公司经营范围；公司设立方式；公司注册资本，已发行的股份数和设立时发行的股份数，面额股的每股的金额；发行类别股的，每一类别股的股份数及其权利和义务；发起人的姓名或者名称、认购的股份数、出资方式；董事会的组成、职权和议事规则；公司法定代表人的产生、变更办法；监事会的组成、职权和议事规则；公司利润分配办法；公司的解散事由与清算办法；公司的通知和公告办法；股东会认为需要规定的其他事项。上述事项，是本法规定公司章程应当载明的事项，可以说是公司章程的法定载明事项，除此之外，公司还可以根据自身情况，对其他事项作出规定。

3. 关于公司章程的约束力。所谓公司章程的约束力，是指公司章程对哪些主体发生效力。依照本条规定，公司章程对公司、股东、董事、监事、高级管理人员具有约束力。(1)公司章程对公司具有约束力。公司章程是依法制定的规范公司组织和行为的规则,公司在经营活动中应当遵守公司章程的规定,受其约束。(2)公司章程对股东具有约束力。公司章程是股东共同制定的,是股东之间的共同约定,股东应当遵守公司章程的规定。即使后加入公司的股东,也是以认可公司章程为前提,理当遵守公司章程的规定。当然,后加入公司的股东也可能与原股东一起对公司章程进行修改,从而形成章程修正案。(3)公司章程对董事、监事具有约束力。公司的董事、监事是由股东会选举产生的,是被委托、推选来负责公司经营管理事务和履行监督职责的,自然有义务遵守公司章程的规定,受公司章程的约束。(4)公司章程对高级管理人员具有约束力。高级管理人员包括公司的经理、副经理、财务负责人以及上市公司董事会秘书和公司章程规定的其他人员,由公司董事会聘任,负责公司日常经营管理事务,遵守公司章程规定是其应尽的义务。

适用要点

根据本法第43条、第93条的规定,设立协议、发起人协议是发起人之间为明确各自在公司设立过程中的权利义务而签订的协议。这类协议与公司章程既存在密切的联系,又具有一定的区别,尤其是在二者内容相冲突时,一般按照内外有别的原则适用。如公司章程没有特别约定对设立协议、发起人协议内容进行变更,股东之间纠纷优先适用设立协议、发起人协议;如涉及股东以外的第三人,则优先适用登记备案的公司章程规定。

关联法规

《民法典》第79条

关联案例

1. 马某等诉北京怡合春天科技有限公司等公司决议效力确认纠纷案①

2. 天长市中天实业有限责任公司与章某萍股东资格确认纠

① 参见北京市第三中级人民法院(2020)京03民终644号。

纷案[①]

> **第六条　【公司名称权】**公司应当有自己的名称。公司名称应当符合国家有关规定。
>
> 公司的名称权受法律保护。

条文注释

公司名称权,最早可以追溯至《民法通则》第 99 条第 2 款,《民法典》第 58 条、第 1013 条、第 1014 条延续了相应的权利及保护规定。本条在回应《民法典》相关规定的基础上,针对公司的名称权进行专门规定,有助于完善公司登记及名称权的保护。

第 1 款规定公司作为企业法人,与自然人一样,是权利义务关系的主体,应当有自己的名称,以便明确主体的标志和权利义务的归属。公司名称作为公司设立登记时登记事项之一,在经过公司登记机关的登记后就成为公司的法定名称。公司有了确定的名称等于是确立了自己区别于其他的公司或者社会组织的标志,有利于公司开展经营活动,依法享有权利和履行义务。

第 2 款规定公司名称经过登记机关登记后,公司对该名称就享有专用权。一个公司应当只有一个名称。公司的合法名称受法律保护。公司可以自由使用其名称,不受他人妨害,如果有人妨害其使用,这种妨害行为构成侵权,公司可以请求妨害者排除妨害。如果公司因此而遭受损失,即产生对妨害者的损害赔偿请求权。

适用要点

(1)公司创立者不得随意创设公司的名称,必须符合国家的有关规定,包括国务院发布的《企业名称登记管理规定》、国家市场监督管理总局发布的《企业名称登记管理规定实施办法》等行政法规、部门规章等;(2)随着公司经营规模和效益的不断发展壮大,公司的

① 参见安徽省高级人民法院(2018)皖民再 88 号。

名称承载着企业发展历程所形成的商誉和形象，因此，公司名称也是公司的一种无形财产，公司应当重视对公司名称的保护。

关联法规

《民法典》第58条第2款、第1013条、第1014条；《企业名称登记管理规定》第4条、第6条；《企业名称登记管理规定实施办法》第7～20条；《企业名称禁限用规则》第4～29条

关联案例

青岛中能足球俱乐部有限公司、青岛市工商行政管理局撤销企业名称预先核准登记纠纷案①

第七条 【公司名称的规范要求】依照本法设立的有限责任公司，应当在公司名称中标明有限责任公司或者有限公司字样。

依照本法设立的股份有限公司，应当在公司名称中标明股份有限公司或者股份公司字样。

条文注释

公司名称一般由四部分构成：一是公司的组织形式。公司名称中必须标明其组织形式，不能只标明公司。根据本条规定，依照本法设立的有限责任公司，应当在公司名称中标明有限责任公司字样，也可简化为有限公司；依照本法设立的股份有限公司，应当在公司名称中标明股份有限公司字样，也可简化为股份公司。非依公司法设立的经济组织，不得使用“有限责任公司”或者“股份有限公司”的名称。二是公司的字号或者商号。这部分内容应当依法确定。对于法律、行政法规禁止使用的名称，公司不得采用。比如，有损于国家、社会公共利益的，可能对公众造成欺骗或者误解的，外国国家（地区）名称、国际组织名称等，都不得作为公司名称使用。三是公司所处行业或者经营特点。应当根据公司主营业务，依照国家行业分类标准划分的类别，在公司名称中标明所属行业或者经营特点。

① 参见山东省高级人民法院（2017）鲁行终1901号。

四是公司所在地的名称。例如,北京××公司、江苏××公司、湖南××公司等,以便社会公众通过公司名称即可大体了解该公司的所在地。

第八条 【公司住所】公司以其主要办事机构所在地为住所。

条文注释

从法律上确定公司住所,具有多重法律意义:(1)可以据以确定诉讼管辖。公司是法人,以法人为被告的民事诉讼,由法人住所地人民法院管辖。(2)可以据以确定法律文书的送达处所。根据《民事诉讼法》的规定,对公司来说,无论是直接送达还是邮寄送达,均以公司住所地为受送达处所。(3)可以据以确定行政主管机关。公司作为法人,通常受其住所地的行政主管机关管辖。比如,公司住所地在成都市金牛区,则公司登记只能在成都市金牛区或金牛区的上级公司登记机关进行,而不能在其他区域的公司登记机关办理公司登记手续。

依照《民法典》第63条的规定,法人以其主要办事机构所在地为住所。依法需要办理法人登记的,应当将主要办事机构所在地登记为住所。本条也明确规定,公司以其主要办事机构所在地为住所。公司住所不同于公司的一般生产经营场所,公司住所只有一个,而生产经营场所是直接从事生产经营的地点,包括营业场所、生产车间、销售网点等都在内,可以有多个。

适用要点

(1)本法第57条规定了股东有查阅、复制公司章程、股东名册、股东会会议记录、董事会会议决议、监事会会议决议和财务会计报告的权利。因此,公司有明确的主要办事机构地,也有利于公司置备相应的法律文件和商业账簿,方便股东行使知情权。(2)公司的住所是公司登记的必备内容,一旦主要办事机构所在地发生变化,应当依法进行变更登记。

关联法规

《民法典》第63条;《民事诉讼法》第22条第2款、第27条

关联案例

北京洁绿环境科技股份有限公司与徐州幻威动力智能科技有限公司买卖合同纠纷案①

第九条　【公司经营范围】公司的经营范围由公司章程规定。公司可以修改公司章程,变更经营范围。

公司的经营范围中属于法律、行政法规规定须经批准的项目,应当依法经过批准。

条文注释

所谓公司的经营范围,是指公司所涉及的特定经营领域,具体表现为公司具有什么样的生产项目、经营种类、服务事项等。公司的经营范围是公司章程的法定记载事项。要求在公司章程中写明公司经营范围,主要原因有以下两点:一是为了公司的正常经营发展,设立公司时应当由设立时的股东确定一个主营范围,明确业务方向和领域;二是便于公司的债权人及其他交易方了解公司的营业范围,起到公示信赖的作用。

公司的经营范围应当符合法律、行政法规的规定;属于法律、行政法规规定禁止经营的项目,公司不得经营;属于法律、行政法规限制经营的项目的,应当依法经过审批,未经批准不得将该项目纳入公司经营范围。公司在经营过程中,根据需要可以调整经营范围。调整经营范围必须符合以下要求:一是依法调整的经营范围不能超出法律、行政法规的限制,增加的内容如果属于法律、行政法规限制的项目,必须经过批准;二是调整经营范围必须依照法定程序修改公司章程,进行变更登记。

① 参见北京市第一中级人民法院(2023)京01民辖终309号。

适用要点

公司超越经营范围订立合同，人民法院一般不因此认定合同无效；除非系违反国家限制经营、特许经营以及法律、行政法规禁止经营规定的项目。

关联法规

《民法典》第79条；《市场主体登记管理条例实施细则》第12条

关联案例

1. 章某与重庆市铜梁区祥龙汽车运输有限公司等股东资格确认纠纷案①

2. 北京鼎兴商贸有限公司与黑龙江众信普惠数据科技有限公司买卖合同纠纷案②

第十条 【公司法定代表人】公司的法定代表人按照公司章程的规定，由代表公司执行公司事务的董事或者经理担任。

担任法定代表人的董事或者经理辞任的，视为同时辞去法定代表人。

法定代表人辞任的，公司应当在法定代表人辞任之日起三十日内确定新的法定代表人。

条文注释

第1款规定的是法定代表人的人选范围。《民法典》第61条第1、2款规定，依照法律或者法人章程的规定，代表法人从事民事活动的负责人，为法人的法定代表人。法定代表人以法人名义从事的民事活动，其法律后果由法人承受。一个自然人按照《公司法》和公司章程规定的程序被确定为法定代表人，并经依法登记后，即具有了公司法定代表人的身份。公司法定代表人的行为构成公司的代表

① 参见重庆市铜梁区人民法院(2022)渝0151民初3252号。

② 参见北京市第一中级人民法院(2023)京01民终3984号。

行为。法定代表人虽然由自然人担任,但应当以公司的名义,并在法律和公司章程规定的权限范围内从事各类活动。公司的法定代表人为一人,按照公司章程的规定,可以由公司根据本公司具体情况,在执行公司事务的董事或者经理中选择。

公司法定代表人是公司必要登记事项,且必须对外公示。本法第32条规定公司登记事项包括法定代表人的姓名,公司登记机关应当将本法规定的公司登记事项通过国家企业信用信息公示系统向社会公示。法定代表人未经登记,不得对抗善意相对人。法定代表人变更的,必须办理变更登记,否则公司将承担相应的不利后果。

第2款是对担任法定代表人的董事或者经理辞任后果的规定。依照本条第1款的规定,公司的法定代表人按照公司章程的规定,由代表公司执行公司事务的董事或者经理担任。为避免董事或者经理已经辞任但还以公司法定代表人的身份对外行使职权,损害公司利益的情况发生,依照本款规定,如果辞任董事或者经理同时担任公司法定代表人的,即便辞任董事或者经理不向公司提交法定代表人辞任通知,也应当视同其一并辞去公司法定代表人职务。

第3款是对法定代表人辞任后,新法定代表人产生的时间规定。法定代表人可以在任期内向公司提出辞任,以及按照前款规定担任法定代表人的董事或者经理辞任时,视为同时辞去法定代表人。但是,法定代表人作为公司登记的必备要素之一,如果新的法定代表人没有产生,那么辞任的法定代表人在公司登记中就不能顺利剔除。2018年《公司法》对法定代表人辞任后,公司应当在何时产生新的法定代表人的期间未作规定,实践中也存在部分公司对新法定代表人选任久拖不决,导致出现原法定代表人虽已辞任,但公司登记信息显示其依然在任的窘境,时常导致诉讼发生,影响公司有序运作。为此,本款明确规定,公司应当在法定代表人辞任之日起30日内确定新的法定代表人。逾期未确定新的法定代表人,依照《市场主体登记管理条例》等法律法规承担相应责任。

适用要点

第一，法定代表人不能在代表公司执行公司事务的董事或者经理以外进行选任，如独立董事、外部董事、职工董事以及副经理等不能担任公司法定代表人。第二，公司通过法定程序变更法定代表人后，是否进行变更登记的法律效力内外有别：对外部第三人而言，未经变更登记不发生法定代表人变更的法律效力；但在公司内部，未经变更登记也可以发生法定代表人变更的法律效力。第三，依照《市场主体登记管理条例》第12条规定，有下列情形之一的，不得担任公司、非公司企业法人的法定代表人：(1)无民事行为能力或者限制民事行为能力；(2)因贪污、贿赂、侵占财产、挪用财产或者破坏社会主义市场经济秩序被判处刑罚，执行期满未逾5年，或者因犯罪被剥夺政治权利，执行期满未逾5年；(3)担任破产清算的公司、非公司企业法人的法定代表人、董事或者厂长、经理，对破产负有个人责任的，自破产清算完结之日起未逾3年；(4)担任因违法被吊销营业执照、责令关闭的公司、非公司企业法人的法定代表人，并负有个人责任的，自被吊销营业执照之日起未逾3年；(5)个人所负数额较大的债务到期未清偿；(6)法律、行政法规规定的其他情形。例如，《公务员法》第44条规定："公务员因工作需要在机关外兼职，应当经有关机关批准，并不得领取兼职报酬。"第59条规定："公务员应当遵纪守法，不得有下列行为：……(十六)违反有关规定从事或者参与营利性活动，在企业或者其他营利性组织中兼任职务……"据此，公务员非经有关机关批准，不能兼任公司的法定代表人。第四，一人担任多家公司的法定代表人本身并不违反《公司法》的规定，但需要注意的是，由于法定代表人同时也是公司的董事或经理，故应遵守《公司法》关于董事、经理的任职要求。

关联法规

《民法典》第61条第1款；《市场主体登记管理条例》第12条

关联案例

1. 韦某兵与新疆宝塔房地产开发有限公司等请求变更公司登记

纠纷案①

2. 大拇指环保科技集团(福建)有限公司与中华环保科技集团有限公司股东出资纠纷案②

第十一条　【法定代表人行为效力】法定代表人以公司名义从事的民事活动,其法律后果由公司承受。

公司章程或者股东会对法定代表人职权的限制,不得对抗善意相对人。

法定代表人因执行职务造成他人损害的,由公司承担民事责任。公司承担民事责任后,依照法律或者公司章程的规定,可以向有过错的法定代表人追偿。

条文注释

《民法典》第61条第2款、第3款规定:"法定代表人以法人名义从事的民事活动,其法律后果由法人承受。法人章程或者法人权力机构对法定代表人代表权的限制,不得对抗善意相对人。"第62条规定:"法定代表人因执行职务造成他人损害的,由法人承担民事责任。法人承担民事责任后,依照法律或者法人章程的规定,可以向有过错的法定代表人追偿。"本条根据《民法典》上述规定,新增了法定代表人行为后果的相关规则。

第一,法定代表人对外以公司名义进行民事活动时,其与公司之间并非代理关系,而是代表关系,且其代表职权来自法律的明确授权,故不需要有公司的授权委托书。因此,法定代表人对外的职务行为即为公司行为,其后果由公司承担。

第二,公司章程属于内部的行为规范,而股东会决议也属于内

① 参见最高人民法院(2022)最高法民再94号(《最高人民法院公报》2022年第12期)。

② 参见最高人民法院(2014)民四终字第20号(《最高人民法院公报》2014年第8期)。

部文件。在通常情况下,不易为公司外部的人员所知道,故在确定其外部效力方面,要考虑对善意相对人的权益保护,因此,本条第 2 款后半句规定,公司不得以公司章程等对法定代表人的内部职权限制,对抗善意相对人。所谓“善意相对人”,是指对公司章程或者股东会对法定代表人代表权的限制不知情或者不应当知情的相对人。

第三,法定代表人因执行职务造成他人损害的,属于职务侵权。法定代表人的职务侵权行为应当同时符合以下两个要素:一是法定代表人的行为构成对第三人的侵权,包括对第三人人身权和财产权的侵害;二是该侵权行为应为法定代表人执行职务的行为。公司的法定代表人是代表公司从事民事活动的负责人,其以公司名义从事的民事活动的法律后果由公司承受,所以公司的职务侵权行为亦应由公司来承担民事责任。

第四,关于法定代表人职务侵权行为的内部责任分担问题。公司对外承担民事责任后,在对内责任方面,可以依照法律或者公司章程的规定,向有过错的法定代表人追偿。

适用要点

第一,法定代表人的行为后果并非一概由公司承担,如果法定代表人是以其自己的名义做出的与公司无关的民事法律行为,则公司不应承担相应的法律后果。第二,在归责原则上,法定代表人的职务侵权行为与公司一般工作人员的职务侵权行为,都是由公司承担责任,但在内部追偿上,二者存在差异。对法定代表人的追偿,必须依据有关法律的规定或者公司章程的规定进行,否则,不能向法定代表人进行追偿。公司向其他工作人员追偿,依照《民法典》第 1191 条规定,不需要有法律的规定或者公司章程的规定这一前提,只要工作人员有故意或者重大过失就可以向其追偿。第三,法定代表人越权代表签订合同的效力。《最高人民法院关于适用〈中华人民共和国民法典〉合同编通则若干问题的解释》第 20 条中规定,法律、行政法规为限制法人的法定代表人的代表权,规定合同所涉事项应当由法人的权力机构或者决策机构决议,或者应当由法人的执行机构决定,法定代表人未取得授权而以法人的名义订立合同,未尽到合理审查义务的相对人主张该合同对法人发生效力并由其承担违约责任的，人民法院不予支持，但是法人有过错的，可以参照《民法典》第157条的规定判决其承担相应的赔偿责任。相对人已尽到合理审查义务，构成表见代表的，人民法院应当依据《民法典》第504条的规定处理。合同所涉事项未超越法律、行政法规规定的法定代表人的代表权限，但是超越法人的章程或者权力机构等对代表权的限制，相对人主张该合同对法人发生效力并由其承担违约责任的，人民法院依法予以支持。但是，法人举证证明相对人知道或者应当知道该限制的除外。

关联法规

《民法典》第61条第2款、第3款，第62条，第1191条；《最高人民法院关于适用〈中华人民共和国民法典〉合同编通则若干问题的解释》第20条

关联案例

开封豪建置业有限公司、开封华健投资发展有限公司等民间借贷纠纷案①

第十二条　【公司形式变更及其债权债务承继】有限责任公司变更为股份有限公司，应当符合本法规定的股份有限公司的条件。股份有限公司变更为有限责任公司，应当符合本法规定的有限责任公司的条件。

有限责任公司变更为股份有限公司的，或者股份有限公司变更为有限责任公司的，公司变更前的债权、债务由变更后的公司承继。

条文注释

有限责任公司在经营过程中，可能会因股东人数变化突破有限

① 参见最高人民法院(2022)最高法民申399号。

责任公司股东人数上限规定，或者需要IPO而进行股份制改造等变更为股份有限公司。股份有限公司在经营过程中，可能会因股东人数减少，股东人合性加强等因素变化而变更为有限责任公司。本条第1款明确了有限责任公司与股份有限公司可以互相变更公司类型。

公司依法变更其类型后，原有限责任公司或者原股份有限公司主体就不再存在，但原有限责任公司或者原股份有限公司的债权、债务仍然存在，不会因为原有限责任公司或者原股份有限公司形式的变更而自动消灭。依照本条第2款规定，原有限责任公司或者原股份有限公司的债权、债务，转移到变更后的股份有限公司或者有限责任公司，债权由变更后的股份有限公司或者有限责任公司享有，债务由变更后的股份有限公司或者有限责任公司承担。变更后的股份有限公司或者有限责任公司，不得以自己已经不是原来的有限责任公司或者股份有限公司为由，拒不承担原有限责任公司或者原股份有限公司的债务。

适用要点

第一，本法对有限责任公司与股份有限公司的设立条件、设立程序、内部治理结构等方面规定了不同的要求，变更后的公司类型应符合相应的规定，且应当按照变更后的公司类型，向公司登记机关申请变更登记。第二，依照本法第108条规定，“有限责任公司变更为股份有限公司时，折合的实收股本总额不得高于公司净资产额。有限责任公司变更为股份有限公司，为增加注册资本公开发行股份时，应当依法办理”。

关联法规

《市场主体登记管理条例实施细则》第37条

关联案例

中国工商银行股份有限公司宁远支行与福嘉综环科技股份有限公司、盛屯矿业集团股份有限公司、叶某生等合同纠纷案①

① 参见最高人民法院(2019)最高法民终780号。

第十三条　【子公司、分公司】公司可以设立子公司。子公司具有法人资格，依法独立承担民事责任。

公司可以设立分公司。分公司不具有法人资格，其民事责任由公司承担。

条文注释

第1款规定子公司及其责任承担。子公司是一个相对于母公司的概念，它是一定比例以上的股权被另一家公司所拥有或者通过协议方式受到另一家公司实际控制的公司，具有独立的法人人格，可以独立承担民事责任。公司根据生产经营的需要，可以设立子公司。子公司具有如下特征：(1)子公司受母公司的实际控制，即母公司对子公司的重大事项拥有实际上的决定权，对子公司的股东会、董事会等具有重要影响力。(2)子公司是独立的法人，具有独立的法人资格，其独立性主要表现为拥有独立的公司名称和公司章程；具有独立的组织机构；拥有独立的财产，能够自负盈亏，独立核算；以自己的名义进行各类民事活动；独立承担公司行为所带来的一切后果和责任。

第2款规定分公司及其责任承担。分公司是一个相对于总公司的概念，它是由总公司设立，在业务、资金、人事等方面受总公司管理且不具有独立法人资格的分支机构。公司根据生产经营的需要，可以设立分公司。分公司无论是在经济上还是在法律上，都不具有独立性。分公司的非独立性主要表现在以下几个方面：(1)不具有法人资格，不能独立享有权利，不能对外独立承担责任，其一切行为的后果及责任由总公司承担；(2)没有独立的公司名称及章程，其名称一般由“总公司名称＋住所地行政地区名称＋分公司”构成，遵守总公司的章程；(3)在人事、经营上没有自主权，其主要业务活动及主要管理人员由总公司决定并委任，根据总公司的委托或授权进行业务活动；(4)没有独立的财产，其实际占有、使用的财产是总公司财产的一部分，并列入总公司的资产负债表中。依照《民法典》第74条第2款的规定，分公司作为法人分支机构，以自己的名义从事民事活动，产生的民事责任既可以由法人承担，也可以先以该分公司管理的财产承担，不足以承担的，由法人承担。

适用要点

被他公司100%控股的公司，既是他公司的子公司，也是一人公司，应遵守本法关于一人公司的规定。

关联法规

《民法典》第74条；《民事诉讼法》第51条；《最高人民法院关于适用〈中华人民共和国民事诉讼法〉的解释》第52条、第53条；《最高人民法院关于适用〈中华人民共和国民法典〉有关担保制度的解释》第11条；《最高人民法院关于民事执行中变更、追加当事人若干问题的规定》第15条、第16条

关联案例

1. 泛华工程有限公司西南公司与中国人寿保险（集团）公司商品房预售合同纠纷案①

2. 李某国与孟某生、长春圣祥建筑工程有限公司等案外人执行异议之诉案②

第十四条　【公司转投资及其限制】公司可以向其他企业投资。

法律规定公司不得成为对所投资企业的债务承担连带责任的出资人的，从其规定。

条文注释

公司投资，是指公司作为投资主体运用公司财产进行对外投资，这是公司法人自主经营的权利体现。我国法律对于公司对外投资的

① 参见最高人民法院（2005）民一终字第85号（《最高人民法院公报》2008年第2期）。

② 参见最高人民法院（2016）最高法民再149号（《最高人民法院公报》2017年第2期）。

限制是逐步放开的。先是放宽对投资对象的限制，不再限定为其他有限责任公司、股份有限公司；然后放宽了对投资数额的限制，取消了累计投资额不得超过本公司净资产的50%的规定。2023年修订更是将公司"不得成为对所投资企业的债务承担连带责任的出资人"这一情形从原则改为例外，进一步放宽了公司对外投资的限制，增加了公司对外投资方式的灵活性与自主性。但对外投资毕竟涉及公司及债权人的利益，为了保证特定类型企业财产的稳定性，本条还是保留了2018年《公司法》第15条但书内容作为例外情形，即法律规定公司不得成为对所投资企业的债务承担连带责任的出资人的，从其规定。

适用要点

不得成为对所投资企业的债务承担连带责任的出资人的法律规定，如《合伙企业法》第3条规定"国有独资公司、国有企业、上市公司以及公益性的事业单位、社会团体不得成为普通合伙人"，即前述主体不得成为对所投资企业的债务承担连带责任的出资人。

关联法规

《合伙企业法》第3条

第十五条　【公司转投资及对外担保】公司向其他企业投资或者为他人提供担保，按照公司章程的规定，由董事会或者股东会决议；公司章程对投资或者担保的总额及单项投资或者担保的数额有限额规定的，不得超过规定的限额。

公司为公司股东或者实际控制人提供担保的，应当经股东会决议。

前款规定的股东或者受前款规定的实际控制人支配的股东，不得参加前款规定事项的表决。该项表决由出席会议的其他股东所持表决权的过半数通过。

条文注释

公司向其他企业投资或者为他人提供担保，是公司的重大经营行为和民事活动，有较大的风险，如果决策不当，将会因承担相应责任而给公司、股东和债权人造成损失。为了引导公司对这两类重大行为作出科学的决策、保证公司行为的恰当性、避免风险，第1款作了两个方面的规定：(1)公司向其他企业投资或者为他人提供担保，应当由董事会或者股东会作出决议。“由董事会或者股东会决议”的目的是保障这两类行为是公司的真实意思表示，防止法定代表人随意代表公司向其他企业投资、为他人提供担保损害公司、中小股东和公司债权人的利益。公司章程可以根据实际经营的需要，将非关联担保决策权授予董事会或者股东会。(2)为了保证交易安全，公司章程可以对投资或者担保的总额及单项投资或者担保的数额作出限制性规定。公司章程有限额规定的，公司机关在作出决议或在具体进行此类活动时，不得超过规定的限额，否则决议可能会因内容违反公司章程而被撤销，以及公司董事、监事、高级管理人员也可能因此对公司造成的损失承担赔偿责任。

第2款特别规定关联担保应当经股东会决议。公司为本公司股东或者实际控制人提供担保称为关联担保，法律对其没有禁止，但是这种行为可能会导致大股东不当占用公司资源而“掏空”公司、损害中小股东利益，故而从决议机制上去制约关联担保行为。相对于董事会会议，股东会会议的召开程序要复杂、严格、规范，这从客观上制约了公司为股东或者实际控制人提供担保；由股东来讨论是否为公司股东或者实际控制人提供担保也符合风险利益一致原则，避免董事慷他人之慨；同时，公司部分董事是由股东提名的，由董事来决定是否为某个股东提供担保，难免让董事在公司利益与个人利益之间左右为难。故第2款严格规范了关联担保的决议机构——由股东会决议。针对关联担保事项，既不得通过公司章程授权董事会进行决议，也不得通过股东会决议授权董事会进行决议，否则控股股东可以据此规避关于关联股东表决权回避的规定，损害其他股东的利益。例如，甲、乙分别持有某公司70%、30%的股权，公司章程规定公司为公司股东提供担保须经股东会决议。现甲向银行贷款，想要公司提供担保，乙表示反对。公司董事会有3名董事，其中，支持甲的有2名。于是甲提议召开股东会并通过股东会决议将所有担保事项都授权给董事会决议。然后董事会开会对公司为股东甲提供担保事项进行表决,决议顺利通过——按照公司章程原本该关联担保事项是通不过的(因为股东会表决时乙反对、甲回避)。通过股东会决议将关联担保事项授权给董事会决议实质是大股东滥用股东权利来剥夺小股东的表决权,这种做法因违反法律的强制性规定应当被禁止。同样的道理,如果大股东通过修改公司章程的形式将关联担保事项授权给董事会进行决议,也属于大股东滥用股东权利来剥夺小股东的表决权。

第3款规定公司为公司股东或者实际控制人提供担保,当股东会进行表决时,该股东或者实际控制人支配的股东应当回避,不得参加表决。这样规定主要是为了维护股东会决议的公正性,避免表决事项所涉及的股东,特别是控股股东滥用资本多数决的原则,以公司决议的方式谋求与公司利益不符的股东或实际控制人自己的不当利益,损害公司和其他股东的利益。违反本款规定,关联股东参与表决的,相关主体可以依照本法第25~27条的规定,向人民法院提起相应的决议效力瑕疵之诉。此外,公司为公司股东或者实际控制人提供担保,股东会表决时,由出席会议的其他股东所持表决权的过半数通过;公司章程、法律另有更严格规定者,从之。

适用要点

第一,公司作为市场经济主体,具有为他人债务提供保证、抵押、质押等担保的权利能力。公司为他人债务提供的担保称作"为他人提供担保",也称"对外担保"。这里的"他人"是指"提供担保的公司"以外的任何人,既包括公司内部的股东、董事、监事、高级管理人员、实际控制人,甚至子公司等,也包括公司外部的其他民事主体。

第二,本条规范性质为"权限性规定",即本条是有关代表权限制的规定。为防止法定代表人随意代表公司向其他企业投资、为他人提供担保给公司造成损失,损害中小股东利益,本条对法定代表人的代表权进行了限制。依照本条规定,转投资行为、为他人担保行为不是法定代表人所能单独决定的事项,而必须以公司股东会、董事会等公司机关的决议为授权的基础和来源。此外,本条是对法定代表人权力的“法定限制”，在法定代表人违反本条规定的决议程序对外行为时，相对人的善意须自己来证明，即证明自己在订立合同时不知道且不应当知道法定代表人超越权限。

第三，违反本条的法律后果。首先，公司的法定代表人未经股东会或董事会决议，超越权限代表公司与相对人订立担保合同，构成越权代表。其次，越权代表情况下签订的担保合同是否对公司发生效力，取决于相对人是否善意。相对人善意的，对公司发生效力，公司承担担保责任；相对人非善意的，担保合同对公司不发生效力，公司不承担担保责任，但是，公司不承担担保责任并不意味着不承担任何民事责任，它还需要依据缔约过失大小承担一定的赔偿责任。最后，这里所说的善意，是指相对人在订立担保合同时不知道且不应当知道法定代表人超越权限。相对人有证据证明已对公司决议进行了合理审查，人民法院应当认定其构成善意，但是公司有证据证明相对人知道或者应当知道决议系伪造、变造的除外。

第四，越权担保中非善意的相对人请求公司承担的赔偿责任，属于缔约过失责任，提供担保的公司按照过错的大小来承担相应责任。公司主张存在决议机构不适格、决议存在明显重大瑕疵等情形的，导致担保合同对公司不发生效力，可认定公司存在过错并参照《最高人民法院关于适用〈中华人民共和国民法典〉有关担保制度的解释》第 17 条规定确定赔偿责任。

第五，向法定代表人追偿问题。法定代表人的越权担保行为给公司造成损失，公司请求法定代表人承担赔偿责任的，人民法院依法予以支持。公司没有提起诉讼的，股东可依照本法第 189 条的规定提起代表诉讼。

关联法规

《民法典》第 61 条、第 504 条；《最高人民法院关于适用〈中华人民共和国民法典〉有关担保制度的解释》第 7 ~ 12 条、第 17 条；《最高人民法院关于适用〈中华人民共和国民法典〉合同编通则若干问题的解释》第 20 条

第十六条　【职工权益保护与职业教育】公司应当保护职工的合法权益,依法与职工签订劳动合同,参加社会保险,加强劳动保护,实现安全生产。

公司应当采用多种形式,加强公司职工的职业教育和岗位培训,提高职工素质。

条文注释

第1款规定公司应当履行用人单位的基本义务,保护职工的合法权益。公司作为社会经济活动中最主要的用工主体,应当遵守《宪法》《劳动法》《劳动合同法》《社会保险法》等法律的基本规定,履行保护职工合法权益的基本义务,具体表现为:(1)依法与职工签订劳动合同。劳动合同是劳动者与用人单位确立劳动关系、明确双方权利义务的协议。(2)依法参加社会保险,缴纳社会保险费,使职工在年老、疾病、工伤、失业、生育等情况下获取帮助和补偿。(3)加强劳动保护,实现安全生产。公司要为劳动者提供安全、卫生的劳动条件,并不断加以改善,要消除和预防生产经营过程中可能发生的伤亡、职业病和其他伤害劳动者的事故,保障劳动者健康地参加生产经营活动。

第2款规定公司应当采取措施提高职工素质。职工素质对公司的发展具有重要影响,随着公司的发展,对职工素质的要求也越来越高。公司必须加强职工的职业教育和岗位培训,才能适应公司发展对职工素质的要求。

关联法规

《劳动法》第17条;《劳动合同法》第4条、第7条;《社会保险法》第2条、第10条、第23条、第33条、第44条、第53条

关联案例

北京智龙企业管理有限公司与刘某锋劳动争议案①

① 参见北京市高级人民法院(2022)京民申4601号。

第十七条 【公司工会与民主管理】公司职工依照《中华人民共和国工会法》组织工会，开展工会活动，维护职工合法权益。公司应当为本公司工会提供必要的活动条件。公司工会代表职工就职工的劳动报酬、工作时间、休息休假、劳动安全卫生和保险福利等事项依法与公司签订集体合同。

公司依照宪法和有关法律的规定，建立健全以职工代表大会为基本形式的民主管理制度，通过职工代表大会或者其他形式，实行民主管理。

公司研究决定改制、解散、申请破产以及经营方面的重大问题、制定重要的规章制度时，应当听取公司工会的意见，并通过职工代表大会或者其他形式听取职工的意见和建议。

条文注释

第1款规定公司职工依法组织工会并开展活动，维护职工合法权益。依照《工会法》的规定，在中国境内的企业、事业单位、机关、社会组织中以工资收入为主要生活来源的劳动者，不分民族、种族、性别、职业、宗教信仰、教育程度，都有依法参加和组织工会的权利。所以，公司职工依法组织工会是受到法律保护的。公司职工依法开展工会活动，参与管理法律规定的公司事务，可以更好地代表和维护职工的合法利益，并为调动职工的积极性，促进公司的发展提供支持和帮助。为此，公司应当为本公司工会提供必要的活动条件，支持工会的工作。

维护职工合法权益是工会的基本职责。其中一个重要的体现是工会代表职工与企业进行平等协商，签订集体合同。集体合同所涉及的事项应包括职工的劳动报酬、工作时间、休息休假、劳动安全卫生和保险福利等涉及职工切身利益的事项。根据《工会法》的规定，公司违反集体合同，侵犯职工劳动权益的，工会可以依法要求企业承担责任，因履行集体合同发生争议的，工会可以向劳动争议仲裁机构提请仲裁，对仲裁裁决不服的，可以向人民法院提起诉讼。

第2款规定公司应当建立健全以职工代表大会为基本形式的民主管理制度，实行民主管理。建立健全以职工代表大会为基本形式的企业民主管理制度，保障职工参与管理和监督的民主权利，依靠职工办企业，将民主管理制度融入企业法人治理结构，加强所有者、经营者和劳动者之间的有效沟通和协调，是加强基层民主政治建设的客观需要，是构建和谐劳动关系、实现职工与企业共同发展的重要保证。

第3款规定公司研究决定重大事项应当听取工会和职工的意见。公司在研究决定重大事项时，也就是公司股东会、董事会、经理层在研究讨论决定重大事项时，必须事先听取工会的意见，必须通过职工代表大会或者其他形式听取职工的意见和建议。因此，听取工会意见，并通过职工代表大会或者其他形式听取职工的意见和建议，是公司研究决定改制、解散、申请破产以及经营方面的重大问题、制定重要的规章制度必经的法定程序。

关联法规

《工会法》第3条、第6条、第10条、第11条、第21条；《劳动合同法》第4条；《企业民主管理规定》；《中华全国总工会关于加强公司制企业民主管理工作的意见》

关联案例

1. 席某彬与南京九华山汽车销售服务有限责任公司劳动争议案①
2. 珠海信禾西部公共汽车有限公司与何某波劳动合同纠纷案②

第十八条　【公司设立党组织】在公司中，根据中国共产党章程的规定，设立中国共产党的组织，开展党的活动。公司应当为党组织的活动提供必要条件。

① 参见江苏省南京市中级人民法院(2018)苏01民终1994号。
② 参见广东省珠海市中级人民法院(2020)粤04民终971号。

条文注释

我国《宪法》规定,社会主义制度是中华人民共和国的根本制度。中国共产党领导是中国特色社会主义最本质的特征。禁止任何组织或者个人破坏社会主义制度。中国共产党是中国特色社会主义事业的领导核心,党的领导是做好党和国家各项工作的根本保证,是我国政治稳定、经济发展、民族团结、社会稳定的根本点,绝对不能有丝毫动摇。坚持党的领导,发挥党总揽全局、协调各方的领导核心作用,是我国社会主义市场经济体制的一个重要特征。把党的领导融入企业治理各环节,把企业党组织内嵌到企业治理结构之中,实现党的领导与公司治理的有机融合,为公司的可持续发展提供有力保障。本条规定:一是在公司中根据《中国共产党章程》的规定,设立中国共产党的组织,开展党的活动。按照《中国共产党章程》的规定,企业、农村、机关、学校、医院、科研院所、街道社区、社会组织、人民解放军连队和其他基层单位,凡是有正式党员 3 人以上的,都应当成立党的基层组织。公司是企业的一种,公司中正式党员人数符合《中国共产党章程》规定的,应当成立党的组织,将党建工作与公司经营管理深度融合,将党组织有效融入公司治理,让党组织的政治资源推动成为促进企业经济效益增长和企业健康稳定发展更为持久的动力,提升公司的治理效能,保障公司高质量发展。二是公司要为公司中党组织开展活动提供必要支持。例如:(1)提供必要的活动场所。建立党员活动室,确保党员教育活动有固定场所。(2)保障党组织活动经费。党组织活动经费一方面从党费中提取;另一方面由公司适当划拨。(3)保障党组织活动时间。定期召开民主生活会,定期以适当形式、适当规模开展集中学习和教育活动等。

第十九条　【公司经营活动基本原则】公司从事经营活动,应当遵守法律法规,遵守社会公德、商业道德,诚实守信,接受政府和社会公众的监督。

条文注释

公司作为社会经济活动的基本单位,应当依法依规从事经营活动,并主动接受相关方的监督:(1)公司应当遵守法律、行政法规,其各项生产经营活动都必须依法依规进行,不利用非法手段谋取不正当利益。(2)公司应当遵守社会公德和商业道德。社会公德是指社会主体在其交往过程中应当遵循的公共道德规范;商业道德是指从事商业活动应遵循的道德规范。两种规范在市场主体的活动中相互交融,对法律规定起着较好的补充作用。公司作为与社会经济各方主体有着广泛联系的实体,应当遵守社会公德和商业道德,恪守公正廉洁、公平竞争原则,不坑蒙拐骗、不投机钻营,杜绝弄虚作假、恶性竞争、商业欺诈、商业贿赂等不道德和非法行为。(3)公司从事经营活动,应当诚实守信。这是民事主体从事民事活动的基本原则,也是公司应当遵循的重要原则。重合同、守信用,弘扬诚实守信良好风尚;重质量、树品牌,坚决抵制制假售假行为。诚信为本,合法经营,积极维护职工、消费者等相关方权益,用诚信经营获取公司最大经济和社会效益。(4)主动接受政府和社会公众的监督。主动接受市场监督、税务、质监、环保、安全、劳动和社会保障等政府部门,以及新闻媒体和消费者等社会公众的监督,虚心接受批评,切实解决消费者合理投诉,以监督促企业良性发展。

适用要点

本条在功能上具有指示性,如果公司存在违反本条规定的经营活动,对其行为的效力评价及法律后果,应适用《民法典》及其他法律法规的相关规定。

关联法规

《民法典》第7条、第8条

第二十条 【公司社会责任】公司从事经营活动,应当充分考虑公司职工、消费者等利益相关者的利益以及生态环境保护等社会公共利益,承担社会责任。

国家鼓励公司参与社会公益活动,公布社会责任报告。

条文注释

第1款规定公司作为重要的市场经济主体，不仅追求利润最大化或股东财富最大化，还应积极承担公司的社会责任。公司的社会责任是指公司在经营发展过程中应当履行的社会职责和义务，主要包括公司职工、消费者等利益相关者的利益以及生态环境保护等社会公共利益。企业应当重视履行社会责任，切实做到经济效益与社会效益、短期利益与长远利益、自身发展与社会发展相互协调，实现企业与员工、企业与社会、企业与环境的健康和谐发展。

就理念而言，公司社会责任是一种资本观、财富观。公司社会责任强调资本的社会性与伦理性，强调资本有伦理，商业有道德。公司不仅要取得财富，而且要善用财富。不仅公司取得财富的过程要符合法律和商业伦理的要求，公司使用与处分财富的过程也要符合法律和商业伦理的要求。公司社会责任就是对资本无伦理、商业无道德的极端理论的彻底否定。公司社会责任既有实体层面的含义，又有程序层面的含义。作为实质意义上的概念，公司社会责任要求公司决策的结果能够对社会利益与社会权负责。作为程序意义上的概念，公司社会责任要求公司决策程序考虑和反映社会利益与社会权。例如，本法规定，董事会成员中可以有公司职工代表，职工人数300人以上的公司，除依法设监事会并有公司职工代表外，其董事会成员中应当有职工代表；监事会应当包括适当比例的职工代表。允许职工代表通过担任公司董事、监事的途径参与公司的决策程序和监督活动。

第2款规定国家鼓励、支持公司在有意愿、有能力的情况下参与社会公益活动，积极履行社会责任。国家相关部门采取切实可行的措施，如公布社会责任报告，大力宣传公司慈行善举、实行税收优惠、在政府采购中对为公益事业做出突出贡献的公司在同等条件下优先考虑等，进一步提高公司参与社会公益活动的积极性，营造有利于公司投身公益慈善事业的社会氛围和舆论环境。目前，环境、社会和公司治理更日益成为世界范围内衡量和评价上市公司社会责任贡献、高质量发展水平与中长期投资价值标尺的核心要素。

适用要点

第一，对于公司社会责任司法化，理论及实务界已达成共识。理论及实务界普遍认为，应当发挥司法能动作用，采取利益衡量的方法，实现公司社会责任的确定性和具体化，加强利益相关方的保护。本条确立了公司应承担社会责任的基本原则及应承担的责任类型，这有利于立法对司法裁判的指引性功能的发挥，强化了公司社会责任的可诉性与可裁判性。但是，本条系对公司的社会责任的原则性规定，在司法实践中，不应单独将本条作为请求权基础和裁判依据，当事人还应结合具体的法律法规条文规定提起诉讼请求，法院判决时原则上应依据事实结合其他法律法规对企业社会责任相关具体权利义务的规定，对涉诉企业的公司社会责任予以判定，尽量避免向一般性条款逃逸。第二，对于公司社会责任的诉讼程序，传统上我国并未有单独针对公司承担社会责任的程序性规定，但《民事诉讼法》设立的公益诉讼制度，可作为追究公司社会责任的诉讼程序。

关联法规

《民法典》第 9 条；《上市公司治理准则》第 3 条、第 87 条、第 95 条

关联案例

重庆市人民检察院第五分院诉重庆瑜煌电力设备制造有限公司等环境污染民事公益诉讼案①

第二十一条　【股东不得滥用权利】公司股东应当遵守法律、行政法规和公司章程，依法行使股东权利，不得滥用股东权利损害公司或者其他股东的利益。

公司股东滥用股东权利给公司或者其他股东造成损失的，应当承担赔偿责任。

① 参见重庆市高级人民法院（2020）渝民终 387 号。

条文注释

第 1 款是关于股东权利不得滥用的规定。本着权利、义务平等的原则,公司股东在享受各项权利的同时,负有正当行使权利的义务。其正当行使权利受法律保护,滥用权利将受到法律的制裁。股东在行使权利时,一是要遵守法律、行政法规和公司章程有关权利行使的规定;二是股东行使权利不得损害公司或者其他股东的利益。例如,本法规定,股东在涉及公司为其担保事项进行表决时,应当回避,如股东违反这一规定强行参与表决,则构成滥用股东权利。又如,本法规定,公司股东有查阅会计账簿、会计凭证的权利,但前提是股东应当有正当的理由,如果股东以查阅会计账簿、会计凭证为由窃取公司商业秘密,则构成股东权利的滥用。

第 2 款是关于股东权利滥用,损害公司或者其他股东利益的法律后果的规定。公司股东滥用股东权利,给公司或者其他股东造成损失的,应当承担赔偿责任。滥用权利应当承担相应法律后果,有利于规范股东行为,促使股东依法、正当行使权利。

适用要点

第一,股东滥用股东权利损害公司或其他股东利益的行为本质是一种侵权行为,因此,要认定股东是否应当承担相应的法律责任,应从其是否存在损害公司利益或股东利益的行为、是否存在过错、是否存在相应的损害结果,且损害行为与侵权结果之间是否存在因果关系这四方面进行审查。第二,在公司利益受到损害时,通常情况下应当由公司作为原告向人民法院提起诉讼。但实践中并非所有利益受损的公司都愿以自身名义起诉。当公司怠于通过诉讼维护自身利益时,符合本法第 189 条规定条件的股东,可以提起股东代表诉讼。

关联法规

《民法典》第 83 条第 1 款

关联案例

1. 甘肃居立门业有限责任公司与庆阳市太一热力有限公司、李

某军公司盈余分配纠纷案①

2. 陈某勇与浙江万达建设集团有限公司等损害公司利益责任纠纷案②

第二十二条 【不得利用关联关系损害公司利益】公司的控股股东、实际控制人、董事、监事、高级管理人员不得利用关联关系损害公司利益。

违反前款规定，给公司造成损失的，应当承担赔偿责任。

条文注释

第1款是关于禁止利用关联关系损害公司利益的规定。依照本法第265条规定，“关联关系”是指公司控股股东、实际控制人、董事、监事、高级管理人员与其直接或者间接控制的企业之间的关系，以及可能导致公司利益转移的其他关系，但是，国家控股的企业之间不仅因为同受国家控股而具有关联关系。与具有关联关系的关联方所从事的交易，又称关联交易，《公司法》并不简单地禁止关联交易。公司关联交易是一种经济行为。正当的关联交易，可以稳定公司业务、分散经营风险，有利于公司的发展。但实践中，一些公司的控股股东、实际控制人、董事、监事、高级管理人员，利用关联交易“掏空”公司，侵害公司、公司中小股东以及公司债权人利益的现象时有发生。例如，控制公司利用与从属公司的关联关系和控制地位，迫使从属公司与自己或其他关联方从事不利益的交易，损害从属公司和少数股东利益。因此，本条专门对关联交易的问题作了规定，即公司的控股股东、实际控制人、董事、监事、高级管理人员不得利用关联关系损害公司利益。

第2款规定利用关联关系给公司造成损失的，应当承担赔偿责

① 参见最高人民法院(2016)最高法民终528号(《最高人民法院公报》2018年第8期)。

② 参见最高人民法院(2021)最高法民终1289号。

任。关联交易损害公司利益的,公司可依据本条规定请求控股股东、实际控制人、董事、监事、高级管理人员赔偿所造成的损失,被告仅以该交易已经履行了信息披露、经股东会同意等法律、行政法规或者公司章程规定的程序为由抗辩的,人民法院不予支持。公司没有提起诉讼的,符合本法第189条规定条件的股东,可以提起股东代表诉讼。

适用要点

第一,结合《公司法解释五》第2条的规定,关联交易合同存在无效、可撤销或者对公司不发生效力的情形,公司没有起诉合同相对方的,符合本法第189条规定条件的股东,可以提起股东代表诉讼。第二,违反本法第186条的归入权诉讼与本条规定的关联交易损害赔偿诉讼,均为涉及损害公司利益的责任纠纷,均具备侵权责任的一般构成要件。两者的区别体现在以下两个方面:一是在行为主体上,前者的行为主体是负有忠实义务的董事、监事、高级管理人员本人,而关联交易的行为主体可涵盖与公司具有关联关系的所有主体。二是在行为和结果要件上,前者强调董事、监事、高级管理人员违反章程规定或未经股东会同意与本公司进行交易,且其因自我交易而获得的收入应当归公司所有;关联交易则强调关联人利用关联关系使公司利益受损,关联人应当对公司所受损失承担赔偿责任。

关联法规

《民法典》第84条;《公司法解释五》第1~2条

关联案例

兖矿贵州能化有限公司、安顺永峰煤焦集团有限公司公司关联交易损害责任纠纷案①

① 参见最高人民法院(2020)最高法民终55号。

第二十三条　【公司法人人格否认】公司股东滥用公司法人独立地位和股东有限责任，逃避债务，严重损害公司债权人利益的，应当对公司债务承担连带责任。

股东利用其控制的两个以上公司实施前款规定行为的，各公司应当对任一公司的债务承担连带责任。

只有一个股东的公司，股东不能证明公司财产独立于股东自己的财产的，应当对公司债务承担连带责任。

条文注释

公司是企业法人，有独立的法人财产权，公司以其全部财产对公司的债务承担责任。股东以其认缴的出资额为限或者以其认购的股份为限对公司承担责任，股东无须在其出资之外再投入其他财产清偿公司债务。法律承认合法成立的公司具有法人独立地位，是为了方便公司以自己的名义独立开展营业活动，独立承担法律责任。如果公司法人独立地位被用于不正当目的，成为侵害他人的工具，那么，在具体案件中，法院就有理由不承认该公司的法人独立地位，否认该公司的独立人格，裁判滥用公司独立人格的股东对公司债务承担连带责任。本条规定了公司法人人格否认的三种类型。

第1款是关于公司法人人格否认制度的一般规定，即为顺向公司法人人格否认。通常所称公司法人人格否认，一般是指顺向否认，即否定公司独立人格，否定股东以出资为限对公司债务承担有限责任，而判令股东对公司债务承担连带责任。实际经济生活中，有的公司的股东通过各种途径控制公司，为赚取高额利润或逃避债务，常常擅自挪用公司的财产，或者与自己的财产混同、账目混同、业务混同。有的股东为达到非法目的，设立一个空壳公司从事违法活动，实际控制该公司，但又以有限责任为掩护逃避责任。这种情况下，公司实际上已失去了独立地位，该独立法人地位已被股东滥用。同时，股东利用上述方式逃避其应承担的责任，也滥用了其有限责任的待遇，而公司的债权人将面临极大的交易风险。面对这一现实问题，一些国家在维护公司股东有限责任基本原则的同时，本着权利和义务相一致的原则，为切实保护债权人的利益，维护正常的交易秩序，创制了公司法人人格否认（在普通法系国家称为“揭开公司面纱”）制度。当符合法定条件，认定股东滥用公司法人独立地位和有限责任时，可以“揭开公司面纱”，将公司股东和公司视为一体，追究股东和公司共同的法律责任。

第1款中规定的滥用行为，实践中常见的情形有人格混同、过度支配与控制、资本显著不足等。

1. 人格混同。认定公司人格与股东人格是否存在混同，最根本的判断标准是公司是否具有独立意思和独立财产，最主要的表现是公司的财产与股东的财产是否混同且无法区分。在认定是否构成人格混同时，应当综合考虑以下因素：(1)股东无偿使用公司资金或者财产，不作财务记载的；(2)股东用公司的资金偿还股东的债务，或者将公司的资金供关联公司无偿使用，不作财务记载的；(3)公司账簿与股东账簿不分，致使公司财产与股东财产无法区分的；(4)股东自身收益与公司盈利不加区分，致使双方利益不清的；(5)公司的财产记载于股东名下，由股东占有、使用的；(6)人格混同的其他情形。在出现人格混同的情况下，往往同时出现以下混同：公司业务和股东业务混同；公司员工与股东员工混同，特别是财务人员混同；公司住所与股东住所混同。人民法院在审理案件时，关键要审查是否构成人格混同，而不要求同时具备其他方面的混同，其他方面的混同往往只是人格混同的补强。

2. 过度支配与控制。公司控制股东对公司过度支配与控制，操纵公司的决策过程，使公司完全丧失独立性，沦为控制股东的工具或躯壳，严重损害公司债权人利益，应当否认公司人格，由滥用控制权的股东对公司债务承担连带责任。实践中常见的情形包括：(1)母子公司之间或者子公司之间进行利益输送的；(2)母子公司或者子公司之间进行交易，收益归一方，损失却由另一方承担的；(3)先从原公司抽走资金，然后再成立经营目的相同或者类似的公司，逃避原公司债务的；(4)先解散公司，再以原公司场所、设备、人员及相同或者相似的经营目的另设公司，逃避原公司债务的；(5)过度支配与控制的其他情形。

3. 资本显著不足。资本显著不足指的是公司设立后在经营过程中,股东实际投入公司的资本数额与公司经营所隐含的风险相比明显不匹配。股东利用较少资本从事力所不及的经营,表明其没有从事公司经营的诚意,实质是恶意利用公司独立人格和股东有限责任把投资风险转嫁给债权人。由于资本显著不足的判断标准有很大的模糊性,特别是要与公司采取“以小博大”的正常经营方式相区分,因此在适用时要十分谨慎,应当与其他因素结合起来综合判断。

第 2 款是关于公司法人人格横向否认的规定。所谓横向否认,是对股东控制下的子公司或者关联公司相互否认人格、相互承担连带责任,可形象称为“平行否认”。《全国法院民商事审判工作会议纪要》第 11 条第 2 款规定:“控制股东或实际控制人控制多个子公司或者关联公司,滥用控制权使多个子公司或者关联公司财产边界不清、财务混同,利益相互输送,丧失人格独立性,沦为控制股东逃避债务、非法经营,甚至违法犯罪工具的,可以综合案件事实,否认子公司或者关联公司法人人格,判令承担连带责任。”由此可见,该款明确了公司法人人格否认类型中横向否认的认定标准及法律后果。2023 年《公司法》修订,吸收了《全国法院民商事审判工作会议纪要》该款中法人人格横向否认的内容,并进行了修改完善,明确规定公司“股东利用其控制的两个以上公司实施前款规定行为的,各公司应当对任一公司的债务承担连带责任”,即在横向层面,股东利用其控制的多个公司,没有合法原因随意调拨资产、划拨资金,使相关公司人格“躯壳化”“工具化”的,各公司应对任一公司债务承担连带责任。

第 3 款是关于一人公司否认法人人格、股东民事责任的特别规定。2023 年《公司法》修订,对该条款进行了一定的改造,使其适用范围拓展到一人股份有限公司。对于只有一个股东的公司法人人格否认举证责任,第 3 款规定更加严格,体现在以下两个方面:一是举证责任倒置,股东必须证明公司财产独立于股东自己的财产;二是如果公司财产与股东财产不具有独立性,则公司股东无须具有

"逃避债务"的主观意图,仍需要直接对公司债务承担连带责任。

适用要点

公司人格独立和股东有限责任是《公司法》的基本原则,否认公司独立人格,由滥用公司法人独立地位和股东有限责任的股东对公司债务承担连带责任,是股东有限责任的例外情形,旨在矫正有限责任制度在特定法律事实发生时,对债权人保护的失衡现象。司法实践中,要准确把握本条规定的精神。

第一,只有在股东实施了滥用公司法人独立地位及股东有限责任的行为,且该行为严重损害了公司债权人利益的情况下,才能适用。损害债权人利益,主要是指股东滥用权利使公司财产不足以清偿公司债权人的债权。

第二,只有实施了滥用法人独立地位和股东有限责任行为的股东才对公司债务承担连带清偿责任,而其他股东不应承担此责任。

第三,公司法人人格否认不是全面、彻底、永久地否定公司的法人资格,而只是在具体案件中依据特定的法律事实、法律关系,突破股东对公司债务不承担责任的一般规则,例外地判令其承担连带责任。人民法院在个案中否认公司人格的判决的既判力仅仅约束该诉讼的各方当事人,不当然适用于涉及该公司的其他诉讼,不影响公司独立法人资格的存续。如果其他债权人提起公司法人人格否认诉讼,已生效判决认定的事实可以作为证据使用。

第四,在审理案件时,需要根据查明的案件事实进行综合判断,既审慎适用,又当用则用。实践中存在标准把握不严而滥用这一例外制度的现象,同时也存在因法律规定较为原则、抽象,适用难度大,而不善于适用、不敢于适用的现象,均应当引起高度重视。

第五,人民法院在审理公司法人人格否认纠纷案件时,应当根据不同情形确定当事人的诉讼地位:(1)债权人对债务人公司享有的债权已经由生效裁判确认,其另行提起公司法人人格否认诉讼,请求股东对公司债务承担连带责任的,列股东为被告,公司为第三人;(2)债权人对债务人公司享有的债权提起诉讼的同时,一并提起公司法人人格否认诉讼,请求股东对公司债务承担连带责任的,列公司和股东为共同被告;(3)债权人对债务人公司享有的债权尚未经生效裁判确认,直接提起公司法人人格否认诉讼,请求公司股东对公司债务承担连带责任的,人民法院应当向债权人释明,告知其追加公司为共同被告。债权人拒绝追加的,人民法院应当裁定驳回起诉。

第六,公司法人人格否认的举证责任。公司法人人格否认纠纷本质上属于侵权责任纠纷,依照《最高人民法院关于适用〈中华人民共和国民事诉讼法〉的解释》第90条、第91条的规定,原告应对侵权主体、侵权行为、侵权结果与因果关系等构成要件承担举证责任。当然,本条第3款规定的一人公司举证责任倒置情形除外。在司法实践中,不少法院考虑到债权人难以获取公司内部资料特别是财务资料的举证困境,根据《最高人民法院关于适用〈中华人民共和国民事诉讼法〉的解释》的规定,确定了举证责任由法律分配,原则上不能由法官分配的规则。因此,除非具有第3款规定的情形,原告在公司法人人格否认纠纷中的举证责任应严格遵循"谁主张,谁举证"的规则。

关联法规

《民法典》第83条第2款;《全国法院民商事审判工作会议纪要》第10~13条

关联案例

1. 徐工集团工程机械股份有限公司诉成都川交工贸有限责任公司等买卖合同纠纷案①

2. 昆明闽某纸业有限责任公司等污染环境刑事附带民事公益诉讼案②

3. 海南碧桂园房地产开发有限公司诉三亚凯利投资有限公司、

① 参见江苏省高级人民法院(2011)苏商终字第0107号(最高人民法院指导案例15号)。

② 参见云南省昆明市西山区人民法院(2021)云0112刑初752号(最高人民法院指导案例215号)。

张某男等确认合同效力纠纷案①

第二十四条　【采用电子通信方式召开会议和表决】公司股东会、董事会、监事会召开会议和表决可以采用电子通信方式，公司章程另有规定的除外。

条文注释

采用现场会议形式，是股东会、董事会、监事会会议召开及表决的传统形式。为顺应电子化、信息化时代的潮流，降低交易成本，推升公司治理水平，提高决策监督效率，方便股东查询知情。本次修订新增电子化表决方式，即公司股东会、董事会、监事会召开会议和表决可以采用电子通信方式，如通过视频、电话、传真或者电子邮件表决等方式召开。需要注意的是，在本条但书部分规定“公司章程另有规定的除外”。如果公司不采用电子通信方式的，由公司在公司章程中作出特别规定。

除了本条规定，本法第33条第3款“公司登记机关可以发给电子营业执照”并强调“电子营业执照与纸质营业执照具有同等法律效力”。本法第41条第1款则进一步明确“公司登记机关应当优化公司登记办理流程，提高公司登记效率，加强信息化建设，推行网上办理等便捷方式，提升公司登记便利化水平”。由此可见，2023年《公司法》修订，在公司会议召开及表决、行政监管等方面，充分体现电子化、信息化时代的潮流，顺应无纸化的需要。

关联法规

《上市公司治理准则》第15条

关联案例

上海境闲机械设备制造有限公司与上海艾荻瑞环保科技有限

① 参见最高人民法院(2019)最高法民终960号(《最高人民法院公报》2021年第2期)。

公司公司决议撤销纠纷案①

第二十五条 【无效决议】公司股东会、董事会的决议内容违反法律、行政法规的无效。

条文注释

依照《民法典》第80条、第81条的规定,营利法人应当设权力机构和执行机构。股东会是公司的权力机构,董事会是公司的执行机构。公司作出行为时,应根据《公司法》及章程所规定的职权和程序主要由其权力机构、执行机构或经理作出相应的决议或决定,并由公司的法定代表人或公司具有相应权限的组织机构或法定代表人授权的其他自然人来代表公司具体实施,因此,股东会、董事会决议是公司实施具体行为的依据。股东会和董事会通过召开会议形成决议行使权利。上述决议一旦依法作出并生效,则转化为公司的意志,对公司及股东均具有约束力,因此,股东会决议和董事会决议对公司及股东关系重大。

股东会通过作出决议行使职权并由公司业务执行机构执行。股东会是公司的权力机关,作出的决议,内容上必须符合法律、行政法规的规定,而不得违反;否则,即为无效决议。股东会作出的内容违反法律、行政法规的决议,自始无效。董事会是公司的经营决策和业务执行机构,享有特定职权,董事会应当依法行使职权,其作出的决议必须符合法律、行政法规的规定。董事会作出的内容违反法律、行政法规的决议为无效决议,且自始无效。

适用要点

第一,依照《民法典》第134条的规定,股东会、董事会决议性质上属于民事法律行为,因此,在认定股东会、董事会决议无效时,应适用民事法律行为无效的规则,尤其是其中的"违反法律、行政法规的

① 参见上海市第一中级人民法院(2018)沪01民终3108号。

强制性规定的民事法律行为无效”的规则。如果公司决议内容违反了法律、行政法规的强制性规定，通常将认定相关公司决议无效。当然，该强制性规定不导致该民事法律行为无效的除外。值得注意的是，其中的法律、行政法规的强制性规定，不仅指《公司法》的强制性规定，也包括其他法律、行政法规的强制性规定。第二，实践中，股东会、董事会决议无效情形主要包括：股东滥用股东权利通过决议损害公司或者其他股东的利益，决议过度分配利润、进行重大不当关联交易等导致公司及其他股东的利益受到损害等。另外，对于伪造签名的股东会决议，司法实践上也并非一概认定为无效。只有伪造的股东会决议违反法律、行政法规的规定才可以认定为无效。这也体现了司法干预公司内部决策的谨慎与克制。

关联法规

《民法典》第 153 条、第 154 条；《公司法解释四》第 1 条、第 3 条

关联案例

1. 姚某城与鸿大（上海）投资管理有限公司、章某等公司决议纠纷案①

2. 齐某霞与海拉尔副食品有限责任公司、张某界、王某明公司决议纠纷案②

第二十六条　【公司股东会、董事会决议撤销及裁量驳回】公司股东会、董事会的会议召集程序、表决方式违反法律、行政法规或者公司章程，或者决议内容违反公司章程的，股东自决议作出之日起六十日内，可以请求人民法院撤销。但是，股东会、董事会的会议召集程序或者表决方式仅有轻微瑕疵，对决议未产生实质影响的除外。

---

①　参见上海市第二中级人民法院（2019）沪 02 民终 8024 号（《最高人民法院公报》2021 年第 3 期）。

②　参见最高人民法院（2016）最高法民再 182 号。

未被通知参加股东会会议的股东自知道或者应当知道股东会决议作出之日起六十日内,可以请求人民法院撤销;自决议作出之日起一年内没有行使撤销权的,撤销权消灭。

条文注释

第1款规定,可撤销的股东会、董事会决议的构成条件是:(1)关于会议召集程序。法律、行政法规以及公司章程对股东会、董事会会议的召集和主持进行了规定,公司应当严格执行。如果股东会、董事会会议召集程序违反法律、行政法规或者公司章程的规定,该次会议所通过的决议为可撤销决议。(2)关于会议的表决方式。股东会、董事会会议的表决方式,应当严格按照法律、行政法规或者公司章程的规定执行。采用违反法律、行政法规或者公司章程规定的表决方式通过的决议,为可撤销决议。(3)关于决议内容。股东会或董事会决议的内容应当符合法律、行政法规和公司章程的规定。决议内容违反公司章程规定的,属于可撤销决议;内容违反法律、行政法规规定的,则属于无效决议。另外,在司法实践中,经常出现未按照事先约定的议程、决议事项进行决议的情形,如在股东会或者董事会上任意增加决议事项,也属于依法可撤销的公司决议。考虑到撤销公司决议的成本以及公司决议被否定后可能给公司正常经营带来的影响,第1款第2句规定,法院对股东请求撤销存在轻微瑕疵的公司决议的诉求不予支持,维持该决议的效力,最大化地保障公司治理自治。

第2款规定股东行使撤销权的除斥期间和最长期限。一是如果股东未被通知参加股东会会议,则该股东可以自知道或者应当知道股东会决议作出之日起60日内,请求人民法院撤销;二是借鉴《民法典》第152条第2款的规定,为保障公司的经营稳定和相对人的保护,同时兼顾商事效率原则,股东行使撤销决议的最长期限为1年,即如果股东在决议作出后超过1年才知道该决议,此时不能再行使撤销权,该撤销权已经消灭。

适用要点

公司决议属于“轻微瑕疵”的判断一般包括以下几点：一是仅会议的召集程序或表决方式存在瑕疵，即程序上的瑕疵，而非决议的内容违反公司章程。二是程序瑕疵是轻微的，如公司章程规定股东会应提前15日通知全体股东，但召集人提前14日通知的；通知应当以书面形式发出，而实际上是通过电话或微信、电子邮件等形式发出的。三是该瑕疵的存在不会对决议产生实质影响，即该程序瑕疵的存在不会改变公司决议的结果，但需根据个案具体情况进行判断。

关联法规

《民法典》第85条、第152条第2款；《公司法解释四》第2～4条

关联案例

1. 马某与华汽投资控股集团有限公司公司决议撤销纠纷案①

2. 北京华友天下影视文化有限公司与于某军、黄某英公司决议撤销纠纷案②

第二十七条　【公司股东会、董事会决议不成立的情形】有下列情形之一的，公司股东会、董事会的决议不成立：

（一）未召开股东会、董事会会议作出决议；

（二）股东会、董事会会议未对决议事项进行表决；

（三）出席会议的人数或者所持表决权数未达到本法或者公司章程规定的人数或者所持表决权数；

（四）同意决议事项的人数或者所持表决权数未达到本法或者公司章程规定的人数或者所持表决权数。

条文注释

第一，未召开股东会、董事会会议，虚构决议。公司没有召开股

---

① 参见北京市第二中级人民法院（2018）京02民终8774号。

② 参见北京市第三中级人民法院（2020）京03民终10202号。

东会、董事会会议,没有公司决议的存在,不具备决议基本成立的要件,是严重的程序违法,该类决议因欠缺成立的要件而不成立。此外,需要注意的是,依照本法第59条第3款的规定,有限责任公司股东以书面形式一致表示同意的,可以不召开股东会会议,直接作出决定,并由全体股东在决定文件上签名或者盖章,因此,依照《公司法》第59条第3款或者公司章程规定形成的决议,应排除在没有召开股东会形成的决议之外。

第二,会议未对决议事项进行表决。虽然召开了股东会、董事会会议但没有形成决议,而行为人伪造他人签名形成决议的书面文件,该类虚构的决议不是公司股东或者董事意思表示的结果,仅反映了个别虚构者的内心意愿,实际上是以个人意思代替公司意思,不能产生法律约束力,因此,该类决议应认定为不成立。

第三,出席会议的人数或者股东所持表决权不符合本法或者公司章程规定的人数或者所持表决权数。因我国《公司法》并未对股东最低出席的表决权数作出规定,实践中主要通过公司章程加以规定。对于股东会未达最低出席的表决权数的情形,应当视为未召开股东会。既然没有股东会存在的事实,便无股东会决议成立的余地。同理,不满足出席法定人数,将导致会议不能被认定为董事会会议。这属于严重程序瑕疵,应视为决议不存在。

第四,同意决议事项的人数或者所持表决权数未达到本法或者公司章程规定的人数或者所持表决权数。依照本法的相关规定,无论是股东会决议遵照"资本多数决"作出决议,还是董事会决议遵照"人头决"作出决议,多数决是决议存在的意思合意要件。决议在表决时没有达到法定或者章程约定多数决,则表明决议的意思表示没有形成,未形成团体意思,相当于股东会、董事会未作出任何意思表示,决议不成立。

适用要点

股东会、董事会决议不成立与可撤销的联系与区别。股东会、董事会决议不成立的原因是决议欠缺成立要件,属于程序上的瑕疵。由于决议撤销的原因在很大程度上也包含程序上的瑕疵,因此,区别决议撤销原因与决议不成立原因所涉及的程序瑕疵时,应注意以下几点:第一,决议可撤销和不成立的根本区别在于制度价值不同。民事法律行为成立与否是事实判断问题,民事法律行为的效力是法律价值判断问题。如果一项决议缺乏基本的成立要件,自无所谓效力评价的问题。第二,从瑕疵程度上看,总体来讲,可撤销决议的程序瑕疵严重程度相比较而言要弱于不成立的决议,后者的程序瑕疵非常严重,以至于决议不能成立。第三,从瑕疵原因上看,决议可撤销的事由除了程序瑕疵外,还包括决议内容违反公司章程,后者的事由仅限于程序瑕疵。此外,需要注意的是,同样的程序瑕疵,可能因程度的区别形成不同类型的决议瑕疵。决议可撤销的事由可能因为瑕疵的严重程度而转化为决议不成立的事由。例如,纯粹的表决计算错误属于决议可撤销的事由之一,但如果因为表决权计算错误,使本无法达到法定或章程约定的表决权比例的决议得以通过,则构成决议不成立的情形。

关联法规

《公司法解释四》第5条

关联案例

1. 彭某、LUIS ALBERTO CRUZ 与新瑞阳光粒子医疗装备(无锡)有限公司公司决议效力确认纠纷案①

2. 上海康浦码头装卸有限公司与上海福集建筑材料有限公司公司决议效力确认纠纷案②

第二十八条　【公司股东会、董事会决议无效、撤销或者不成立的后果】公司股东会、董事会决议被人民法院宣告无效、撤销或者确认不成立的,公司应当向公司登记机关申请撤销根据该决议已办理的登记。

---

① 参见江苏省无锡市中级人民法院(2019)苏02民初60号。

② 参见上海市第一中级人民法院(2019)沪01民终10925号。

股东会、董事会决议被人民法院宣告无效、撤销或者确认不成立的，公司根据该决议与善意相对人形成的民事法律关系不受影响。

条文注释

第1款规定决议被人民法院宣告无效、撤销或者确认不成立后的对内效果。《民法典》第155条规定，“无效的或者被撤销的民事法律行为自始没有法律约束力”；第136条第1款规定，“民事法律行为自成立时生效，但是法律另有规定或者当事人另有约定的除外”。因此，决议不成立意味着决议自始没有法律约束力，与决议无效和决议被撤销的法律效果相同。该决议对公司、股东、董事、监事、高级管理人员等不发生法律效力，公司自当不应执行该决议内容，如公司已经按照股东会或者董事会的决议办理了相关登记手续，则应当恢复到登记前的状态，即公司应当向公司登记机关申请撤销登记，维护公司及相关权利主体的利益。如公司拒绝进行撤销登记，相关权利主体可向人民法院诉请公司撤销登记。

第2款规定决议被人民法院宣告无效、撤销或者确认不成立后的对外效果。股东会、董事会决议被人民法院宣告无效、被撤销或者确认不成立后，公司根据该决议对外发生的其他法律行为的效力要区别对待。如果相对人明知前述决议存在无效、不成立或者可撤销的情形，但仍积极与公司发生相关民事法律行为，相对人显然属于恶意，自不应保护该相对人的利益。但是，如果相对人不知道前述决议存在无效、不成立或者可撤销的情形，即相对人为善意的情形下，则不能因公司决议存在无效、不成立或者可撤销的过错，而将该过错的责任后果让善意相对人来承担。这种情形下，善意相对人的权益应当得到优先保护，因此，公司依据该决议与善意相对人形成的民事法律关系不受影响。

适用要点

第一，依照《民法典》第85条及本条第2款的规定，公司根据该决议与相对人形成的民事法律关系不受影响，应符合相对人是善意的要件。相对人是非善意的,决议被判决不成立、无效或者撤销时,有可能影响到公司与相对人之间形成的法律关系。所谓“善意”,是指相对人在形成法律关系时不知道且不应当知道决议不成立、无效或可撤销的情形。这里的“知道”,是指事实上的知道,即相对人实际上了解或认识到了决议存在不成立、无效或可撤销的瑕疵。“应当知道”,是指推定的知道。在一般情况下,这是一个需要结合个案衡量的事实问题,学理上难以抽象出一个统一的认定标准。《民法典》合同编对“应当知道”曾经采用了“因重大过失而不知”的标准。所谓“因重大过失而不知”,是指对相对人而言,根据其所知悉的一切情形,决议存在不成立、存在无效或可撤销的瑕疵是如此显而易见,只要不是熟视无睹,不可能不知该瑕疵。个案中能够辅助判断的情形不仅包括特定交易的具体情况,如交易性质、金额、重要性,而且包括当事人之间的惯常做法、关于某种交易的特别交易习惯或交易行规等。对于相对人善意的衡量标准,除了相对人事实上不知道该瑕疵存在的情况外,在尽了合理审查义务之后仍然不可能知道瑕疵存在的事实,也应当认定相对人属于善意。第二,由于股东会、董事会决议不成立、无效或者撤销之诉,与公司依据该决议与相对人形成的民事法律关系分别是两个独立的法律关系,因此,如果发生争议,构成两个独立的诉,法院可以依据具体情况合并审理或分开审理。

关联法规

《民法典》第 85 条;《公司法解释四》第 6 条

关联案例

1. 郑某利、李某生、郑某军与北京山泉房地产开发有限公司等公司决议效力确认纠纷案①

2. 上海畅承投资管理合伙企业、巨凯沣信息科技(广州)有限公司等公司决议纠纷案②

---

① 参见北京市高级人民法院(2021)京民终 76 号。

② 参见广东省广州市中级人民法院(2022)粤 01 民终 25954 号。

第二章　公司登记

第二十九条　【公司设立登记】设立公司，应当依法向公司登记机关申请设立登记。

法律、行政法规规定设立公司必须报经批准的，应当在公司登记前依法办理批准手续。

条文注释

我国采用准则主义与核准主义相结合的公司设立原则，即只要符合法律规定的公司设立条件，就应当允许设立公司，法律、行政法规明确规定设立公司必须事先取得批准的，应当在公司登记前依法办理批准手续。普通公司的设立适用准则主义，只要符合法定条件与程序，直接向登记机关申请设立登记即可。特殊行业则适用核准主义，申请公司设立登记前需要取得主管机关的行政审批手续，这类特殊公司集中在商业银行、信托、保险与证券等金融行业。

第 1 款是对公司设立申请人的要求，即设立公司只能向人民政府负责公司登记的机关提出申请，并且向有管辖权的公司登记机关提出登记申请。任何人要以公司身份进行营利性活动，必须经过专门登记。一经登记，即获得公司主体资格，享有商事权利能力和行为能力，可以依法进行经营活动。公司登记制度的首要价值正是对公司"身份"和基本权利的确认，保护其营业安全和交易安全。未依法登记为有限责任公司或者股份有限公司的不得以公司名义进行民事活动，否则由公司登记机关责令改正、予以取缔且可以并处罚款。

第 2 款规定中，"批准"是指行政许可。提供公众服务并且直接关系公共利益的职业、行业，需要确定具备特殊信誉、特殊条件或者特殊技能等资格、资质的事项等，需要按照法定条件经主管机关批准。例如:《食品安全法》《药品管理法》规定设立食品、药品生产经营企业应当经过食品、药品主管部门的批准;《商业银行法》规定设立商业银行应取得银行业监管机关的批准;《证券法》规定设立证券公司应取得证券监管机关的批准。第2款规定既是对申请人的要求,也是对公司登记机关的要求,因此,对于法律、行政法规规定设立公司必须报经批准的,公司登记机关亦应尽到审慎审查的义务,在收到设立公司的申请后,应当审查申请人是否已经依照法律、行政法规的规定,取得了有关部门的批准文件,如果没有取得批准文件,则不得进行登记。依照《市场主体登记管理条例》第21条第2款规定,法律、行政法规或者国务院决定规定设立市场主体须经批准的,应当在批准文件有效期内向登记机关申请登记。

关联法规

《民法典》第58条;《行政许可法》第12条;《市场主体登记管理条例》第21条

关联案例

张某胤与北京市工商行政管理局东城分局公司等设立登记纠纷案①

第三十条　【公司设立登记申请】申请设立公司,应当提交设立登记申请书、公司章程等文件,提交的相关材料应当真实、合法和有效。

申请材料不齐全或者不符合法定形式的,公司登记机关应当一次性告知需要补正的材料。

条文注释

第1款规定,申请设立公司,应当提交设立登记申请书、公司章程等文件。依照《市场主体登记管理条例》第16条第1款规定,申请设立公司,具体应当提交下列材料:(1)申请书;(2)申请人资格文

---

①　参见北京市东城区人民法院(2018)京0101行初274号。

件、自然人身份证明;(3)住所或者主要经营场所相关文件;(4)公司章程;(5)法律、行政法规和国务院市场监督管理部门规定提交的其他材料。募集设立股份有限公司还应当提交依法设立的验资机构出具的验资证明;公开发行股票的,还应当提交国务院证券监督管理机构的核准或者注册文件。为保证公司登记的有效性、保障社会秩序和公共利益,申请人对上述申请材料的真实性、合法性、有效性负保证义务。

第2款规定,申请材料不齐全或者不符合法定形式的,公司登记机关应当一次性告知需要补正的材料。登记机关收到申请材料后,进行形式审查,审查申请材料是否符合规定数量、种类,是否具备公司登记所需文件的法定形式要件等。若申请人只提交了部分材料,属于申请材料不齐全,登记机关应一次性告知需要提交的其他材料;若申请人提交了全部材料,但提交的材料没有法定代表人签字等情形的,属于申请材料不符合法定形式,登记机关应一次性告知需要提供符合法定形式的材料或者补正形式错误的申请材料。

关联法规

《市场主体登记管理条例》第17~19条

第三十一条　【公司设立的准则主义】申请设立公司,符合本法规定的设立条件的,由公司登记机关分别登记为有限责任公司或者股份有限公司;不符合本法规定的设立条件的,不得登记为有限责任公司或者股份有限公司。

条文注释

依照本条规定,公司登记机关依照法定条件决定是否准予公司设立登记。这是对公司登记机关的要求,即公司登记机关在收到设立公司的申请文件后,应当进行审查,对于符合本法规定的公司设立条件的,应当依法登记为有限责任公司或者股份有限公司;对于不符合本法规定的公司设立条件的,则不得违反法律规定登记为有限责任公司或者股份有限公司。公司登记机关对不符合本法规定条件的登记申请予以登记，或者对符合本法规定条件的登记申请不予登记的，对直接负责的主管人员和其他直接责任人员，依法给予处分。

关联法规

《民法典》第77条；《市场主体登记管理条例》第19条、第20条

第三十二条　【公司登记事项及公示】公司登记事项包括：

（一）名称；

（二）住所；

（三）注册资本；

（四）经营范围；

（五）法定代表人的姓名；

（六）有限责任公司股东、股份有限公司发起人的姓名或者名称。

公司登记机关应当将前款规定的公司登记事项通过国家企业信用信息公示系统向社会公示。

条文注释

登记事项是公司必须向登记机关和社会提供的基本信息，在公司登记制度中处于核心位置。为便利交易对象和社会公众了解公司的基本情况和能力，促进交易发生，保障交易安全，第1款对登记事项作出完整、详细的规定，涵盖了公司的基本事项，基本反映了公司的全貌。公司登记的法定事项包括：

1. 名称。名称，通俗理解就是公司的名字，它是公司的标识，是公司形象的代表，在对外生产经营活动中代表公司，往往附带较大的财产利益，是一种无形资产。《民法典》第1013条规定："法人、非法人组织享有名称权，有权依法决定、使用、变更、转让或者许可他人使用自己的名称。"公司名称由行政区划名称、字号、行业或者经营特点、组织形式组成，公司只能登记一个名称，并在一定范围内其他

公司不能使用该名称。

2. 住所。住所是公司的主要办事机构所在地，具有确定诉讼管辖地、确定合同成立或债务履行地和适用准据法等法律意义。

3. 注册资本。注册资本是公司章程规定的全体股东或发起人认缴的出资额或认购的股本总额，并在公司登记机关依法登记。股东履行出资义务后，该财产即归属公司，属于公司的原始财产，公司用以生产经营，也是公司对外的责任财产，往往被看作公司实力的体现。

4. 经营范围。经营范围是公司所从事的生产经营活动的内容，具体来说，就是公司生产或销售的商品种类、提供的服务项目等，体现公司的民事权利能力和行为能力。

5. 法定代表人的姓名。法定代表人系代表公司从事民事活动的负责人。法定代表人制度通过法定登记机关对外公示的方式，设立了一个可以让相对人信赖的"法人的对外事务机构或代表人"，让相对人知晓谁的行为能够真正代表法人。法定代表人制度的建立解决了法人的意志如何通过自然人实施或者对外表示的问题。

6. 有限责任公司股东、股份有限公司发起人的姓名或者名称。有限责任公司股东、股份有限公司发起人信息对经济秩序和第三人利益影响巨大，所以属于公司登记事项范围。社会公众可了解公司的出资人、出资额、股权结构等信息，为交易相对方提供初步的公司资信状况。

第 2 款规定，公司登记机关应当将前款规定的公司登记事项通过国家企业信用信息公示系统向社会公示。第 1 款规定的 6 种事项是有关公司的基本信息，登记的目的是公示，据此，公司登记机关应主动将公司登记事项在国家企业信用信息公示系统中予以公示。登记机关的公示行为有助于尊重与保护善意相对人的知情权，优化安全、稳定的营商环境，实现交易安全和公司自治的动态平衡。

关联法规

《民法典》第 63 条、第 65 条；《市场主体登记管理条例》第 8 ~ 10 条

第三十三条　【公司营业执照】依法设立的公司，由公司登记机关发给公司营业执照。公司营业执照签发日期为公司成立日期。

公司营业执照应当载明公司的名称、住所、注册资本、经营范围、法定代表人姓名等事项。

公司登记机关可以发给电子营业执照。电子营业执照与纸质营业执照具有同等法律效力。

条文注释

第1款确立签发营业执照具有创设的效力，即公司登记机关签发的营业执照是确定公司成立的法律文件。营业执照的签发日期为公司成立之日。公司在签发营业执照之前的设立阶段，还没有正式成立，不具有法人资格。签发营业执照意味着公司正式成立，享有作为民事主体的权利能力和行为能力。

第2款规定了营业执照应当载明的事项。公司营业执照，既是公司成立的法律依据，又是对外证明公司是企业法人、有资格从事经营活动的资格证书。公司营业执照应当载明公司的名称、住所、注册资本、经营范围、法定代表人姓名等事项，将公司登记事项载明于营业执照上，增加了公司经营的透明度。

第3款规定，公司登记机关可以发给电子营业执照，电子营业执照与纸质营业执照具有同等法律效力。在政务服务数字化改革的背景下，电子营业执照已得到广泛应用，有必要在法律层面确认其合法效力。依照本款规定，除了载体不同以外，电子营业执照与纸质营业执照没有实质不同，均为市场监管部门统一核发的有效证件，两者效力等同。

关联法规

《民法典》第58条、第78条；《市场主体登记管理条例》第21条、第22条

第三十四条　【公司登记事项变更及效力】公司登记事项发生变更的，应当依法办理变更登记。

公司登记事项未经登记或者未经变更登记，不得对抗善意相对人。

条文注释

市场主体登记具有公示效力。公示效力指相关事项登记后产生的“得以登记事项对抗另一方”的效力，可以分为公信效力与对抗效力。“公信效力”指经过公示的登记事项有被推定为真实、合法、有效，并为社会一般公众所信赖的效力，善意第三人得以登记事项对抗登记义务人。“对抗效力”指经过公示的登记事项，可以推定为一般社会公众所知，登记义务人得以登记事项对抗第三人。公信效力和对抗效力是相关事项经市场主体登记而产生的两个方面的公示效果，是一对相对的效力。公信效力旨在维护交易安全、保护善意第三人；对抗效力旨在保护登记义务人的权利，使其不为登记事实所累。二者共同起着平衡法律风险在登记义务人与第三人之间分配的功能。

第1款规定，登记事项发生变更的，应当依法办理变更登记。在我国，公司登记机关为国家行政机关，其所公布的登记信息具有权威性，对外具有公信力，公司外部的第三人对公司登记机关的登记具有合理信赖的基础，有权凭借公司登记机关的登记事项主张权利。本法第32条规定的登记事项发生变更的，公司应当及时到公司登记机关办理变更登记，若未及时办理变更登记就会出现登记机关登记的信息与实际情况不一致的情形。如果公司未办理变更登记，对于变更事项，依据商事外观主义，应以变更前的登记信息为依据，公司不得以其相关事项实际发生变更为由对抗善意相对人。因此，公司登记事项发生变更的，应当依法办理变更登记。《市场主体登记管理条例》第24条第1款规定，市场主体变更登记事项，应当自作出变更决议、决定或者法定变更事项发生之日起30日内向登记机关申请变更登记。

第2款规定，未经登记或者未经变更登记不得对抗善意相对人。公司登记公示产生的公信力除表现为“公司登记的正确推定效力”外，还表现为“公司登记的善意保护效力”。所谓“公司登记的善意保护效力”，是指公司登记公示的事项即使与公司实际情况不一致，对于基于信赖该公示事项而与公司交易的善意相对人而言，其正当权益不因错误登记而受损。否则，若善意相对人在每次交易时，都因不信赖公司登记事项而不得不自力审查公司的各项情况，既不符合节约交易成本的商法理念，也有违基本公平。因此，公司登记事项未经登记或者未经变更登记，不得对抗善意相对人。此处的“善意”，是指相对人在与公司交易时不知道且不应当知道登记机关登记的信息与实际情况不一致。登记对抗效力的理论基础为商事外观主义。登记事项一经登记公示，就形成了一个商事外观，对外具有公信力。当登记事项与实际情况不一致时，公司外部的相对人往往难以知悉真实情况，为了保护善意相对人对公示信息的信赖，维护交易安全，公司不能以未登记的事实对抗善意相对人。例如，公司股东会依法通过决议罢免原法定代表人并选任新法定代表人，变更法定代表人的决议一经作出即产生内部效力，即原法定代表人在公司内部丧失代表权和新法定代表人取得代表权。在法定代表人事项变更登记之前，公司登记机关登记的仍是原法定代表人，假如此时原法定代表人仍代表公司与外部的相对人订立房屋租赁合同，公司不得以原法定代表人已经丧失代表权为由主张该房屋租赁合同对其不发生效力，除非公司能够证明相对人为非善意（公司能够证明相对人在订立合同时知道或者应当知道公司登记机关登记的法定代表人与实际法定代表人不一致）。

适用要点

第一，依照本条未经登记或者未经变更登记不得对抗的对象限缩为“善意相对人”，即与目标公司订立合同且对目标公司存在影响合同效力的事由（无处分权、超越代表权、超越代理权、超越经营范围）不知情而进行交易的人。第二，判断相对人善意与否不以相对人实际查阅登记簿载明的内容为前提。一般而言，只要相对人交易行为与登记内容相符合，即使未查阅登记簿，也可推定相对人为善意。

关联法规

《民法典》第64～66条；《市场主体登记管理条例》第24条

关联案例

邢台轧辊异型辊有限公司与李某芬、李某丰清算责任纠纷案①

第三十五条 【变更登记所需材料】公司申请变更登记，应当向公司登记机关提交公司法定代表人签署的变更登记申请书、依法作出的变更决议或者决定等文件。

公司变更登记事项涉及修改公司章程的，应当提交修改后的公司章程。

公司变更法定代表人的，变更登记申请书由变更后的法定代表人签署。

条文注释

第1款规定申请变更登记需提交的文件。公司申请变更登记应向公司登记机关提交下列资料：(1)法定代表人签署的变更登记申请书。之所以要法定代表人签署，是因为法定代表人是公司意志的法定表达机关，法定代表人的签署表明变更登记申请是公司的意思表示。(2)公司依法作出的变更决议或者决定等文件。登记事项的变更须公司股东会、董事会等机构作出决议、决定的，办理变更登记时还须提交这些内部的决议、决定。公司登记机关对公司提交的材料须进行合理的审查以保证登记事项与公司的实际情况相符。《公司法》关于公司治理架构的设置中，意思形成机关和意思表达机关是分离的，股东会、董事会等享有公司内部事务的决策权却不享有对外代表权，公司意思的形成机关与意思表达机关的分离，难免会

① 参见最高人民法院(2015)民申字第1416号。

产生意思与表示不一致的瑕疵，因此，为保证登记信息的真实性，本款规定公司申请变更登记的还须提交公司依法作出的变更决议或者决定等文件。例如，依照本法第66条第3款规定，公司增加或者减少注册资本应当经代表2/3以上表决权的股东通过，公司变更注册资本需向登记机关提交该增减注册资本的股东会决议。(3)其他文件。公司申请变更登记还须提交其他文件的原因，一是便于登记机关审查变更登记是否公司的真实意思表示，如授权委托书；二是便于登记机关完成变更登记，如变更股东登记需要新股东的主体资格证明或自然人身份证明，法律、行政法规规定变更股东必须报经批准的，还须提交有关的批准文件。

第2款规定，公司变更登记事项涉及修改公司章程的，应当提交修改后的公司章程。本法第32条第1款规定："公司登记事项包括：(一)名称；(二)住所；(三)注册资本；(四)经营范围；(五)法定代表人的姓名；(六)有限责任公司股东、股份有限公司发起人的姓名或者名称。"同时，本法第46条、第95条分别规定了有限责任公司、股份有限公司的章程应当载明的事项，基本涵盖了本法第32条规定的公司登记事项。公司章程对外公开申明的公司宗旨、营业范围、资本数额以及责任形式等内容，为投资者、债权人、第三人与该公司进行经济交往提供了条件和资信依据，便于相对人了解公司的组织和财产状况，便于公司与相对人间的经济交往。公司章程也是确定公司内部相关主体权利、义务关系的基本法律文件——公司章程对公司、股东、董事、监事、高级管理人员具有约束力，前述主体之间可以依据公司章程主张相应权利。另外，公司章程具有真实性、公开性等基本特征。真实性主要强调公司章程记载的内容必须是客观存在的、与实际相符的事实。公开性主要是指公司以及相关权利主体可以依据法律法规规定向登记部门进行查阅。对上市的股份有限公司而言，公司章程的内容不仅要对投资人公开，而且要对包括债权人在内的一般社会公众公开。因此，当公司章程的修改涉及本法第32条所包括的公司登记事项时，为确保公司章程记载的内容与实际情况相符，除应当及时修改公司章程的相应内容外，在办理变更登记时应当提交修改后的公司章程。

实践中，存在公司内部已作出有效决议对法定代表人进行了变更，到公司登记机关办理变更时因原法定代表人不配合在变更登记申请书上签字而无法完成法定代表人变更登记的情形，为避免这种情形发生，顺利完成法定代表人的变更登记，本条第3款规定，公司变更法定代表人的，变更登记申请书由变更后的法定代表人签署。

适用要点

第一，公司登记机关对公司提交的相关材料仅进行形式审查，由申请人对提交材料的真实性、合法性和有效性负责。第二，基于公司治理的复杂性，有时候登记的法定代表人被免职后或者据以任命其为法定代表人的公司决议被撤销或宣告无效后，又新选任法定代表人，在辞旧迎新之际、变更登记之前，就会出现登记在册的"原法定代表人"与新当选法定代表人相冲突的情形，此时究竟谁能代表公司呢？在公司内部，公司与股东之间、股东与股东之间等，因法定代表人任免发生的内部纷争，当以有效的公司决议为准；如涉及公司以外的第三人因代表权产生争议，则应以登记公示为准。因此，对内而言，能代表公司意志的是公司内部决议确认的法定代表人，而非登记的原法定代表人；对外而言，法定代表人事项未经变更登记不得对抗善意相对人。

关联法规

《市场主体登记管理条例》第18~20条、第24条；《市场主体登记管理条例实施细则》第16条、第17条、第33条

关联案例

1. 沈某民与上海蜜意食品贸易有限公司请求变更公司登记纠纷案①

2. 大拇指环保科技集团（福建）有限公司与中华环保科技集团

① 参见上海市第一中级人民法院（2017）沪01民终14399号。

有限公司股东出资纠纷案①

第三十六条　【公司营业执照记载事项变更】公司营业执照记载的事项发生变更的，公司办理变更登记后，由公司登记机关换发营业执照。

条文注释

营业执照是市场主体依法开展经营活动的法律凭证和重要依据。从营业执照签发之日起公司成立，公司登记机关对公司各主要事项所作登记同时产生法律效力，对公司具有约束力。营业执照记载的事项属于反映公司基本信息的基本事项，对外具有公示作用。为便利交易对象和社会公众详细了解公司的基本情况和能力，促进交易发生，保障交易安全，本条规定营业执照记载事项发生变更的，公司应当及时依法办理变更登记，这是公司的义务。公司办理变更登记后，公司登记机关应当换发营业执照，以便于市场主体正常开展经营活动，便于公众准确、及时地了解变更后的市场主体基本信息。未经变更登记，公司不得擅自改变营业执照所载事项，不得对抗善意相对人。

关联法规

《市场主体登记管理条例》第 21 条、第 22 条、第 28 条；《市场主体登记管理条例实施细则》第 23 条

第三十七条　【因解散、被宣告破产等注销登记】公司因解散、被宣告破产或者其他法定事由需要终止的，应当依法向公司登记机关申请注销登记，由公司登记机关公告公司终止。

① 参见最高人民法院(2014)民四终字第 20 号(《最高人民法院公报》2014 年第 8 期)。

条文注释

公司依法定程序结束经营并消灭法人资格的过程，称为公司终止。公司终止的程序包括：

第一，进入解散或者破产程序。公司终止的事由通常来说有解散和破产。解散是指公司因章程或者法律规定的事由出现，停止经营，启动清算程序，最终使公司终止的过程。本法第229条规定了公司解散事由。破产是指公司出现不能清偿到期债务并且资产不足以清偿全部债务或者明显缺乏清偿能力的，经人民法院审查属实，企业无法进行和解或者重整，依法定程序公平偿还其债务，最终使公司终止的过程。

第二，进行清算。公司因本法第229条第1款第1项、第2项、第4项、第5项规定而解散的，应当清算。董事为公司清算义务人，应当在解散事由出现之日起15日内组成清算组进行清算。公司被依法宣告破产的，依照有关企业破产的法律实施破产清算。

第三，申请注销登记。公司清算结束后，清算组应当制作清算报告，报股东会或者人民法院确认，并报送公司登记机关，申请注销公司登记。公司注销登记，是指公司登记机关依法取消被终止公司的市场主体资格的行政行为。设立登记是公司取得法人资格的前提，而注销登记是消灭公司法人资格的必经程序。公司登记机关经过核准注销登记后，公司终止，公司法人资格消灭。

申请公司注销登记，应当向公司登记机关提交下列材料：(1)注销登记申请书，如公司清算组织负责人签署的注销登记申请书。(2)公司依照本法作出的解散、注销的决议或者决定，或者行政机关吊销营业执照、责令关闭、撤销的文件；人民法院裁定强制清算或者裁定宣告破产的，有关企业清算组、破产管理人可以持人民法院终结强制清算程序的裁定或者终结破产程序的裁定，直接向登记机关办理注销登记。(3)清算报告、负责清理债权债务的文件或者清理债务完结的证明。(4)企业法人营业执照。(5)法律、行政法规规定应当提交的其他文件。

第四，公告终止。公司登记机关注销登记后，登记机关应当通过国家企业信用信息公示系统公示，向社会公告该公司已经被注销，市场主体资格已经消灭。

适用要点

第一，公司法人资格终止的时间是完成注销登记时，而非公司出现解散事由时。当公司出现解散事由时，公司法人资格依然存续，只是依照本法第236条第3款规定，不得开展与清算无关的经营活动。第二，公司注销依法须经批准的，应当经批准后向登记机关申请注销登记。

关联法规

《民法典》第68条；《企业破产法》第2条；《市场主体登记管理条例》第31条；《市场主体登记管理条例实施细则》第44～49条

关联案例

重庆台华房地产开发有限公司与重庆晨光实业发展（集团）有限责任公司、重庆晨光百货有限责任公司、重庆晨光大酒店有限责任公司房屋搬迁纠纷案①

第三十八条　【设立分公司】公司设立分公司，应当向公司登记机关申请登记，领取营业执照。

条文注释

分公司登记采“属地原则”，即分公司登记机关为分公司所在地的公司登记机关。设立分公司，应当向分公司所在地的公司登记机关申请登记，领取分公司的营业执照。只有领取了营业执照的机构才能成为公司的分公司，才能以自己的名义从事民事活动。比如，领取营业执照后，分公司才能以自己的名义对外订立合同、起诉、应诉等。

分公司的登记事项包括名称、营业场所、负责人、经营范围。分公司的经营范围不得超出公司的经营范围。法律、行政法规或者国

① 参见最高人民法院（2005）民一终字第57号（《最高人民法院公报》2006年第10期）。

务院决定规定设立分公司必须报经批准，或者分公司经营范围中属于法律、行政法规或者国务院决定规定在登记前须经批准的项目的，还应当提交有关批准文件。分公司经公司登记机关准予登记的，发给营业执照。

适用要点

公司应当自分公司登记之日起30日内，持分公司的营业执照到公司的公司登记机关办理备案。

关联法规

《民法典》第74条；《市场主体登记管理条例》第23条；《市场主体登记管理条例实施细则》第30条

第三十九条 【撤销登记】虚报注册资本、提交虚假材料或者采取其他欺诈手段隐瞒重要事实取得公司设立登记的，公司登记机关应当依照法律、行政法规的规定予以撤销。

条文注释

本条所涉及的违法行为实质是欺诈行为。所谓“欺诈”，是指当事人在办理公司登记时，故意隐瞒有关的重要事实、制造假象、掩盖真相，使公司登记机关受蒙骗、发生错误认识而取得了公司登记。构成本条所指的具有欺诈性质的违法行为，具有以下三个特点：欺诈行为应当出于当事人的故意；当事人实施欺诈行为有明确的骗取公司登记的目的；公司登记机关进行的登记，完全是由于上述认识上的错误而进行的，如果公司登记机关了解事实真相就不会对虚假申请进行公司登记。需要指出的是，这里的“公司登记”仅包括设立登记。本条涉及的违法行为有以下三种：第一，虚报注册资本。这里的“虚报”主要是指为骗取公司登记而故意夸大资本数额，实际上根本就没有出资或者没有全部出资。这里的“注册资本”，是指设立时股东认缴的出资额。作为公司经营资本的一部分，注册资本是公司承担风险、偿还债务的一项基本保证，注册资本也是公司资信实力的展现，因此我国对公司注册资本作了严格规制，如严禁高估实物出资财产，金融类企业、劳务派遣企业等实行实缴制并有最低注册资本额的要求。第二，提交虚假材料。本条中所说的"虚假材料"，主要是指设立登记申请书、公司章程、验资证明等文件和从事法律、行政法规规定须报经有关部门审批的业务所提交的有关部门的批准文件是虚假的。第三，采取其他欺诈手段隐瞒重要事实。本条中所谓"其他欺诈手段"，是指在公司设立登记时，采用其他隐瞒事实真相的方法欺骗公司登记机关的行为。

依照本条规定，对欺诈取得公司设立登记的应当由公司登记机关撤销登记。撤销登记本质上是针对错误登记行为的一种纠错机制而非行政处罚。受虚假公司登记影响的自然人、法人和其他组织可以向登记机关提出撤销公司登记的申请。市场监管部门在履行职务过程中发现虚假登记的应当主动撤销。

适用要点

第一，依照本法第 250 条欺诈取得公司登记的公司还应当受到行政处罚；对于依法实行注册资本实缴登记制的公司，依照《刑法》第 158 条的规定，为取得公司登记，虚报注册资本数额巨大、后果严重或者有其他严重情节的，可能构成虚报注册资本罪。

第二，撤销虚假登记与吊销营业执照的区别。吊销营业执照是行政处罚措施，二者有本质上的区别。一是在法律性质上，撤销市场主体登记是对市场主体登记行为的纠正；吊销市场主体营业执照则是对市场主体经营资格的剥夺。二是从发生原因来看，导致撤销市场主体登记的原因一般发生在市场主体登记之前，既可能是登记机关和工作人员的原因，也可能是申请人的原因；造成吊销市场主体营业执照的原因则一般发生在市场主体开展经营活动的过程中，是市场主体自身的原因。三是从法律后果来看，撤销市场主体登记既可以是撤销市场主体设立登记，也可以是撤销市场主体变更登记，还可以是撤销市场主体注销登记；吊销市场主体营业执照则是市场主体经营主体资格消失，吊销市场主体营业执照后丧失的是经营资格，其民事主体资格依然存续。依照本法第 229 条规定，公司因虚假登记被撤销的与被吊销营业执照均是公司解散的事由。

第三，审慎作出撤销登记决定。在市场经济环境下，为保证经济活动的平稳和市场交易的安全，需要市场主体身份和资格的稳定。撤销公司或股东登记是公权力对企业组织形式的强烈干预，其后果关涉市场主体的退出，注册资本、股权结构的调整，公司债权人利益及市场交易秩序的保护，应当审慎处理。(1)公司股东等以申请材料不是其本人签字或者盖章为由，请求确认登记行为违法或者撤销登记行为的，人民法院可以根据具体情况判决撤销登记行为、确认登记行为违法或者判决登记机关履行更正职责。能够证明原告此前已明知该情况却未提出异议，并在此基础上从事过相关管理和经营活动的，人民法院对撤销登记的诉讼请求一般不予支持。(2)对于"他人代签"是否构成虚假登记或冒名登记，应当考察"被冒名人"是否具有明示、默示或符合交易习惯下的"沉默"意思表示。在当事人身份关系为家庭成员或其他亲友等特定关系的情形下，应当推定"被冒名人"对登记内容知情且不反对。如无足够证据否定上述推定的合理性，不得轻易推翻公司股东登记的法律效力。撤销公司股东登记关系到债权人等其他利害关系人的权益，甚至涉及公共利益，登记机关应当审慎处理。

关联法规

《市场主体登记管理条例》第40~45条；《市场主体登记管理条例实施细则》第50~58条

第四十条　【企业信用信息公示系统公示事项】公司应当按照规定通过国家企业信用信息公示系统公示下列事项：

(一)有限责任公司股东认缴和实缴的出资额、出资方式和出资日期，股份有限公司发起人认购的股份数；

(二)有限责任公司股东、股份有限公司发起人的股权、股份变更信息；

(三)行政许可取得、变更、注销等信息；

(四)法律、行政法规规定的其他信息。

公司应当确保前款公示信息真实、准确、完整。

条文注释

第 1 款规定公司负有自行申报公示信息的义务。公司公示事项并不属于法定登记事项,但对于保护交易安全和提高交易效率仍有不可忽视的作用,有必要通过确立公司公示特定非登记事项的义务,提高交易相对人获取公司信息的效率,以降低其与公司之间的交易成本。公示的信息既包括企业从事生产经营活动过程中形成的信息,也包括政府部门在履行职责过程中产生的能够反映企业状况的信息。具体包括:

1. 有限责任公司股东认缴和实缴的出资额、出资方式和出资日期,股份有限公司发起人认购的股份数。有限责任公司股东认缴和实缴的出资额是指有限责任公司股东认缴和实缴各类出资所对应的价值金额,需以货币表示。出资方式是指出资的种类,包括货币、实物及无形资产。出资时间是指股东缴纳出资的时间,包括股东首次出资的时间以及公司成立后分期缴足自己认缴出资的时间。股份有限公司发起人认购的股份数是指每一个发起人认购的股份的具体数额。公示上述出资信息能够显示公司的资信实力,使社会公众了解公司的股权结构、出资情况及股份有限公司发起人情况,使与公司(打算)进行交易的民事主体合理评估交易风险,也有利于对公司进行监管。

2. 有限责任公司股东、股份有限公司发起人的股权、股份变更信息。有限责任公司股权、股份有限公司发起人的股份因转让、继承等发生变动时,有限责任公司、股份有限公司应当及时到公司登记机关办理变更登记,公司登记机关应当及时通过国家企业信用信息公示系统公示有限责任公司新的股东,股份有限公司发起人股份变更信息。但实践中,由于有限责任公司股权和股份有限公司发起人股份变更等信息未通知公司,公司未及时或者不愿意办理变更登记,或者未按照规定进行公示等原因,导致登记信息与真实情况不一致、公示信息与登记信息不相符,此种脱节会诱发许多纠纷,如股权转让后变更登记前,转让股东再次转让股权(俗称一股二卖),股份有限公司发起人持有的股份已经发生变化,但公示信息仍为原始信息,等等。为尽量减少真实情况与权利外观不一致带来的影响,让社会公众通过公示系统及时了解有限责任公司真实股权信息、股份有限公司发起人股份变更信息，本条规定公司应当按照规定通过国家企业信用信息公示系统公示有限责任公司股东、股份有限公司发起人的股权、股份变更信息。

3. 行政许可信息。行政许可事项涉及社会公共利益和社会秩序，公司获得某项行政许可意味着其有权在一般禁止的特定领域里从事相关经营活动，同时也要遵守相关法律法规，接受监管，因此，行政许可取得、变更、注销等信息也属于公司应当公示的事项范围。

4. 法律、行政法规规定的其他信息。其他信息事关社会公共利益、经济秩序的，法律、行政法规规定应当公示的，也属于公司应当公示的事项范围。

第 2 款规定公司应当确保前款公示信息真实、准确、完整。企业信息公示制度具有提高企业的公信力和公众认可度，加强企业内部管理和合规意识，推动社会信用体系建设，促进利益相关方保护和维权意识等价值和意义。为提高公司披露信息的透明度和准确性，公司应当确保前款公示信息真实、准确、完整。

适用要点

依照《企业信息公示暂行条例》相关规定，本条规定的信息自形成之日起 20 个工作日内公司应当通过企业信用信息公示系统向社会公示，否则，市场监督管理部门应当责令其限期履行，仍不履行的可将其列入经营异常名录、严重违法企业名单。

关联法规

《企业信息公示暂行条例》第 10 条、第 17 条

第四十一条 【优化公司登记服务】公司登记机关应当优化公司登记办理流程，提高公司登记效率，加强信息化建设，推行网上办理等便捷方式，提升公司登记便利化水平。

国务院市场监督管理部门根据本法和有关法律、行政法规的规定，制定公司登记注册的具体办法。

条文注释

2023年《公司法》修订中增加了优化公司登记服务条款。优化公司登记服务,需要从以下两个方面着手:

第一,对登记工作时限的要求,即当场办结、一次办结与限时办结。登记机关应当根据实际情况,能实现当场办结的,应当让申请人立等可取;能一次办结的,不能让申请人多次往返;无法实现当场办结与一次办结的,则应当在明确的指定期限内办结登记事项。

第二,要求登记机关提供便利化服务举措,即集中办理、就近办理、网上办理与异地可办。各地登记机关可以提供"一站式""窗口式""一厅式"的集中联合审批服务,实现当事人"最多跑一次"办理市场主体登记业务的目标。推动事权下沉,市场主体登记服务可在法律法规授权的范围内向市场主体监督管理部门的派出机构延伸,实现就近能办、多点可办。推动市场主体登记事项以线上方式办理,争取实现"应上尽上、全程在线"目标,实现申请人可异地网上申请市场主体登记,不受住所地和登记地限制。

第2款为授权条款,授权国务院市场监督管理部门可以根据本法及有关法律、行政法规,制定公司登记注册的具体办法。在本法修订之前,国务院已经制定了《市场主体登记管理条例》,市场监督管理部门也配套制定了《市场主体登记管理条例实施细则》等与公司登记相关的实施细则、办法等。本法生效后,市场监督管理部门可以根据本款的授权,进一步制定或修订公司登记注册相关的具体办法。

关联法规

《市场主体登记管理条例》第6条;《优化营商环境条例》第19条

第三章　有限责任公司的设立和组织机构

第一节　设　　立

第四十二条　【有限责任公司股东人数】有限责任公司由一个以上五十个以下股东出资设立。

条文注释

有限责任公司人合性属性较强,股东之间往往相互比较了解,公司主要是基于股东之间信任关系建立的合作,为了方便股东之间的沟通互信,人数不宜过多。因此,本条规定有限责任公司的股东人数下限为1人(包含本数),上限为50人(包含本数)。这里的"股东",不仅指自然人、法人,符合条件的非法人组织也可以成为股东。

适用要点

第一,本条规定属管理性规定,有限责任公司股东人数超过50人的,对实际出资人请求登记为显名股东的主张不予支持,但并不因此而否认其作为实际出资人的地位。第二,无民事行为能力或者限制民事行为能力的人不应当成为有限责任公司设立时的股东,但可以基于继承等成为公司股东。第三,法律行政法规限制成为公司股东的,包括但不限于:(1)各级党政机关、司法行政机关以及党政机关主办的社会团体;(2)党政机关所属的具有行政管理和执法监督职能的事业单位等;(3)会计师事务所、审计师事务所、资产评估机构、律师事务所等;(4)公司的分支机构如分公司等;(5)法律法规禁止从事营利性活动的人,如国家公务员、法官、检察官等。

关联法规

《公务员法》第59条

关联案例

1. 王某、黑龙江省农业机械有限责任公司股东资格确认纠纷案①

2. 王某莉、四川九寨运业有限责任公司股东资格确认纠纷案②

第四十三条 【有限责任公司设立协议】有限责任公司设立时的股东可以签订设立协议，明确各自在公司设立过程中的权利和义务。

条文注释

设立协议，又称股东协议，是指在有限责任公司设立过程中，由设立时的股东订立的关于明确公司设立过程中的权利和义务的协议。包括：第一，公司设立的相关内容。比如，公司名称、地址、经营范围，股东姓名或名称、注册资本、持股比例及认缴期限等。第二，公司治理的相关内容。比如，"三会一层"的设置及职权，董事、监事、经理、财务负责人以及会计、出纳等关键岗位人员的提名与安排等。第三，在项目投资额大于注册资本的情况下，还需要约定项目的投资总额、未来资金筹措、投资期限、应对举措等。第四，股权转让限制及退出机制。比如，可以对股东对外转让股权时的优先购买权和增加注册资本时的优先认购权进行合理限制，以及出资人退出公司的条件和定价原则等。第五，协议解除的条件及违约责任的约定，等等。

适用要点

公司设立，不仅包括签订设立协议，本法第45条还规定设立有限责任公司，应当由股东共同制定公司章程。在正常情况下，公司章

① 参见黑龙江省哈尔滨市中级人民法院（2020）黑01民终5635号。

② 参见四川省成都市中级人民法院（2019）川01民终1307号。

程往往是以设立协议为基础而制定的,设立协议的主要内容通常都会被公司章程所吸收。在公司设立中要尽量避免出现设立协议与公司章程规定的内容出现冲突或不一致的情形,事先明确在股东之间如设立协议与公司章程规定的内容出现冲突或不一致时二者谁优先适用,减少未来纠纷的发生。

关联法规

《公司法解释三》第1条

关联案例

上海申翔公司与上海中青旅公司、沈某荣、上海曹王公司、上海展硕公司、上海效盛公司、上海佳灏投资发展有限公司合同纠纷案①

第四十四条 【有限责任公司设立行为的法律后果】有限责任公司设立时的股东为设立公司从事的民事活动,其法律后果由公司承受。

公司未成立的,其法律后果由公司设立时的股东承受;设立时的股东为二人以上的,享有连带债权,承担连带债务。

设立时的股东为设立公司以自己的名义从事民事活动产生的民事责任,第三人有权选择请求公司或者公司设立时的股东承担。

设立时的股东因履行公司设立职责造成他人损害的,公司或者无过错的股东承担赔偿责任后,可以向有过错的股东追偿。

条文注释

第1款规定公司设立时的民事活动的法律后果承受主体。设立公司需要设立时的股东作出共同意思表示和行为,具备一定的团体性特征,而使设立中的公司具备了一定程度的意思能力。同时,设立中的公司因设立时的股东认缴出资而形成了一定的财产基础,故设立中公司具备了一定的权利能力和行为能力。设立时的股东以设

① 参见上海市高级人民法院(2018)沪民终280号。

立公司名义对外从事的民事活动(如签订合同)是为了追求公司成功设立,公司成功设立后当然应当由其承继该民事活动的权利义务。公司成立后,民事法律行为的相对方只能请求成立后的公司承担法律后果,而不能再请求股东承担法律后果。

第2款规定公司未成立时股东的民事责任。公司未成立,又称设立失败,也称设立不能,是指未能完成公司设立的情形,包括未获准登记和设立停止两种情形。无论何种原因导致设立行为失败,其所产生的后果都是一样的,即公司不能成立。基于设立公司行为的合伙关系理论,公司未能成立时,设立公司行为产生的债权债务应当由全体设立时的股东共同承担连带责任,即债权人可直接请求设立时的股东对债务承担连带责任,设立时的股东当然也连带享受公司设立过程中产生的债权。

第3款规定设立时的股东以自己名义从事设立活动产生的责任承担。公司在设立过程中,毕竟还不具备独立法人主体资格,但又具备了一定的团体性特征,在一定程度上讲,设立时的股东是设立中公司的代表机关和执行机关,对外代表设立中公司进行民事活动。设立时的股东为公司设立目的以自己的名义对外从事活动(如签订合同),设立时的股东是合同的当事人,按照合同相对性原则,应当允许第三人要求设立时的股东承担相应责任。但设立时的股东虽然是以自己的名义对外从事活动,但其目的是公司成功设立,公司成功设立后也有义务承受该活动而产生的责任,从保护第三人合理信赖利益的角度而言,亦应允许第三人选择成立后的公司或者设立时的股东承担责任,第三人一旦选定责任承担主体,其后就不能再行变更选择。

第4款规定设立时的股东职务侵权责任。公司设立阶段,股东在履行设立职责过程中,因过错造成他人损害的,如果公司成功设立,则首先应当由设立后的公司承担赔偿责任,如果公司未能成功设立,设立时的股东对该他人受到的损害承担连带赔偿责任。但是,公司或者无过错的股东承担赔偿责任后,可以向有过错的股东追偿,体现了权利义务相一致的原则。

适用要点

在公司设立失败后，本应由全体设立时的股东承担连带责任，但债权人可能仅向部分设立时的股东请求清偿，部分设立时的股东对外承担责任后，有权要求其他股东承担相应的责任。关于其他股东应承担的比例，可参照《公司法解释三》第4条确定的规则分担：设立协议有约定的，按照约定的比例承担；没有约定承担比例的，按照约定的出资比例分担；既未约定承担比例，又没有约定出资比例的，按照均等份额分担。因部分设立时的股东的过错导致公司未成立，其他设立时的股东主张其承担设立行为所产生的费用和债务的，人民法院应当根据过错情况，确定过错一方的责任范围。

关联法规

《民法典》第75条；《公司法解释三》第2～5条

关联案例

1. 弘仁（大连）集团有限公司与大连工美企业有限责任公司发起人责任纠纷案①

2. 广州市位拉服装有限公司、黄某平、卢某珍等发起人责任纠纷案②

3. 李某与孙某峰、杨某发起人责任纠纷案③

第四十五条　【有限责任公司章程制定】设立有限责任公司，应当由股东共同制定公司章程。

条文注释

本法第5条原则规定"设立公司应当依法制定公司章程"，本条规定更侧重强调"共同"这一要求。公司章程应当由全体股东共同制定。共同制定是指在制定公司章程时，股东通过沟通协商、求同存异、达成一致，形成共同的意思表示，体现出全体股东的意志。依照

① 参见最高人民法院（2015）民二终字第90号。

② 参见广西壮族自治区高级人民法院（2019）桂民终416号。

③ 参见江苏省高级人民法院（2016）苏民申4992号。

《民法典》第490条“当事人采用合同书形式订立合同的，自当事人均签名、盖章或者按指印时合同成立”的规定，有限责任公司设立时，股东均应在公司章程上签名或者盖章。未经全体股东签名或者盖章，则表明股东还未就公司章程的内容形成一致意思表示，公司的章程还未达到成立和生效的条件。

适用要点

有限责任公司设立时的章程（公司成立时的初定章程）的生效，要求全体股东一致同意。但在公司设立后，除非公司章程有特别规定，可以经代表2/3以上的表决权股东同意进行修改，而无须全体股东共同同意。

关联法规

《民法典》第79条

关联案例

李某、李某福与公司有关的纠纷案[①]

第四十六条　【有限责任公司章程法定记载事项】有限责任公司章程应当载明下列事项：

（一）公司名称和住所；

（二）公司经营范围；

（三）公司注册资本；

（四）股东的姓名或者名称；

（五）股东的出资额、出资方式和出资日期；

（六）公司的机构及其产生办法、职权、议事规则；

（七）公司法定代表人的产生、变更办法；

（八）股东会认为需要规定的其他事项。

股东应当在公司章程上签名或者盖章。

---

① 参见辽宁省高级人民法院（2019）辽民申3011号。

条文注释

按照效力的不同,公司章程记载事项可以分为绝对必要记载事项、相对必要记载事项和任意记载事项。所谓绝对必要记载事项,即法定记载事项,是指必须在公司章程中记载的事项,否则公司章程将因不符合本法的规定,而可能导致公司不能顺利设立登记。第1款第1项至第7项为公司章程绝对必要记载事项,即公司章程必须按照事实记载的事项,无记载则构成公司章程遗漏事项而可能导致公司不能设立。所谓相对必要记载事项,是指法律列举规定的一些事项,由章程制订人自行决定是否予以记载。如果予以记载,则该事项将发生法律效力;如果记载违法,则仅该事项无效;如不予记载,也不影响整个章程的效力。公司章程相对必要记载事项的内容散见于本法的相关条款,如本法第70条规定"董事任期由公司章程规定,但每届任期不得超过三年",第209条规定"有限责任公司应当按照公司章程规定的期限将财务会计报告送交各股东"。所谓任意记载事项,是指法律未明确规定是否记载于章程,由章程制定人根据本公司实际情况任意选择是否予以记载的事项。公司章程任意记载的事项,只要不违反法律法规规定、公序良俗,章程制定人就可根据实际需要而载入公司章程。第8项作为一个兜底条款,可允许公司股东通过公司章程进行自行约定,公司股东可以在公司章程中根据其自身需要约定其他事项,如某些股东应当履行的特殊的义务、禁止同业竞争的义务、对外投资与担保、分红比例及优先认缴出资权、在出现公司僵局时如何解决纠纷等。

第2款规定公司章程签署的要求。公司章程是由公司全体股东共同制定的,是参与制定公司章程的股东经过反复协商,取得一致意见后达成的共同意思表示。一般情况下,应由股东本人在公司章程上签名或盖章,委托他人代为签名或盖章的,必须持有股东的授权委托书,并写明委托代理人的姓名、授权事项等。

适用要点

在某种程度上讲,公司章程中任意记载事项约定越完善,公司出现僵局的概率越低,公司治理水平越高。实务中应重视对任意记载事项的约定完善。

第四十七条 【有限责任公司注册资本】有限责任公司的注册资本为在公司登记机关登记的全体股东认缴的出资额。全体股东认缴的出资额由股东按照公司章程的规定自公司成立之日起五年内缴足。

法律、行政法规以及国务院决定对有限责任公司注册资本实缴、注册资本最低限额、股东出资期限另有规定的,从其规定。

条文注释

第1款第1句规定有限责任公司股东注册资本认缴制。公司的注册资本,是公司的一般登记事项,指公司章程所记载的股东认缴的全部资本,而非股东实际缴纳的资本。所谓股东注册资本认缴制,是指在公司设立时,不要求公司股东必须同时缴纳所有的认缴注册资本额。股东可以不实际出资,而是根据公司章程规定的出资方式、出资时间和出资额履行出资义务。

2013年《公司法》修正时,取消了公司注册资本最低限额,同时由注册资本实缴制转为认缴制。通过改革公司注册资本制度以及调整和改变其他登记事项,进一步放松了对市场主体准入的管制,降低准入门槛,优化营商环境,促进市场主体加快发展,激发了各类市场主体的创造活力,增强了经济发展的内生动力。但实践中,部分公司的股东滥用期限利益,承诺的认缴资本数额巨大、缴付期限达50年甚至更长,且股东又可在认缴期限届满之前转让股权,不利于对债权人的保护,为此,第1款第2句对股东缴纳出资的时间作出限制,即股东应当在公司章程中规定认缴出资的期限,但该期限最长不超过5年。其中,最长5年期限起始点为"自公司成立之日"。依照本法第33条第1款规定,公司成立之日为公司营业执照签发日期。本款第2句规定的5年最长实缴期限规则既是对认缴出资制度的坚持,又是对社会现状的积极、理性回应。

第2款是关于有限责任公司注册资本实缴、最低限额、股东出资期限的例外规定。例如,《商业银行法》第13条第1款规定:"设立全国性商业银行的注册资本最低限额为十亿元人民币。设立城市商业银行的注册资本最低限额为一亿元人民币，设立农村商业银行的注册资本最低限额为五千万元人民币。注册资本应当是实缴资本。”又如，按照国务院《注册资本登记制度改革方案》，对于以下行业目前暂不实行注册资本认缴登记制：采取募集方式设立的股份有限公司，商业银行，外资银行，金融资产管理公司，信托公司，财务公司，金融租赁公司，汽车金融公司，消费金融公司，货币经纪公司，村镇银行，贷款公司，农村信用合作联社，农村资金互助社，证券公司，期货公司，基金管理公司，保险公司，保险专业代理机构、保险经纪人，外资保险公司，直销企业，对外劳务合作企业，融资性担保公司，劳务派遣企业，典当行，保险资产管理公司，小额贷款公司。此外，需要指出的是，为设定短于5年的认缴期限预留空间，法律、行政法规以及国务院决定可以对股东出资期限作出特别规定。

关联法规

《市场主体登记管理条例》第13条

关联案例

深圳市启迪信息技术有限公司与郑州国华投资有限公司、开封市豫信企业管理咨询有限公司、珠海科美教育投资有限公司股权确认纠纷案①

第四十八条　【股东出资方式】股东可以用货币出资，也可以用实物、知识产权、土地使用权、股权、债权等可以用货币估价并可以依法转让的非货币财产作价出资；但是，法律、行政法规规定不得作为出资的财产除外。

对作为出资的非货币财产应当评估作价，核实财产，不得高估或者低估作价。法律、行政法规对评估作价有规定的，从其规定。

---

①　参见最高人民法院（2011）民提字第6号（《最高人民法院公报》2012年第1期）。

条文注释

第1款规定股东出资方式。我国《公司法》采用出资形式法定主义，即股东以何种财产出资，不完全取决于股东自身拥有的财产或资源，也不完全取决于公司经营需要何种财产或资源，而是由法律直接规定何种财产可以作为股东对公司的出资，因此，本款前半句首先列举了可以用于出资的形式，包括货币出资和非货币财产出资。非货币财产出资，必须具备以下两个法定要件：

第一，可以用货币估价。为衡量股东之间的出资比例及偿还公司债务，用于出资的非货币财产应具有价值上的确定性，即不但应具有财产价值，而且这种价值还应具体确定或可以评估作价。第二，可以依法转让。为了保证公司可以利用出资的财产及转让给公司债权人，用于出资的财产必须具有可转让性。有些财产或经营资源如劳务、信用等，虽然具有一定的经营功能，但因无法转让，不具有债务清偿功能而被排除在出资形式之外。

股权、债权具有非货币财产出资的特征，本次《公司法》修订，吸收《公司法解释三》第11条、《市场主体登记管理条例实施细则》第13条第3款等关于股权、债权进行出资的相关规定，增加列举了“股权”“债权”两种形式可以作为非货币财产出资。这为实践中股权、债权出资提供了更加明确的法律依据。

第1款后半句规定了不得用于出资的例外情形，即法律、行政法规规定不得作为出资的财产不能用于出资。例如，《市场主体登记管理条例》第13条第2款规定，出资方式应当符合法律、行政法规的规定。公司股东不得以劳务、信用、自然人姓名、商誉、特许经营权或者设定担保的财产等作价出资。

第2款规定非货币财产出资应当评估及开展评估的要求和限制。一是要评估作价，不得高估作价，也不得低估作价；二是要核实资产，本法第51条第1款规定，有限责任公司成立后，董事会应当对股东的出资情况进行核查。为防止股东以低价格的非货币财产高价出资，侵蚀公司资本，维护公司权益，本款明确规定，用作出资的非货币财产应当经过评估确定其价值。评估应当由专门的评估机构及其专业人员根据委托对用作出资的非货币财产进行评定、估算。另外,当法律法规对于非货币资产的评估作价有特别规定的,按照特别法优于一般法的原则,应当依照相关法律法规的特别要求进行评估作价。

适用要点

第一,无处分权的财产出资。参照《公司法解释三》第 7 条第 1 款规定,出资人以不享有处分权的财产出资,当事人之间对于出资行为效力产生争议的,人民法院可以参照《民法典》第 311 条的规定予以认定。第二,非法所得出资。参照《公司法解释三》第 7 条第 2 款规定,以贪污、受贿、侵占、挪用等违法犯罪所得的货币出资后取得股权的,对违法犯罪行为予以追究、处罚时,应当采取拍卖或者变卖的方式处置其股权。第三,以未经评估作价的非货币资产出资的,除非违反了法律的强制性规定,其出资行为依然有效。但参照《公司法解释三》第 9 条、第 15 条的规定,出资人以非货币财产出资,未依法评估作价,公司、其他股东或者公司债权人请求认定出资人未履行出资义务的,人民法院应当委托具有合法资格的评估机构对该财产评估作价。评估确定的价额显著低于公司章程所定价额的,人民法院应当认定出资人未依法全面履行出资义务。出资人以符合法定条件的非货币财产出资后,因市场变化或者其他客观因素导致出资财产贬值,公司、其他股东或者公司债权人请求该出资人承担补足出资责任的,人民法院不予支持。但是,当事人另有约定的除外。第四,本法并未对股东采用货币出资还是非货币财产出资以及二者在注册资金中的占比进行强制性规定,股东协商达成一致并通过章程确认即可。

关联法规

《市场主体登记管理条例实施细则》第 13 条;《公司法解释三》第 7～11 条

关联案例

天津滨海泰达酒店开发有限公司、天津中盈置业有限公司等股

东出资纠纷案①

第四十九条 【股东的出资义务及赔偿责任】股东应当按期足额缴纳公司章程规定的各自所认缴的出资额。

股东以货币出资的，应当将货币出资足额存入有限责任公司在银行开设的账户；以非货币财产出资的，应当依法办理其财产权的转移手续。

股东未按期足额缴纳出资的，除应当向公司足额缴纳外，还应当对给公司造成的损失承担赔偿责任。

条文注释

第1款、第2款规定了股东出资义务履行的具体要求。股东出资义务履行，应当符合以下几个要求：第一，按期足额缴纳所认缴的出资额。其中"按期"是指按照公司章程规定的认缴期限，但是需要注意，规定的认缴期限不得超过本法第47条第1款规定的最长出资期限。其中"足额"是指按照公司章程规定金额完全缴纳。按期足额缴纳所认缴的出资额是股东首要的法定义务，也是公司设立的基本条件，股东应当依法履行。第二，股东以货币出资的，应当将货币出资足额存入公司在银行开设的账户中。第三，股东以非货币财产出资的，应当依法办理财产权的转移手续：以动产出资的，移交实物；以不动产所有权出资的，办理所有权转让的登记手续；以知识产权出资的，向公司提交该项知识产权的技术文件资料和权属文件，需要办理登记手续的，依法办理登记手续；以土地使用权出资的，办理土地使用权转让登记手续。

第3款规定未足额缴纳出资股东应承担的责任。公司作为企业法人，享有独立财产权，其财产重要来源是股东出资，未按期足额缴纳出资会侵害公司的财产权，进而对公司的经营发展造成影响。为

① 参见最高人民法院(2020)最高法民再85号。

此，本款规定，未按期足额缴纳出资的股东，除应当向公司足额缴纳外，给公司造成损失的，应当对公司承担赔偿责任。该规定有利于强化股东出资义务，维护和保障公司资本充实，实现公司正常经营发展。公司依照本款规定追究未按期足额缴纳出资股东应承担的赔偿责任时，构成要件如下：第一，股东存在未按期足额缴纳出资的情形；第二，公司有损失发生，未收到出资而导致的资金占用利息等；第三，股东未按期足额缴纳出资与公司发生损失的结果之间具有因果关系。

关联法规

《公司法解释三》第13条

关联案例

1. 三亚中海生态旅游发展有限公司、周某梅与海南三亚国家级珊瑚礁自然保护区管理处股东出资纠纷案①

2. 刘某敏与潘某容执行异议纠纷案②

第五十条 【股东出资不足或出资不实的责任】有限责任公司设立时，股东未按照公司章程规定实际缴纳出资，或者实际出资的非货币财产的实际价额显著低于所认缴的出资额的，设立时的其他股东与该股东在出资不足的范围内承担连带责任。

条文注释

（1）股东承担本条责任的情形是股东出资不足或出资不实。所谓"股东出资不足"，是指股东未按照公司章程规定足额缴纳出资，具体指股东在认缴期限届满时未按照公司章程认缴的出资金额缴足出资。所谓"出资不实"，是指作为出资的非货币财产的实际价额显著低于所认缴的出资额。其中，"显著低于"是指非货币财产的实际价额明显地、较大地少于公司章程所定价额，即两者之间的差额

① 参见最高人民法院（2016）最高法民再87号。

② 参见最高人民法院（2021）最高法民申7454号。

过大，已经到了无法忽视和容忍的程度。

(2)本条明确股东承担出资不足或出资不实责任的时间为“有限责任公司设立时”，这与本法第49条第3款规定的赔偿责任不同。本法第49条第3款规定的赔偿责任，可能发生在公司设立时，也可能发生在公司设立后公司增资的情形。本条在表述上较2018年《公司法》第30条作了修改，将“有限责任公司成立后”修改为“有限责任公司设立时”，更为科学、准确。

(3)关于股东承担责任的具体形式。依照本条的规定，由于股东对出资存在违反公司章程的情形，首先可以请求该股东“补足其差额”。其次，为确保公司资本的充足，公司设立时的股东，作为发起人，负有资本充实责任，因此，公司可以要求设立时的其他股东与该股东在出资不足的范围内承担连带补足责任，即设立时的股东对出资瑕疵承担相互连带责任。当然，其他股东承担责任后，可向违反公司章程的股东追偿。

适用要点

参照《公司法解释三》第15条的规定，出资人以符合法定条件的非货币财产出资后，因市场变化或者其他客观因素导致出资财产贬值，公司、其他股东或者公司债权人请求该出资人承担补足出资责任的，人民法院不予支持。但是，当事人另有约定的除外。

关联法规

《公司法解释三》第13条、第15条

关联案例

1. 抚顺市公共交通有限公司、抚顺通恒公共交通有限公司股东出资纠纷案①

2. 上海鉴宜投资管理有限公司等与上海时享周流物联网科技有限公司等追收未缴出资纠纷案②

① 参见最高人民法院(2019)最高法民申1142号。

② 参见上海市第三中级人民法院(2022)沪03民终173号。

第五十一条　【董事会的出资核查义务及责任】有限责任公司成立后，董事会应当对股东的出资情况进行核查，发现股东未按期足额缴纳公司章程规定的出资的，应当由公司向该股东发出书面催缴书，催缴出资。

未及时履行前款规定的义务，给公司造成损失的，负有责任的董事应当承担赔偿责任。

条文注释

第1款规定有限责任公司董事会对股东出资情况的核查制度。在司法实践中，最高人民法院曾以董事对公司负有勤勉义务为依据，认定“董事监督股东履行出资是保障公司正常经营的需要”，最终判决有关董事对股东出资未到位的损失承担相应的赔偿责任。尽管本条为2023年修订《公司法》新增条文，但是基本精神与该案是一致的。有限责任公司成立后，董事会对股东出资情况进行核查，具体包括两项内容：第一，核查股东是否按照章程规定按期和足额缴纳出资。第二，当核查发现有股东存在未按期或者未足额缴纳公司章程规定的出资情形的，应当由公司向该股东发出书面催缴书，催缴出资。

第2款规定董事会未及时履行前款规定的义务时，给公司造成损失的，负有责任的董事的赔偿责任。其构成要件如下：第一，董事会未履行核查出资义务，或董事会经核查发现股东未按期足额缴纳，但未履行催缴义务；第二，公司发生或存在损失；第三，董事会未履行本条规定义务与公司损失之间存在因果关系；第四，责任承担主体是负有责任的董事，而非董事会；第五，责任形式是赔偿责任，赔偿范围以公司的损失为限。

关联案例

斯曼特微显示科技（深圳）有限公司与胡某生等损害公司利益责任纠纷案①

---

①　参见最高人民法院（2018）最高法民再366号。

第五十二条　【股东失权制度】股东未按照公司章程规定的出资日期缴纳出资，公司依照前条第一款规定发出书面催缴书催缴出资的，可以载明缴纳出资的宽限期；宽限期自公司发出催缴书之日起，不得少于六十日。宽限期届满，股东仍未履行出资义务的，公司经董事会决议可以向该股东发出失权通知，通知应当以书面形式发出。自通知发出之日起，该股东丧失其未缴纳出资的股权。

依照前款规定丧失的股权应当依法转让，或者相应减少注册资本并注销该股权；六个月内未转让或者注销的，由公司其他股东按照其出资比例足额缴纳相应出资。

股东对失权有异议的，应当自接到失权通知之日起三十日内，向人民法院提起诉讼。

条文注释

第1款规定股东失权的法定程序。第一，股东失权制度适用的前提。适用股东失权制度的前提是发生了股东未按照公司章程规定的出资日期缴纳出资的情形，且董事会按照规定进行了催缴出资。第二，催缴出资宽限期及催缴书的内容要求。本款规定“发出书面催缴书催缴出资的，可以载明缴纳出资的宽限期”，其中“可以”一词表明缴纳出资宽限期不是催缴书的必备内容。催缴书中可以写明宽限期，也可以不写。如催缴书中没有写明宽限期或者所载宽限期少于60日，宽限期应当为发出催缴书之日起60日；如催缴书载明宽限期长于60日，则宽限期为催缴书载明日期。第三，发出失权通知。宽限期届满，股东仍未履行出资义务的，公司经董事会决议可以向该股东发出失权通知。此处的“可以”应当理解为公司董事会的选择性权利。换言之，股东失权并非自动发生。宽限期届满，股东未履行出资义务的，公司董事会可以作出选择：如果公司董事会选择不发出失权通知，此时不发生股东失权的效果；如果公司经董事会决议发出失权通知，就会发生股东失权的效果。第四，公司经董事会决议发出失权通知的,应当以书面形式发出。股东失权对股东权益发生重大影响,理应采取严谨的书面形式,以口头通知、电话告知等形式不会导致股东失权效果的发生。第五,股东失权的效果。股东失权的法律效果是股东丧失其未缴纳出资部分的股权。股东失权可能是部分失权,也可能是全部失权。失权部分为其经催缴仍未缴纳的出资部分的股权。股东部分失权的,仍然拥有已经缴纳出资部分以及虽未缴纳,但亦未经催缴出资部分的股权。股东全部失权的,意味着该股东失去了公司股东的身份。第六,股东失权采取发出主义,而非通知到达主义,即通知发出时,产生股东失权的效果。

第2款规定股东失权后相应股权的处理方式。第一,依法转让。第二,相应减少注册资本并注销该股权。第三,6个月内未按照前述两种方式进行处理的,由公司其他股东按照其出资比例足额缴纳相应出资。此外,本款使用"或者"连接依法转让和相应减少注册资本并注销该股权,说明对股东依照本条规定丧失的股权,可任意选择适用转让或减资等处理方式,无须先适用某种方式。但是,如果6个月内未按前述两种方式进行处理,则需"由公司其他股东按照其出资比例足额缴纳相应出资"。

第3款规定失权股东的救济程序。股东自接到失权通知之日起30日内,如果对失权有异议的,可以向人民法院提起诉讼。

关联法规

《公司法解释三》第17条

关联案例

1. 潍坊古韵投资有限公司、山东大众报业(集团)有限公司等请求变更公司登记纠纷案①

2. 尹某庆等与王某等股东资格确认纠纷案②

3. 黑龙江农垦完达山贸易有限公司与完达山(北京)食品有限

---

① 参见最高人民法院(2021)最高法民申4298号。

② 参见最高人民法院(2016)最高法民申237号。

公司等公司决议效力确认纠纷案①

第五十三条　【禁止股东抽逃出资】公司成立后，股东不得抽逃出资。

违反前款规定的，股东应当返还抽逃的出资；给公司造成损失的，负有责任的董事、监事、高级管理人员应当与该股东承担连带赔偿责任。

条文注释

股东的出资，是公司设立并从事生产经营活动的物质基础。公司需要维持其资本充实。公司成立后，股东所缴纳的出资就成为公司的财产，而非股东的财产，股东的出资形成公司的全部法人财产，是公司对外承担责任的保证。股东抽逃出资，实际上是侵害了公司的财产权益。

第一，对股东"抽逃出资"的认定。一般认为，股东抽逃出资是指股东向公司履行出资义务后，通过制作虚假财务会计报告虚增利润进行分配、虚构债权债务关系将出资转出等未经法定程序而将出资抽回，损害公司权益的行为。本质上，股东抽逃出资是股东滥用股东权利和有限责任的行为，具有程序上的违法性、高度隐蔽性、主观欺诈性等特点。

结合《公司法解释三》第12条对股东抽逃出资行为的界定，"公司成立后，公司、股东或者公司债权人以相关股东的行为符合下列情形之一且损害公司权益为由，请求认定该股东抽逃出资的，人民法院应予支持：（一）制作虚假财务会计报表虚增利润进行分配；（二）通过虚构债权债务关系将其出资转出；（三）利用关联交易将出资转出；（四）其他未经法定程序将出资抽回的行为"。股东抽逃出资的认定应具备以下要件：首先，公司已经成立，且股东已经依照公司章程规定的期限和数额将相应出资缴纳完毕。如果股东尚未缴

① 参见北京市第二中级人民法院（2018）京02民终12476号。

纳出资，也就不具备实施股东抽逃出资的前提条件。其次，股东具有欺诈的故意，实施了制作虚假财务会计报表虚增利润进行分配、通过虚构债权债务关系将其出资转出、利用关联交易将出资转出、其他未经法定程序将出资抽回的行为等。此外，在实务中，也存在股东和公司恶意串通，抽回出资，欺诈公司债权人的情形。再次，股东实施的上述四种行为同时损害了公司权益，主要表现为造成公司资产减少，是对公司财产的占有和侵犯。最后，有权提起股东抽逃出资认定诉讼的原告主体为公司、公司其他股东、公司债权人。由于股东抽逃出资，造成公司可支配、可分配资产减少，侵害了公司的法人财产权，损害了公司其他股东的可期待利益，降低了公司的偿债能力，因此，公司、公司其他股东、公司债权人有权对抽逃出资的股东进行追索。

第二，"抽逃出资"的法律后果。依照本条第 2 款规定，首先，对于"抽逃出资"的股东而言，其抽逃行为侵犯公司的财产权益，自然应当将抽逃的资产返还给公司。其次，由于董事、监事、高级管理人员对公司负有信义义务，如果董事、监事、高级管理人员违反信义义务，协助股东"抽逃出资"，与股东构成共同侵权，如果因此给公司造成损失的，应当与该股东承担连带赔偿责任。

第三，股东可依法"撤回"出资的情形。股东在公司成立后抽逃出资会造成公司实际资本的减少，要求股东不得抽逃出资，目的是防止因股东抽逃出资造成公司资本减少，从而损害公司债权人的利益，且还会使公司经营发生困难，进而损害其他股东的利益。当然，公司成立后股东不得抽逃出资，不等于绝对禁止股东从公司撤回投资。如果股东想撤回在公司的投资，可以按照《公司法》允许的方式，实现出资的撤回。根据本法的规定，股东可以采取股权转让或请求公司回购股权两种方式退出公司。无论采取何种方式，都必须符合法定程序，并依法办理变更登记手续，如因公司回购股权导致公司注册资本减少的，公司应当依法办理减资手续。

适用要点

第一，股东抽逃出资与虚假出资的区分。虚假出资和股东抽逃出资均是股东瑕疵出资的表现形式。虚假出资是指股东表面上出资而实际未出资或未足额出资，本质特征是股东未支付相应对价或未足额支付对价而取得公司股权。股东抽逃出资则是指股东在公司成立后将所缴出资全部或部分暗中撤回。第二，股东权利的限制。结合《公司法解释三》第16条的规定，股东抽逃出资的，公司可以根据公司章程或者股东会决议对其利润分配请求权、新股优先认购权、剩余财产分配请求权等股东权利作出相应的合理限制。第三，抽逃出资举证责任的分配。结合《公司法解释三》第20条规定的举证责任，"当事人之间对是否已履行出资义务发生争议，原告提供对股东履行出资义务产生合理怀疑证明的，被告股东应当就其已履行出资义务承担举证责任"。在司法实践中，只要原告一方有合理怀疑被告股东抽逃出资的证据即可，如能证明股东出资不久后有大额的资金流出、有大额的资金转给关联方等，而不要求对于转出是否经过了合法的程序或有正当的理由进行证明，该部分举证责任由被告股东完成举证，即自证清白。如果被告股东不能举证证明抽回资金、财产等具有合法理由，则应当承担抽逃出资的法律责任。

关联法规

《公司法解释三》第12条、第14条、第16～17条、第20条

关联案例

1. 阿勒泰供销投资控股有限公司、乌鲁木齐康达清晨农业科技有限公司等股东出资纠纷案①

2. 江门市江建建筑有限公司与江门市金华物业投资管理有限公司、江门市金华投资有限公司执行异议之诉纠纷案②

① 参见新疆维吾尔自治区乌鲁木齐市中级人民法院(2023)新01民终2244号。

② 参见最高人民法院(2013)民提字第226号。

第五十四条 【出资加速到期】公司不能清偿到期债务的,公司或者已到期债权的债权人有权要求已认缴出资但未届出资期限的股东提前缴纳出资。

条文注释

在注册资本认缴制下,除了破产、解散清算及《全国法院民商事审判工作会议纪要》第6条规定的两种情形(公司作为被执行人的案件,人民法院穷尽执行措施无财产可供执行,已具备破产原因,但不申请破产的;在公司债务产生后,公司股东会决议或以其他方式延长股东出资期限的)外,股东依法享有出资期限利益。当债权人以公司不能清偿到期债务为由,请求未届出资期限的股东在未出资范围内对公司不能清偿的债务,承担补充赔偿责任的,法院不予支持。但实践中,部分公司的股东滥用期限利益,承诺的认缴资本数额巨大、缴付期限达50年甚至更长,且股东又可在认缴期限届满之前转让股权,损害债权人利益。为防范股东滥用期限利益,充实公司资本,平衡股东利益与债权人保护的需要,2023年《公司法》修订明确在公司不能清偿到期债务时,股东出资义务加速到期。

依照本条规定,股东出资加速到期,应符合以下两个条件:第一,公司出现"不能清偿到期债务"的情形。"不能清偿到期债务"是指公司作为债务人以明示或默示的形式表示其不能支付到期债务,其强调的是债务人不能清偿债务的外部客观行为,而不是债务人的财产客观状况。参照《最高人民法院关于适用〈中华人民共和国企业破产法〉若干问题的规定(一)》第2条的规定,不能清偿到期债务应当同时满足三个条件:一是债权债务关系依法成立;二是债务履行期限已经届满;三是债务人未完全清偿债务。第二,有权要求股东提前缴纳未届出资期限的主体是公司或者已到期债权的债权人。基于公司契约理论,公司系股东出资义务的相对方,在符合本条规定的情形下,公司有权主张股东出资加速到期。赋予债权人请求股东出资加速到期的权利,主要基于以下考虑:一是本条主要目的之一是维护公司外部债权人利益,赋予债权人该权利是立法应有之义;

二是当公司尤其是股权相对集中的公司被部分股东实际控制时，公司很难主动请求股东出资义务加速到期。将此权利赋予公司外部债权人，更有利于实现该制度的立法目的。

适用要点

相较于此前关于出资加速到期的规定和司法实践，“不能清偿到期债务”的表述让股东出资加速到期义务的判断规则更为简单，无须同时满足“明显缺乏清偿能力”等实质要件或等到公司进入破产、清算等特殊状态。

关联法规

《企业破产法》第35条；《公司法解释二》第22条第1款；《全国法院民商事审判工作会议纪要》第6条

关联案例

1. 深圳市全泰控股有限公司与波特城（江苏）智慧园区有限公司破产管理人追缴出资款纠纷案①

2. 湖南安石实业有限公司、湖南安石企业（集团）有限公司等民间借贷纠纷案②

第五十五条　【出资证明书】有限责任公司成立后，应当向股东签发出资证明书，记载下列事项：

（一）公司名称；

（二）公司成立日期；

（三）公司注册资本；

（四）股东的姓名或者名称、认缴和实缴的出资额、出资方式和出资日期；

（五）出资证明书的编号和核发日期。

出资证明书由法定代表人签名，并由公司盖章。

---

① 参见最高人民法院（2018）最高法民申5681号。

② 参见最高人民法院（2020）最高法民申6403号。

条文注释

股东出资证明书,是指有限责任公司签发给股东的,证明其已履行出资义务、享有股东权利的法律文书,是投资人成为有限责任公司股东,并依法享有股东权利和承担股东义务的法律凭证。出资证明书是有限责任公司专属,股份有限公司直接体现为“股票”。相较于股票,有限责任公司的出资证明书不具有流转属性,不可质押,侧重于出资证明作用。

第 1 款规定出资证明书的签发时间和记载事项。出资证明书签发的时间是公司成立后。在公司成立前,公司不能向股东签发出资证明书。在分期缴纳出资的情况下,出资情况会因股东实际缴纳出资而发生变化,因此公司会在出资发生变化时,向股东签发出资证明书。此外,依照本法第 87 条规定,在新股东继受取得股权后,公司应及时注销原股东的出资证明书,向新股东签发出资证明书。出资证明书签发的主体是有限责任公司,向股东签发出资证明书是公司的义务,有限责任公司的股东有权要求公司向其签发出资证明书。签发的授予主体是股东,股东之外的主体并不是授予主体。出资证明书的制作和记载事项必须按照本条法定的方式和要求进行,出资证明书的法定记载事项有 9 项:(1)公司名称;(2)公司成立日期;(3)公司注册资本;(4)股东的姓名或者名称;(5)认缴和实缴的出资额;(6)出资方式;(7)出资日期;(8)出资证明书的编号;(9)出资证明书的核发日期。

第 2 款规定出资证明书的形式要件。出资证明书只有经过公司法定代表人签字,并且经公司盖章以后,才能产生法律效力,两者缺一不可。2018 年《公司法》仅规定出资证明书经公司盖章后生效,本次修改明确出资证明书还需要法定代表人签字,进一步明确了法定代表人这一公司机关的代表作用,强化了出资证明书生效的法定形式要件。

适用要点

出资证明书载明的内容会因股权转让、股东的缴纳出资等情况发生变化,因此,出资证明书的内容所反映的部分情况具有一定的时效性。拟受让股权的第三人应进一步核实出资证明书所载内容的真实性和准确性。

关联法规

《公司法解释三》第23条

关联案例

王某与青海珠峰虫草药业有限公司股东资格确认纠纷案①

第五十六条 【股东名册】有限责任公司应当置备股东名册，记载下列事项：

（一）股东的姓名或者名称及住所；

（二）股东认缴和实缴的出资额、出资方式和出资日期；

（三）出资证明书编号；

（四）取得和丧失股东资格的日期。

记载于股东名册的股东，可以依股东名册主张行使股东权利。

条文注释

第1款规定股东名册的置备和记载事项。股东名册，是指有限责任公司依照法律规定，对本公司股东及其出资情况进行登记的法律文书。股东名册是法律规定有限责任公司必须置备的文件，是有限责任公司成立后，必须履行的一项法定义务。监管机关、投资者及债权人等，可以通过查阅股东名册了解公司股东的组成，进而了解公司的股权架构等情况。股东名册不能任意记载，其记载内容有法定要求，股东名册的法定记载事项有7项：(1)股东的姓名或者名称；(2)股东的住所；(3)股东认缴和实缴的出资额；(4)出资方式；(5)出资日期；(6)出资证明书编号；(7)取得和丧失股东资格的日期。

第2款强调股东名册的法律效力。作为公司的法定置备文件，具有以下法律效力：(1)登记在股东名册上记载为股东的，推定为公

① 参见最高人民法院(2014)民二终字第21号。

司股东;(2)公司应将股东名册上记载的股东视为公司股东,除非另有证据推翻,股东可以依据股东名册主张自己的股东权利。

适用要点

股东名册具有权利推定效力,但是,如存在其他证据证明,记载于股东名册的股东是代持股权的显名股东,实际出资人在满足法定条件时可以向公司请求股东名册变更。

关联法规

《公司法解释三》第23条、第24条;《全国法院民商事审判工作会议纪要》第8条、第28条

关联案例

1. 肖某祥与何某等股东名册记载纠纷案①

2. 中静实业(集团)有限公司、安徽皖信典当有限责任公司与公司有关的民事纠纷案②

第五十七条　【有限责任公司股东知情权】股东有权查阅、复制公司章程、股东名册、股东会会议记录、董事会会议决议、监事会会议决议和财务会计报告。

股东可以要求查阅公司会计账簿、会计凭证。股东要求查阅公司会计账簿、会计凭证的,应当向公司提出书面请求,说明目的。公司有合理根据认为股东查阅会计账簿、会计凭证有不正当目的,可能损害公司合法利益的,可以拒绝提供查阅,并应当自股东提出书面请求之日起十五日内书面答复股东并说明理由。公司拒绝提供查阅的,股东可以向人民法院提起诉讼。

股东查阅前款规定的材料,可以委托会计师事务所、律师事务所等中介机构进行。

---

① 参见广东省广州市中级人民法院(2020)粤01民终1780号。

② 参见安徽省合肥市中级人民法院(2019)皖01民终2868号。

股东及其委托的会计师事务所、律师事务所等中介机构查阅、复制有关材料，应当遵守有关保护国家秘密、商业秘密、个人隐私、个人信息等法律、行政法规的规定。

股东要求查阅、复制公司全资子公司相关材料的，适用前四款的规定。

条文注释

股东知情权是指公司股东了解公司经营信息的权利。股东作为公司的投资人、出资者，依照本法第4条第2款规定，“公司股东对公司依法享有资产收益、参与重大决策和选择管理者等权利”，为正确行使上述权利，对公司重大经营事项有效地行使决策权，本法赋予股东了解公司经营情况特别是公司经营决策和公司财产使用情况的权利，即股东知情权。股东知情权可以通过查阅公司相关文件等实现。

一、股东知情权的行使范围

（一）股东有权查阅、复制的文件

1. 公司章程。公司章程是公司组织和行为的基本规则，是全体股东共同制定或者认可的法律文件。公司内部组织成员须将公司章程作为组织管理的行为准则。由于公司章程不是每个股东人手一册，而是由公司统一置备，所以股东有权查阅、复制公司章程。

2. 股东名册。股东名册记载公司所有股东及其出资状况等信息，查阅、复制股东名册有助于股东掌握公司股东及其出资情况等信息。

3. 股东会会议记录。公司股东会由全体股东组成，股东会是公司的权力机构。股东会会议记录是关于公司重大经营决策的记录，是公司日常经营活动的依据。股东想了解公司的经营方针、发展计划和重要人事任免等情况，就需要查阅、复制股东会会议记录，以便更好地行使股东经营决策权。

4. 董事会会议决议。有限责任公司董事会由股东会选举产生，并对股东会负责。公司日常生产经营活动可以通过董事会会议来具体体现，股东想要了解公司的生产经营状况，就需要查阅、复制董事会会议决议。

5.监事会会议决议。有限责任公司监事会是公司的日常监督机构,对股东会负责。监事会的主要职权包括检查公司财务,对董事、高级管理人员执行公司职务时违反法律、法规或者公司章程、股东会决议的行为进行监督。监事会会议决议是监事会开展监督工作的具体体现,股东要了解监事会的工作情况,就需要查阅、复制监事会会议决议。

6.财务会计报告。公司的财务状况和经营成效可以通过公司财务会计报告来全面反映。根据《会计法》及相关法律、法规的规定,有限责任公司应当于每一会计年度终了时依法编制财务会计报告。公司应当按照公司章程的规定,向股东定期报送财务会计报告。通过查阅和复制财务会计报告,股东才能全面了解公司财产的实际情况、监督管理公司的经营活动。

(二)股东可以要求查阅的文件:公司会计账簿、会计凭证

依照《会计法》第14条、第15条规定,会计凭证包括原始凭证和记账凭证。会计账簿登记,必须以经过审核的会计凭证为依据,并符合有关法律、行政法规和国家统一的会计制度的规定。会计账簿包括总账、明细账、日记账和其他辅助性账簿。会计账簿是公司日常经济活动的直接记载,是编制公司财务会计报告的基础资料。公司的具体经营活动,只有通过查阅会计账簿、会计凭证才能知晓,不允许查阅会计账簿、会计凭证,股东可能就无法准确了解公司真正的经营状况,因此,本条第2款规定,股东可以要求查阅公司会计账簿、会计凭证。

股东对公司会计账簿、会计凭证行使知情权时,应符合本条第2款的规定:第一,股东对会计账簿、会计凭证只能要求查阅;第二,查阅会计账簿、会计凭证需履行前置程序,即向公司提出书面请求,说明目的;第三,公司若有合理根据认为股东查阅该内容有不正当目的,则有权拒绝股东查阅,但应当在股东提出书面请求之日起15日内书面答复股东并说明理由。

二、股东知情权的行使方式

第3款、第4款规定,股东查阅第1款、第2款规定的材料,可以

自行查阅，也可以委托会计师事务所、律师事务所等中介机构进行。从日常生活经验分析可知，财务会计报告、会计账簿、会计凭证具有高度的专业性，不具有专业知识的股东查阅上述资料时难以看懂，更不用说看出其中的问题，因此，由会计师、律师等中介机构执业人员进行查阅，有助于股东充分行使知情权。同时，会计师、律师等中介机构执业人员还需对公司负有在受托履行查阅工作中获悉的国家秘密、商业秘密、个人隐私、个人信息等的保密义务。

三、股东知情权的司法救济

公司拒绝提供查阅侵犯股东知情权的，股东可以请求人民法院要求公司提供查阅或复制。但需要注意的是，依照本条第2款规定，股东要求查阅会计账簿、会计凭证的，股东向人民法院提起诉讼时，需要履行前置程序，即股东向公司提出书面申请，公司拒绝后，才能向法院提起诉讼。设定前置程序，既保障了股东知情权的行使，又防止股东滥用诉权、干扰公司的正常经营。

四、允许股东查阅、复制全资子公司相关材料

实践中，母公司控股股东时常通过子公司损害母公司中小股东的利益，但2018年《公司法》规定的股东知情权范围限于母公司，中小股东不但无法获知子公司的经营情况，更无法有效地进行维权。因此，为完善中小股东权益保护机制，本条第5款扩大股东知情权行使范围，允许股东查阅、复制全资子公司相关材料。

适用要点

第一，股东知情权具有法定权利的性质，股东只要具备法定条件，就应当获得规定范围内的信息，且公司不能通过章程等约定的方式剥夺。第二，原则上，股东提起知情权诉讼，在起诉时应具有公司股东资格，但股东有初步证据证明在持股期间其合法权益受到损害，请求依法查阅或者复制其持股期间的公司特定文件材料的除外。第三，依照本条第4款规定，当股东及其委托的会计师事务所、律师事务所等中介机构泄露公司商业秘密，导致公司合法利益受到损害的，公司有权请求其赔偿相关损失。

关联法规

《公司法解释四》第7～12条；《会计法》第14～15条

关联案例

1. 李某君、吴某、孙某、王某兴诉江苏佳德置业发展有限公司股东知情权纠纷案①

2. 上海佳华企业发展有限公司诉上海佳华教育进修学院股东知情权纠纷案②

第二节　组 织 机 构

第五十八条　【有限责任公司股东会的组成及地位】有限责任公司股东会由全体股东组成。股东会是公司的权力机构，依照本法行使职权。

条文注释

本条包含两部分规定，即"股东会由全体股东组成"和"股东会是公司的权力机构"，明确有限责任公司股东会组成及法律地位。

股东行使股东权利的重要载体即"股东会"。参加股东会是股东的权利而非义务、职责，股东以其认缴的出资额为限行使权利。本条强调股东会由全体股东组成，是对本法第4条第2款规定的"公司股东对公司依法享有资产收益、参与重大决策和选择管理者等权利"的补充。股东会由且仅能由全体股东组成。有限责任公司应当为股东办理工商登记，载明股东姓名或名称、出资方式、出资日期等信息，并置备股东名册。非公司出资者不能成为公司股东、不得成为股东会成员。非股东会成员无权参与股东会会议，股东委托他人出

① 参见江苏省宿迁市中级人民法院(2009)宿中民二终字第319号(《最高人民法院公报》2011年第8期)。

② 参见上海市第一中级人民法院(2016)沪01民终4642号(《最高人民法院公报》2019年第2期)。

席股东会会议、代为行使权利的除外，股东委托他人出席的，应当出具书面委托，明确委托事项、授权范围等。

股东会为公司权力机构，公司的一切重大问题均需由该机构来作出决议，与执行机构、监督机构均有所区别。公司治理机构通常分为决策机构、执行机构（董事会）和监督机构（监事会或审计委员会）。董事会及监事会对股东会负责，董事和监事由股东会选举或解任（职工董事和职工监事除外）。股东会的主要职能偏向于宏观的重大决策，如公司章程的修改、公司合并、分立、解散、清算或者变更公司形式等。股东会并非通过日常办公或者设置常设机构的方式来行使权力，而是以召开会议并形成决议的方式来行使资产收益、参与重大决策和选择管理者等权利，体现了公司的所有权与经营权相分离的原则。当然，股东会应当严格依照法律和公司章程的规定，行使自己的职权。本法第59条、第67条、第78条分别规定股东会、董事会、监事会的职权，各治理机构不得超越法定职权代行其他机构职权。

关联法规

《民法典》第80条

第五十九条 【有限责任公司股东会职权】股东会行使下列职权：

（一）选举和更换董事、监事，决定有关董事、监事的报酬事项；

（二）审议批准董事会的报告；

（三）审议批准监事会的报告；

（四）审议批准公司的利润分配方案和弥补亏损方案；

（五）对公司增加或者减少注册资本作出决议；

（六）对发行公司债券作出决议；

（七）对公司合并、分立、解散、清算或者变更公司形式作出决议；

（八）修改公司章程；

（九）公司章程规定的其他职权。

股东会可以授权董事会对发行公司债券作出决议。

对本条第一款所列事项股东以书面形式一致表示同意的，可以不召开股东会会议，直接作出决定，并由全体股东在决定文件上签名或者盖章。

条文注释

本条采用列举方式对股东会的法定职权作出规定，同时，公司章程还可以规定股东会享有法定职权以外的其他职权，充分赋予公司章程自治的自由。本条第 1 款规定股东会享有的 9 项职权，归纳起来有以下 5 个方面。

1. 人事权。股东会有权选举董事、监事，可以对不合格的董事、监事予以解任。董事、监事受公司股东会委托或委任，为公司服务，对股东会负责。有关董事、监事的报酬事项，包括数额、支付方式、支付时间等，都由股东会决定。公司高级管理人员的任免及报酬无须由股东会决定。

2. 审批权。股东会享有对重大事项的审批权，具体包括以下两个方面：一是审议批准工作报告权，即股东会有权对公司董事会、监事会的报告进行审议，并决定是否予以批准。二是审批相关经营管理方面的方案权，即公司的股东会有权对利润分配方案及弥补亏损方案进行审议，最终决定批准与否，上述方案应由董事会或董事根据公司的经营情况进行拟订，然后提交股东会进行审议。

3. 决议权。股东会有权对公司增加或者减少注册资本，发行公司债券，公司合并、分立、变更公司形式、解散和清算等事项作出决议。上述事项与股东的所有者权益有着密切的联系，应由股东会作出决议。股东会作出决议后，董事会应当认真执行实施。

4. 修改公司章程权。公司章程是由公司全体股东在公司设立时共同制定的，因此，修改公司章程也应当由全体股东讨论，而不能由董事会、监事会进行修改。股东会修改公司章程，必须经代表 2/3 以上表决权的股东赞成通过方为有效。

5. 公司章程规定的其他职权。除了上述职权外，股东会还享有公司章程规定的其他职权，如章程可以对股东转让股权进行一定限制等，赋予公司章程自治自由。

公司经营缺乏现金流时，可以通过发行公司债券等方式筹集经营所必需的资金，如果按照传统由董事会制订方案、股东会作出决议的发行公司债券程序，可能会造成时间的延误，影响公司正常经营。为简化公司债券发行程序，降低决策时限，本条第 2 款规定"股东会可以授权董事会对发行公司债券作出决议"，以提高公司发行公司债券的决策效率。

本条第 3 款规定股东会书面议事方式。股东会行使职权，应当按照法律规定和公司章程规定的议事方式和表决程序进行。一般情况下，股东会应当通过召开股东会会议作出决议的形式，行使自己的职权。但是，如果全体股东对本条第 1 款所列事项以书面形式一致表示同意的，可以不召开股东会会议，直接作出决定，由全体股东在决定文件上签名或盖章。

关联案例

南京安盛财务顾问有限公司诉祝某股东会决议罚款纠纷案①

第六十条　【一人有限责任公司股东行使职权的要求】只有一个股东的有限责任公司不设股东会。股东作出前条第一款所列事项的决定时，应当采用书面形式，并由股东签名或者盖章后置备于公司。

① 参见江苏省南京市鼓楼区人民法院(2010)鼓商初字第 174 号(《最高人民法院公报》2012 年第 10 期)。

条文注释

对只有一个股东的有限责任公司的股东行使职权的书面形式要求,系对特殊形式的有限责任公司的特殊规定。本条第1句规定了只有一个股东的有限责任公司不设股东会。股东会的设置是为了保障公司中所有股东的权利,平衡各方股东的利益冲突,最终形成有效决议。只有一个股东的有限责任公司不存在股东间的利益冲突,同时,一个股东显然不可能召开会议进行讨论表决。故,单一股东有权独自决定属于本法第59条第1款股东会职权范围内的事项。本条第2句规定了单一股东作出决定的内容与形式。该股东决定的内容应当与本法第59条第1款规定一致,不得超出有限责任公司股东会职权范围。同时,符合上述条件的股东应当采用书面形式记录决定内容,并由股东签名或者盖章后置备于公司。

关联案例

重庆捷尔医疗设备有限公司与中国工商银行股份有限公司重庆九龙坡支行金融借款合同纠纷案①

第六十一条 【首次股东会会议的召集和主持】首次股东会会议由出资最多的股东召集和主持,依照本法规定行使职权。

条文注释

股东会作为有限责任公司的权力机构,也是股东的议事机关。首次股东会会议,是指有限责任公司第一次召开的股东参加的会议。会议的召开,必须有召集人和主持人。通常情况下,股东会由董事会召集,董事长主持。但在首次股东会召开之前,公司还没有选举董事,董事会尚未成立,董事长也没有确定,在此种情况下,如何召开公司的首次股东会需要特殊规定。依照本条规定,首次股东会会议,由出资最多的股东召集和主持,依照本法规定行使职权。"出资最

① 参见最高人民法院(2019)最高法民终877号。

多"指的是向公司认缴的出资额最多,就是通常所称的大股东。其主要工作就是负责首次股东会的筹备、组织、会议文件的准备,整体掌控会议的进程,推动有关各项决议的通过等工作,首次股东会召开之后,日后的股东会都应当依照本法和公司章程规定的程序召集、主持和行使职权。

第六十二条　【股东会的会议制度】股东会会议分为定期会议和临时会议。

定期会议应当按照公司章程的规定按时召开。代表十分之一以上表决权的股东、三分之一以上的董事或者监事会提议召开临时会议的,应当召开临时会议。

条文注释

第1款规定股东会会议具体分为以下两种形式:(1)定期会议,是指按照公司章程规定,公司在一定时间内定期召开的会议。(2)临时会议,是指不定期的会议,公司因经营过程中发生重大事项需股东会进行决策而临时提议召开的会议。

第2款对定期会议的召开及临时会议提议主体进行规定。本法并没有对有限责任公司定期会议的举行作出强制性规定,股东可以在公司章程中对定期股东会会议作出具体规定。比如,定期会议可以是一年召开一次,也可以是一季度召开一次;召开时间可以是年初,也可以是年末,等等。临时会议是因公司临时遇到需股东会决策的重大事项而召开。这是一种不定期的会议,在公司章程中没有明确规定什么时间召开。如果任意主体均可提议召开股东会临时会议,则股东会可能因会议泛滥而起不到应有的决策作用,故而应由法定主体提议临时召开。有权提议召开临时会议的主体是:(1)代表1/10以上表决权的股东,此处的"以上"应包含本数。(2)1/3以上的董事。当出现影响公司前途、股东重大权益、公司重大项目等事项而需要由股东会会议作出决议时,赋予1/3以上的董事提议召开股东会临时会议的权利,此处的"以上"应包含本数。(3)监事会。

公司监事会负有公司监督职责，对于董事、高级管理人员等违反法律、行政法规和公司章程的行为进行监督，如果监事会发现异常情况而需要股东会会议作出相应决议时，赋予其提议权。

适用要点

第一，本条并未赋予监事会成员中个别监事提议召开股东会临时会议的权利。第二，本条所述法定人员依法提议召开股东会临时会议的，公司应当召开临时会议，如果股东会召集主体不履行召集职责，本条第2款规定的法定召集主体可依照本法第63条的规定自行召集。

关联案例

王某与上海利苑金阁海鲜酒楼有限公司、上海小鲜企业管理咨询有限公司等公司决议撤销纠纷案①

第六十三条　【股东会会议的召集和主持】股东会会议由董事会召集，董事长主持；董事长不能履行职务或者不履行职务的，由副董事长主持；副董事长不能履行职务或者不履行职务的，由过半数的董事共同推举一名董事主持。

董事会不能履行或者不履行召集股东会会议职责的，由监事会召集和主持；监事会不召集和主持的，代表十分之一以上表决权的股东可以自行召集和主持。

条文注释

公司设立董事会的，股东会会议由董事会召集，董事长主持。但实践中，公司的董事长、副董事长可能因各种情况而不能履行或者不履行主持股东会会议的职责，为避免股东会会议因无人主持而可能陷入无序状态，影响公司正常经营，本条第1款对股东会会议的主持人员顺位进行了规定，即董事长不能履行职务或者不履行职务的，由副董事长主持；副董事长不能履行职务或者不履行职务的，由

---

①　参见上海市第二中级人民法院(2021)沪02民终1462号。

过半数的董事共同推举一名董事主持。本款中的“不能履行职务”，是指生病、出差在外等客观上的原因导致其无法履行职务的情形。所谓“不履行职务”，是指不存在上述无法履行的客观原因，但以其他理由或者根本没有理由而不履行职务的情形。

股东会会议由董事会召集，董事长主持。如果公司董事会出现僵局，也不履行召集股东会会议的职责，自然就不存在董事长还能主持股东会会议的情形。为了应对上述情况，防止公司陷入僵局，维护公司、股东及利益相关方的权益，本条第 2 款对董事会不能履行或者不履行召集股东会会议职责时，股东会会议的召集和主持主体顺位进行了明确规定，即当出现前述情况时，由监事会召集和主持；监事会不召集和主持的，代表 1/10 以上表决权的股东可以自行召集和主持股东会会议。

适用要点

第一，依照本法第 75 条规定，不设董事会，仅设一名董事的公司，其股东会会议应由该名董事召集和主持。第二，召集和主持股东会会议，必须按照本条规定的顺位进行，只有前一顺位的主体不履行或者不能履行该职责时，后一顺位的主体才可以召集和主持，即后顺位主体不能越位召集和主持股东会会议。第三，违反本条的程序性规定，将造成股东会会议决议瑕疵，可能导致股东会决议被撤销。

关联案例

阮某柳与宁德龙威房地产开发有限公司、尤某坤等公司决议撤销纠纷案①

第六十四条　【召开股东会会议通知期限和会议记录】召开股东会会议，应当于会议召开十五日前通知全体股东；但是，公司章程另有规定或者全体股东另有约定的除外。

股东会应当对所议事项的决定作成会议记录，出席会议的股东应当在会议记录上签名或者盖章。

---

①　参见福建省高级人民法院(2016)闽民申 133 号。

条文注释

第1款规定股东会会议通知的时间要求。股东会会议进行提前通知,旨在让公司股东清楚地了解在什么时间、什么地点召开股东会会议,以及会议的议题和议程安排。由于股东会主要履行决策职能,讨论并决定涉及公司的重大问题,需要给予股东充足的准备时间。召开股东会会议,原则上应当提前15日通知股东,以便股东安排时间、熟悉准备材料等。当然,为提高公司决策效率,尊重公司章程自治,股东会会议提前通知的时间要求,也可以由公司章程规定或全体股东约定,短于或者长于15日,由公司自治安排。

第2款规定股东会的会议记录制度。股东会是有限责任公司的权力机构,决定公司的重大问题。为真实、客观地反映股东会的决定,本条第2款规定,股东会应当对所议事项的决定作成会议记录,出席会议的股东应当在会议记录上签名或者盖章。股东会会议记录制度是法律明确规定的要求,公司不得违反,未制作会议记录的股东会会议存在严重瑕疵。股东会会议的召集人、主持人应当对会议记录作出具体安排,指定专人进行记录。出席股东会会议的股东应当在会议记录上签名或者盖章进行确认。会议记录的内容是所议事项的决定,即会议讨论的议题及其结论性意见。

适用要点

第一,召开股东会,必须通知到全体股东,未依法依章程通知到股东的,股东会会议决议可能被撤销或被确认为不成立。第二,通知的方式。如果公司章程没有规定通知方式,公司应当以确保在规定的期限前能够通知到股东的方式进行通知。

关联案例

1. 齐某霞、张某界公司决议纠纷案①

2. 上海康浦码头装卸有限公司与上海福集建筑材料有限公司公司决议效力确认纠纷案②

① 参见最高人民法院(2016)最高法民再182号。

② 参见上海市第一中级人民法院(2019)沪01民终10925号。

第六十五条　【股东表决权】股东会会议由股东按照出资比例行使表决权；但是，公司章程另有规定的除外。

条文注释

股东会系公司的权力机构，行使修改法人章程，选举或者更换执行机构、监督机构成员及公司章程规定的职权。股东会作出决议，由股东按照其所代表的表决权进行表决。第一，股东作为公司的出资人，有权出席股东会会议。股东会会议是股东表达自己意志的场所。股东会决定有关事项，由股东提出自己的意见，表达自己的意志。第二，股东在股东会上有表决权。股东的表决权，是指股东基于出资人地位对公司的有关事项表示自己同意、不同意或放弃发表意见的权利。第三，表决权行使原则上按照各出资人的出资比例确定。也就是说，股东表决权的行使不是没有限制的，股东只能根据自己所持公司注册资本的比例的多少来表达自己的意志。出资多的表决权就多，反之就少。第四，为体现公司自治的原则，股东会会议由股东按照出资比例行使表决权，也可以例外处理，即公司章程如果规定另外的行使表决权的方式，如按照股东人数一人一票的方式行使表决权，或者股东所代表的表决权可以多于或少于其出资比例等。上述规定体现了公司法的灵活性，给予公司章程更大的自治权。

适用要点

一是如果采用其他表决权行使规则，必须由公司章程予以明确规定，而不能通过股东会决议等方式另行规定表决权行使规则。二是在注册资本认缴制下，有限责任公司的股东以其认缴的出资额为限对公司承担责任。本条中的“出资比例”是否被认定为认缴出资，参照《全国法院民商事审判工作会议纪要》第7条“股东认缴的出资未届履行期限，对未缴纳部分的出资是否享有以及如何行使表决权等问题，应当根据公司章程来确定。公司章程没有规定的，应当按照认缴出资的比例确定。如果股东（大）会作出不按认缴出资比例而按实际出资比例或者其他标准确定表决权的决议，股东请求确认决议无效的，人民法院应当审查该决议是否符合修改公司章程所要求的表决程序，即必须经代表三分之二以上表决权的股东通过。符合的，人民法院不予支持；反之，则依法予以支持”的规定，此处的“出资比例”，原则上应当被认定为认缴出资。

关联案例

南京正华通捷电子系统工程有限公司与南京笔墨建筑科技有限公司公司决议撤销纠纷案①

第六十六条 【股东会议事方式和表决程序】股东会的议事方式和表决程序，除本法有规定的外，由公司章程规定。

股东会作出决议，应当经代表过半数表决权的股东通过。

股东会作出修改公司章程、增加或者减少注册资本的决议，以及公司合并、分立、解散或者变更公司形式的决议，应当经代表三分之二以上表决权的股东通过。

条文注释

股东会是公司的权力机构，股东会的议事方式和表决程序是股东会行使权力的具体体现。所谓“议事方式”，是指公司股东会以什么方式就公司的重大问题进行讨论并作出决议；“表决程序”，是指股东在股东会上如何行使表决权，决议有效需要多少比例的表决权通过。由于有限责任公司具有人合性特征，公司不同，股东不同，做法就不同。为了保障各方面的合法权益，公司法作了原则性的规定，如本法第65条规定股东会会议由股东按照出资比例行使表决权等。这些原则性规定都是法律的法定要求，公司、股东以及股东会必须严格遵守。要保障股东会的议事方式和表决程序的具体实施和操作，除了本法的原则规定外，还需要通过制定更为详细、具体的操作规则。因此，本条第1款规定，股东会的议事方式和表决程序，除本法有规定的外，由公司章程规定。

① 参见江苏省南京市中级人民法院(2018)苏01民终10492号。

普通决议是指在股东会举行会议时，适用于公司普通事项，以简单多数的表决权即可通过的决议。本条第2款对于普通决议需要的表决权数量作出规定，系法定要求。表决权过半数的设置符合“资本多数决”的一般原则，除了本条第3款规定特别事项，其他事项经过代表过半数表决权的股东通过即可。

本条第3款对公司特别事项的表决作出规定，同系法定要求。以下特别事项，必须经代表2/3以上表决权的股东通过：(1)修改公司章程。公司章程是公司组织和行为的基本规则，是公司活动的依据，法律对其制定、内容、形式等均有明确的要求。(2)公司增加或者减少注册资本。公司注册资本是公司设立、存续、发展的物质基础，属于法定登记事项。公司成立后，根据经营发展需要，可以增加或者减少注册资本。(3)公司合并、分立、解散。公司解散，即意味着公司丧失法人主体资格，公司不复存在；公司合并、分立，可能导致公司解散，也可能导致公司分裂。无论是公司合并、分立还是解散，都涉及公司财产的变化，影响股东重大权益。(4)变更公司形式。有限责任公司可以依法变更为股份有限公司，股份有限公司也可以依法变更为有限责任公司。公司形式的变更，会引起公司注册资本、股东权益、组织机构等方面的重大变化，属于公司重大事项。

关联案例

1. 马某与上海龙鼎医学检验技术有限公司请求变更公司登记纠纷案①

2. 葛某炯与上海佳兆业体育发展有限公司公司决议效力确认纠纷案②

第六十七条　【董事会职权】有限责任公司设董事会，本法第七十五条另有规定的除外。

---

① 参见上海市高级人民法院(2021)沪民申44号。

② 参见上海市第一中级人民法院(2019)沪01民终6865号。

董事会行使下列职权：

（一）召集股东会会议，并向股东会报告工作；

（二）执行股东会的决议；

（三）决定公司的经营计划和投资方案；

（四）制订公司的利润分配方案和弥补亏损方案；

（五）制订公司增加或者减少注册资本以及发行公司债券的方案；

（六）制订公司合并、分立、解散或者变更公司形式的方案；

（七）决定公司内部管理机构的设置；

（八）决定聘任或者解聘公司经理及其报酬事项，并根据经理的提名决定聘任或者解聘公司副经理、财务负责人及其报酬事项；

（九）制定公司的基本管理制度；

（十）公司章程规定或者股东会授予的其他职权。

公司章程对董事会职权的限制不得对抗善意相对人。

条文注释

第1款规定有限责任公司原则上要设董事会，但符合本法第75条规定的有限责任公司可以不设董事会，即规模较小或者股东人数较少的有限责任公司可以不设董事会，设一名董事，行使本法规定的董事会的职权。

第2款是关于董事会职权的具体规定。依照本款规定，董事会的职权具体包括以下10个方面：

1. 召集股东会会议，并向股东会报告工作。董事会由董事组成，董事由股东会选举产生，董事会对股东会负责。召集股东会会议，并向股东会报告工作，既是董事会的一项职权，又是董事会的一项义务。董事会应当依照法律规定和公司章程的规定，及时召集股东会会议，并向股东会报告自己的履职情况。

2. 执行股东会的决议。股东会作为公司的权力机构，是公司的最高决策机关，依照法律规定和公司章程规定决定公司的重大问题。董事会是公司的执行机关和经营决策机构，执行股东会的决议既是董事会的一项职权,又是董事会的一项义务,董事会应当认真贯彻执行股东会的决议。

3. 决定公司的经营计划和投资方案。公司的经营计划,是指为实现公司经营目标而编制和执行的、指导公司全部生产经营活动的综合性计划。所谓公司的投资方案,是指公司基于投资项目要达到的目标而形成的有关具体投资的设想,以及有关资金支出时间和投入量的安排。决定公司的经营计划和投资方案是董事会的法定职权,董事会应当忠实勤勉尽责,确保公司的经营计划和投资方案符合公司利益最大化。

4. 制订公司的利润分配方案和弥补亏损方案。在市场经济条件下,公司经营必然会产生盈余或者亏损。当公司盈利时,应当按照章程规定进行分配,或者用盈余加大投入;出现亏损时,应当按照《公司法》规定用公司的公积金弥补以前年度亏损。为此,董事会应当按照规定及时制订公司的利润分配方案和弥补亏损方案,并提请股东会会议审议批准。

5. 制订公司增加或者减少注册资本以及发行公司债券的方案。公司可以根据经营情况的需要决定增加注册资本或者减少注册资本,并且可以依照法律规定发行公司债券。董事会作为公司日常管理的参与者,更加熟悉公司的实际情况,应当根据公司经营需要,依职权及时制订公司增加或者减少注册资本以及发行公司债券的方案,并提请股东会会议审议批准。

6. 制订公司合并、分立、解散或者变更公司形式的方案。公司合并、分立、解散或者变更公司形式,属于公司的重大问题,应由公司股东会作出决议。但公司与谁合并、怎样分立、变更为什么样的公司形式以及解散的具体方案,则由董事会依职权制订后,提请股东会会议进行审议并作出决议。

7. 决定公司内部管理机构的设置。董事会作为公司的业务执行机关,负责公司经营活动的指挥和管理,理应有权决定公司管理机构的设置。董事会可以根据本公司的实际情况为公司设立技术中心、制造中心、营销中心、采购部、客户服务部等具体的业务部门和行政管理部门等内部管理机构。

8. 决定聘任或者解聘公司经理及其报酬事项，并根据经理的提名决定聘任或者解聘公司副经理、财务负责人及其报酬事项。公司总经理的聘任或者解聘由董事会决定，公司副经理、财务负责人等高级管理人员根据总经理的提名，由董事会决定聘任或者解聘，经理、副经理、财务负责人等高级管理人员的报酬事项由董事会决定，如报酬标准、支付时间、支付方式等。

9. 制定公司的基本管理制度。所谓公司的基本管理制度，是指保证公司能够正常运营的基本的管理体制，如采购管理制度、营销管理制度、保密管理制度等。基本管理制度涉及公司内部运行的各个方面，董事会应当在符合国家法律法规和公司章程要求的前提下及时制定，以保证公司生产经营秩序的良好运行。

10. 公司章程规定或者股东会授予的其他职权。董事会除上述9项法定职权外，公司可以根据具体经营情况，通过股东会或者公司章程授权董事会其他职权，如决定聘任或解聘公司法律顾问、首席合规官，一定限额下的对外担保、投资，等等，以提高公司经营的灵活性、治理的有效性。

第3款是公司章程对董事会职权进行限制、善意相对人权益保护问题的规定。公司章程属于内部的行为规范，在通常情况下公司外部的人员并非当然知道其内容，如相对人在与公司交易时不知道且不应当知道公司章程对董事会职权的限制，即相对人为“善意”时，要优先考虑对善意相对人的权益保护，公司不得以章程对董事会职权的限制来主张与善意相对人之间的法律行为不发生相应法律效力。

适用要点

股东会与董事会的职权划分，尤其是按照本条第2款第10项规定，公司章程或者股东会授予董事会其他职权时，应清晰、明确、具体，不发生理解分歧。

关联法规

《民法典》第61条第3款、第65条、第81条

关联案例

徐某霞与安顺绿洲报业宾馆有限公司、第三人贵州黔中报业发展有限公司公司决议效力确认纠纷案①

第六十八条　【有限责任公司董事会的组成】有限责任公司董事会成员为三人以上，其成员中可以有公司职工代表。职工人数三百人以上的有限责任公司，除依法设监事会并有公司职工代表的外，其董事会成员中应当有公司职工代表。董事会中的职工代表由公司职工通过职工代表大会、职工大会或者其他形式民主选举产生。

董事会设董事长一人，可以设副董事长。董事长、副董事长的产生办法由公司章程规定。

条文注释

第1款规定有限责任公司董事会成员下限最低人数为3人，上限人数不设限制，并倡议性规定董事会成员中可以有公司职工代表。但是，对达到一定职工人数规模的有限责任公司董事会成员中应当有公司职工代表进行了强制性规定，即职工人数在300人以上的有限责任公司的董事会成员中，应当有公司职工代表，除非按照本法第76条规定在公司治理机构中设监事会并有公司职工代表的，可以在董事会成员中不设公司职工代表。董事会中的职工代表并非由股东会选举产业，而是由公司职工通过职工代表大会、职工大会或者其他形式民主选举产生。

第2款规定董事长、副董事长的设置和产生办法。董事会行使职权、作出决定，是通过董事会会议的形式进行的。作为公司股东会的执行机构和经营决策机构，董事会需要一个具体的自然人来负责日常事务。因此，公司设董事长一人，负责召集、主持董事会会议，检

① 参见贵州省高级人民法院(2015)黔高民商终字第61号。

查董事会决议的执行情况，等等。根据公司治理优化和经营情况需要，可以设副董事长，协助董事长工作。关于董事长、副董事长的产生办法，本款赋予了有限责任公司章程高度自治的权利。比如，可以在章程中规定董事长或者副董事长由某一方股东在己方提名并经股东会选举的董事中指定，也可以规定由董事会会议选举产生，等等。

适用要点

第一，除规模较小或者股东人数较少的有限责任公司，董事会成员人数要结合公司自身经营实际来确定，人数最低不能低于3人，但也不宜过多，避免降低决议效率，可以是奇数，也可以是偶数，建议谨慎采用偶数组成董事会，避免出现决议僵局。第二，董事长、副董事长必须是董事会成员，非董事会成员不能成为董事长或副董事长。

第六十九条　【有限责任公司审计委员会】有限责任公司可以按照公司章程的规定在董事会中设置由董事组成的审计委员会，行使本法规定的监事会的职权，不设监事会或者监事。公司董事会成员中的职工代表可以成为审计委员会成员。

条文注释

以对公司监督的治理实践划分，公司治理模式大致有“一元制”和“二元制”两种。“一元制”的公司治理模式，即股东会下不设监事会，董事会既是公司的经营决策机关又是监督机关，不仅具有业务执行职能，而且具有监督职责。行使监督职权的主要是独立董事或董事会中设置的专门委员会，如审计委员会等，以便有效监督执行公司事务的董事和高级管理人员。董事会决策效率相对较高，典型代表如美国等英美法系国家的公司。“二元制”的公司治理模式，即在股东会之下设董事会和监事会，分别行使经营决策权和监督权。监事会负责对董事和高级管理人员履职尽责进行监督，但可能因此影响董事会决策效率，典型的代表如德国、日本等大陆法系国家的公司。2018年《公司法》采取“二元制”的公司治理模式。

本条规定赋予了我国有限责任公司治理结构优化的选择权，公司治理模式可以选择采取“一元制”或者“二元制”模式。如果没有在董事会中设置审计委员会，依然需要按照本法规定设置监事会或者监事，行使监督职责。如果在董事会中设置了审计委员会，则不再重复设置监事会或者监事，由审计委员会行使本法第78条规定的监事会的职权。同时，为进一步强化职工民主管理，提升公司监督实效，本条还规定公司董事会成员中的职工代表可以成为审计委员会成员。

适用要点

第一，是否在董事会中设置审计委员会，应当由公司章程进行明确规定，如果公司章程对此未作规定，则依然需设置监事会或者监事。第二，审计委员会的组成人员必须是公司董事，或者有董事会成员中的职工代表，非董事不能成为审计委员会成员，成员多少结合公司经营实际以及董事会成员数量确定，一般不应低于3人。

第七十条　【董事的任期与辞任】董事任期由公司章程规定，但每届任期不得超过三年。董事任期届满，连选可以连任。

董事任期届满未及时改选，或者董事在任期内辞任导致董事会成员低于法定人数的，在改选出的董事就任前，原董事仍应当依照法律、行政法规和公司章程的规定，履行董事职务。

董事辞任的，应当以书面形式通知公司，公司收到通知之日辞任生效，但存在前款规定情形的，董事应当继续履行职务。

条文注释

第1款是对董事任期的规定。董事任期是指董事担任董事职务的时间限制。董事作为公司股东会选举或者职工民主选举产生的董事会组成人员，通过参加董事会会议、投票表决所议事项等方式参与公司的经营决策管理，负责具体的决策执行工作，应当具有履行前述职责所需的资格和条件，对公司负有忠实和勤勉义务。考察、衡量一个人是否符合担任董事职务的要求,通过设置一定的任职期限、期满后重新作出选择,不失为一种比较科学且被广泛采用的方法。因此,有必要对董事任期以及期满后的有关事项作出规定。依照本款规定,董事的任期由公司章程规定。公司可以根据经营实际需要,在公司章程中规定董事的具体任期时间,但每届任期不得超过3年,以确保每位董事至少每3年必须接受一次股东会或者职工民主选举,进而实现对董事的任期考核和监督。董事在本届任期届满后,通过股东会或者职工民主选举的,可以连续担任下一届的董事。至于董事可以连任多少届,本法未作限制性规定,由公司根据自身情况,在公司章程中规定。

第2款是对董事继续履职的规定。存在以下两种情形时,原董事必须继续履行董事职务:第一,任期届满未及时改选。董事任期届满后,原董事任职已经到期,按理可以不再履行董事职务。但实践中,公司未及时改选出下届董事的情况偶有发生,此时,董事应当遵循对公司的勤勉义务,在改选出的董事就任前,继续履行董事职务。该义务的截止时间为公司改选出的董事就任之时,以确保董事会不因董事空缺而陷入瘫痪。第二,董事在任期内提前辞任。董事出于自身原因可以在任期届满之前向公司提出辞任,但是,如果因此导致董事会成员低于本法规定的3人,而公司又没有及时进行改选时,辞任董事在改选出新的董事就任前,仍应当继续履行董事职务,以确保董事会正常运作。该义务的截止时间也为改选出的新董事就任之时。

第3款是对董事辞任及生效时间的规定。根据通说,董事与公司之间是委托合同关系,董事可以在任期内向公司提出辞任,但该辞任应当以何种方式提出、向谁提出、何时生效,不无疑问。2018年《公司法》对此未作规定,实践中存在不同的观点:一种是"批准生效说",即认为董事向公司董事会提交辞职书后,应当经股东会或者董事会批准,方发生辞职的法律效力;另一种是"送达生效说",即董事向公司董事会提交辞职书后,即产生辞职的法律效力,但法律或者公司章程另有规定,或者经公司董事会与辞任董事一致同意由董事撤回辞职书的除外。为避免上述争议,本款对此进行了明确:一是董事辞任应当以书面形式通知公司。书面形式是信件和数据电文(包括电报、电传、传真、电子数据交换和电子邮件)等可以有形地表现所载内容的形式。二是董事辞任生效之日为公司收到通知之日。三是除外规定,即存在本条第2款情形的,辞任董事负有继续履职的勤勉义务。

适用要点

公司收到董事辞任的书面通知之日,辞任生效,但董事辞任具体书面通知公司哪个机关,本条未作明确。为此建议:一是公司在章程中提前规定,明确接收董事辞任通知的机关,如董事会、董事会秘书、董事会办公室或者公司办公室等;二是在公司章程等文件没有规定的情况下,董事尽可能将书面辞任通知前述公司机关或者部门。

关联法规

《市场主体登记管理条例》第25条;《市场主体登记管理条例实施细则》第20条、第33条

关联案例

1. 上海新世洋供应链管理股份有限公司与胡某晨请求变更公司登记纠纷案①

2. 安某飞与张某等请求变更公司登记纠纷案②

第七十一条　【董事无因解任】股东会可以决议解任董事,决议作出之日解任生效。

无正当理由,在任期届满前解任董事的,该董事可以要求公司予以赔偿。

① 参见上海市第二中级人民法院(2019)沪02民终193号。

② 参见北京市第二中级人民法院(2018)京02民终12330号。

条文注释

依照本法规定,除董事会中的职工代表以外,董事由股东通过公司股东会选举产生。董事在任期内能否被解任其职务,具体涉及两个问题:其一,谁有权解任董事职务;其二,解任董事职务是否需要说明理由。对于第一个问题,董事由股东通过公司股东会选举产生,从法律关系上讲公司与董事之间是委托合同关系,股东自然有权通过公司股东会解除对选任董事的委托,即股东会有权解任董事。对于第二个问题,在股东会解任董事职务的情况下,是否需要说明理由。1993年《公司法》第47条第2款"董事在任期届满前,股东会不得无故解除其职务"明确规定解除董事需要说明理由。但是,2005年修订《公司法》时删除了该款规定,一定程度上吸收了《合同法》第410条(现为《民法典》第933条)委托人任意解除权的规定,即"委托人或者受托人可以随时解除委托合同"。《公司法解释五》第3条进一步明确了董事解任的无因性,即"董事任期届满前被股东会或者股东大会有效决议解除职务,其主张解除不发生法律效力的,人民法院不予支持。董事职务被解除后,因补偿与公司发生纠纷提起诉讼的,人民法院应当依据法律、行政法规、公司章程的规定或者合同的约定,综合考虑解除的原因、剩余任期、董事薪酬等因素,确定是否补偿以及补偿的合理数额"。本条在吸纳前述司法解释相关规定的基础上,明确规定了董事的无因解除制度。

第1款是关于解任机关及解任生效日的规定。有权解任董事职务的机关是公司股东会,解任董事生效之日是股东会作出决议之日。

第2款是对董事赔偿请求权的规定。公司股东会无正当理由解任任期内的董事职务,即无因解除的,董事因此遭受到的损失,有权向公司请求赔偿。

适用要点

第一,公司股东会不能解任董事会成员中的职工董事。该职工董事只能通过公司职工代表大会、职工大会或者其他形式民主选举产生或解任。第二,公司股东会在无因解任任期内董事职务前,要做好对董事的赔偿评估工作。

关联法规

《民法典》第933条;《公司法解释五》第3条

关联案例

李某军诉上海佳动力环保科技有限公司公司决议撤销纠纷案[①]

第七十二条　【董事会会议的召集和主持】董事会会议由董事长召集和主持;董事长不能履行职务或者不履行职务的,由副董事长召集和主持;副董事长不能履行职务或者不履行职务的,由过半数的董事共同推举一名董事召集和主持。

条文注释

董事会通过会议形式集体进行经营决策和执行股东会决议,是公司治理的重要一环,而会议自然需要由具体的人来负责召集和主持,以便会议高效有序。因此,本条规定董事会会议首先由董事长召集和主持。但现实生活中,经常会出现公司董事长因外出、生病等无法履行召集和主持董事会会议的职责或者不按要求认真履行董事长职务,怠于召集和主持董事会会议,导致董事会会议无法召开,公司经营决策陷入停滞的情况。为避免前述情况发生,本条进一步作出明确规定"董事长不能履行职务或者不履行职务的,由副董事长召集和主持;副董事长不能履行职务或者不履行职务的,由过半数的董事共同推举一名董事召集和主持"。由此可见,本条依次明确规定董事会会议的召集和主持人的顺位,保证董事会制度正常运行,充分发挥董事会的作用,确保董事会依法行使职权。

适用要点

只有在前一顺位的召集和主持人不能履行职务或者不履行职务时,才能由后一顺位的召集和主持人履行召集和主持职务,即后顺位人不能越位召集和主持董事会会议。

① 参见上海市第二中级人民法院(2010)沪二中民四(商)终字第436号(最高人民法院指导案例10号)。

关联案例

广西金伍岳能源集团有限公司与广西物资储备有限公司等确认合同无效纠纷案①

第七十三条　【董事会议事方式和表决程序】董事会的议事方式和表决程序，除本法有规定的外，由公司章程规定。

董事会会议应当有过半数的董事出席方可举行。董事会作出决议，应当经全体董事的过半数通过。

董事会决议的表决，应当一人一票。

董事会应当对所议事项的决定作成会议记录，出席会议的董事应当在会议记录上签名。

条文注释

第1款中董事会议事方式是指董事会会议采用何种形式来讨论问题，表决程序是指董事会会议对所议事项作出决定的步骤、方式。比如，如何通知董事参加会议、会议的召集和主持、采用现场还是通信讨论问题的方式、有效出席人数、议事议程的提出和确定、审议规则、哪些决议案可以简单多数通过、哪些需按特别多数或全票通过等内容。但法律无法对董事会会议议事方式和表决程序进行包罗万象的规定，故赋予公司章程高度自治。公司可根据具体情况，在公司章程中对董事会的议事方式和表决程序进行具体、详细的规定，确保董事会会议的顺利召开和有效决议。

第2款对董事会会议出席人数和表决人数作出明确规定。由于2018年《公司法》第48条对此未作规定，实践中，往往对有限责任公司董事会会议出席人数和表决人数发生争议，甚至诱发控股股东利用董事会侵害中小股东的利益，为此，本款借鉴2018年《公司法》第111条第1款规定，将股份有限公司与有限责任公司董事会会议出

① 参见最高人民法院(2019)最高法民再35号。

席人数和表决人数统一起来,即董事会会议应当有过半数的董事出席方可举行。董事会作出决议,必须经全体董事的过半数通过。

与股东会表决权不同的是,董事会表决权不是按照出资比例来行使,而是根据人数。依照第3款的规定,董事会决议的表决,应当一人一票,即所谓的"人头主义",包括董事长、副董事长在内的董事会全体成员,每人都只有一票的投票权,全体成员在董事会会议上的地位是平等的,享有相同的表决权利。

第4款是对董事会会议记录的形式的规定。董事会应对所决议的事项、出席会议的董事及表决情况、决议结果等作成董事会会议记录,出席会议的董事应在会议记录上签名,以保证董事会会议记录的真实性和有效性。同时,出席董事会会议并在会议记录上签名,也是董事履行忠实勤勉义务的一种体现。如果决议内容违反法律法规或者公司章程的规定,给公司造成损害,在会议记录上签字的董事就可能对此承担赔偿责任。但是,如果出席会议的董事明确对决议提出异议并记载于会议记录中,可以免除赔偿责任。

适用要点

本法对董事会的议事方式和表决程序已有规定的,公司章程就不能再作出例外规定。

关联案例

1. 上海艾科逊企业管理有限公司诉轩帕投资咨询(上海)有限公司公司决议效力确认纠纷案①

2. 库门瑙尔(北京)煤机配件有限公司与斯某损害公司利益责任纠纷案②

第七十四条　【有限责任公司经理的产生和职权】有限责任公司可以设经理,由董事会决定聘任或者解聘。

① 参见上海市第一中级人民法院(2019)沪01民终2238号。

② 参见最高人民法院(2016)最高法民再278号。

经理对董事会负责，根据公司章程的规定或者董事会的授权行使职权。经理列席董事会会议。

条文注释

第1款对有限责任公司经理的设置和产生进行了规定。在现代公司治理结构中，经理是指对董事会负责，主持公司日常生产经营管理工作的业务实施机构，包括经理以及其他高级管理人员。前者是通常所称的总经理，后者主要是指公司的副经理、财务负责人以及上市公司董事会秘书和公司章程规定的其他人员。股东会、董事会、经理共同构成有限责任公司内部重大问题决定、经营业务决策、具体业务执行的公司治理体系。2018年《公司法》第49条第1款对经理采取选择设置模式，而本款继续沿用这一模式，并由董事会决定聘任或者解聘。

第2款对经理职权确定问题进行了规定。经理由董事会决定聘任或者解聘，自然应当对董事会负责。如何对董事会负责？当然是忠实勤勉地履行经理的职权。本法取消了对经理职权的列举规定，充分赋予了公司对经理职权规定的自治权。经理具体行使哪些职权，公司既可以在公司章程中进行规定，也可以由公司董事会对经理的职权进行授权。

适用要点

第一，经理由董事会决定聘任或者解聘，这是从《公司法》角度对其职务上的任免。但经理还可能存在另外一层法律身份，即公司的劳动者。从职务任免而论，依据通说，经理与公司的关系如同董事与公司的关系一样，均是委托合同关系，因此，董事会解聘经理时不需要任何理由。但需注意的是，解聘经理职务，并非一并解除与其的劳动合同关系。要解除公司与经理之间的劳动合同关系，另需要按照《劳动合同法》的规定，提供合法的理由，如经理严重违反公司规章制度等。如果公司违法解除经理与其签订的劳动合同，则公司可能要承担一定的法律责任，如支付一定的经济补偿等。第二，如果经理不担任公司的法定代表人，他与公司之间是职务代理关系。按照我国《民法典》第170条关于职务代理的规定，执行法人或者非法人组织工作任务的人员，就其职权范围内的事项，以法人或者非法人组织的名义实施的民事法律行为，对法人或者非法人组织发生效力。法人或者非法人组织对执行其工作任务的人员职权范围的限制，不得对抗善意相对人。因此，公司经理对外以公司名义实施的民事法律行为，在其职务范围之内的，应由公司承担民事责任。

关联法规

《民法典》第170条

关联案例

沈某松、羊某新、江某兴与贵州熏酒有限公司、胡某云、胡某杰公司决议效力确认纠纷案①

第七十五条　【董事会设置例外】规模较小或者股东人数较少的有限责任公司，可以不设董事会，设一名董事，行使本法规定的董事会的职权。该董事可以兼任公司经理。

条文注释

依照本法第67条、第68条规定，董事会是有限责任公司的必设治理机构，其成员最低为3人。从管理实践看，参与决策的人数越多、决策的链条越长，决策的效率就可能越低。对于规模较小或者股东人数较少的有限责任公司，其经营决策需要灵活、高效地适应市场需要，其内部治理机构没有必要硬性设立人数不少于3名董事所组成的董事会。因此，对该类有限责任公司，本法赋予其设置治理机构的灵活性，既可以选择设立董事会这一治理机构，也可以不设董事会，仅设一名董事作为公司治理机构，行使本法第67条规定的董事会职权。对于该类公司的经理，可以由董事另行聘任，也可以由该

① 参见贵州省高级人民法院(2015)黔高民商终字第1号。

董事直接兼任。

适用要点

第一，对规模较小的界定可以参照《工业和信息化部、国家统计局、国家发展和改革委员会、财政部关于印发中小企业划型标准规定的通知》（工信部联企业〔2011〕300号）判断。第二，按照本法第42条规定，“有限责任公司由一个以上五十个以下股东出资设立”，由此可见，只有一个、两个股东的有限责任公司，自然会认为是股东人数较少，但具体多少个股东为股东人数较少，还得公司结合经营实际去判断。

第七十六条　【有限责任公司监事会的设立与组成】有限责任公司设监事会，本法第六十九条、第八十三条另有规定的除外。

监事会成员为三人以上。监事会成员应当包括股东代表和适当比例的公司职工代表，其中职工代表的比例不得低于三分之一，具体比例由公司章程规定。监事会中的职工代表由公司职工通过职工代表大会、职工大会或者其他形式民主选举产生。

监事会设主席一人，由全体监事过半数选举产生。监事会主席召集和主持监事会会议；监事会主席不能履行职务或者不履行职务的，由过半数的监事共同推举一名监事召集和主持监事会会议。

董事、高级管理人员不得兼任监事。

条文注释

依照第1款规定，除两种例外情形外，有限责任公司设监事会，作为公司的监督机构。在现代公司治理中，股东一般不直接管理、经营公司，公司被委托给董事会、经理层经营，为了防止董事以及高级管理人员滥用职权，保护公司、股东及相关方的利益，在公司治理结构中发挥监督职能的监事会应运而生。但为了增加公司治理的弹性，如果依照本法第69条在董事会中设置了审计委员会，则不再重复设置监事会或者监事，由审计委员会行使本法第78条规定的监事会的职权。或者依照本法第 83 条“规模较小或者股东人数较少的有限责任公司,可以不设监事会,设一名监事,行使本法规定的监事会的职权;经全体股东一致同意,也可以不设监事”的规定,也可以不设监事会,由公司自行决定监督主体和方式。

第 2 款对监事会的成员数量、构成进行规定。监事会作为公司的专门监督机构,规模过大,监事人数过多,对公司经营管理层的制约也就越大,但可能会影响公司的运营效率,也会增加公司的监督成本。但是,规模过小,监事人数不足,可能发挥不了真正的监督作用。因此,本款仅规定监事会成员不得少于 3 人,未对其上限进行规定,具体人数由公司根据经营实际需要,在公司章程中进行规定。同时,公司经营业绩的优劣与职工利益切身相关,公司职工更熟悉公司的运营情况,知道公司董事会或高级管理人员管理公司方面的缺陷,监事会中引入职工代表,能够更好地发挥监事会的监督作用及保护职工的合法权益,因此,本款明确规定公司职工代表是有限责任公司监事会的法定成员,且数量不能低于监事会成员的 1/3,如监事会有 5 名成员,则至少必须有 2 名职工代表。当然,公司章程也可以提高监事会成员中职工代表的比例,以充分发挥监事会中职工代表的监督作用。监事会中的职工代表由公司职工通过职工代表大会、职工大会或者其他形式民主选举产生,而不能由董事长、经理指定或者由股东会选举等产生。

第 3 款规定监事会主席的产生、监事会会议的召集和主持。有限责任公司监事会主席为 1 人,与董事长的产生办法由公司章程规定不同,监事会主席由全体监事过半数选举产生。监事会依照法律和公司章程规定行使监督职权,召开监事会会议是行使监督职权的重要方式之一,召集和主持监事会会议是监事会主席的法定职责,监事会主席应当认真履行职责。为了保证监事会的正常运行,有效发挥监督职责,当监事会主席不能履行职务或者不履行职务的,由半数以上监事共同推举一名监事召集和主持监事会会议。

第 4 款是对监事消极资格的规定。监事会作为公司专门监督机构,监督的对象是公司董事和经理等高级管理人员。为了保证监事会的独立性，本款禁止董事、高级管理人员兼任监事。该规定属于强制性规定，不能通过公司章程或者股东会决议进行排除。违反本款规定选任监事的，其选任无效。

适用要点

第一，监事会成员中的职工代表应当是与公司存在劳动关系的员工，与公司不存在劳动关系的员工不能成为监事会中的职工代表。第二，本条并未规定监事会可以设副主席，具体是否设置，可由公司自行决定。

关联法规

《民法典》第80条、第82条

关联案例

上海保翔冷藏有限公司诉上海长翔冷藏物流有限公司公司决议效力确认纠纷案①

第七十七条　【监事的任期】监事的任期每届为三年。监事任期届满，连选可以连任。

监事任期届满未及时改选，或者监事在任期内辞任导致监事会成员低于法定人数的，在改选出的监事就任前，原监事仍应当依照法律、行政法规和公司章程的规定，履行监事职务。

条文注释

第1款是对监事任期的规定。监事应当具有履行监督工作职责所需的资格，在担任该工作后能够忠实履行监督职责，符合该职位所需的工作要求等方面的能力。考察、衡量一个人是否具有担任监事职务的能力，通过设置一定的任职期限，期限届满后再重新作出选择，是一种比较科学并被广泛采用的方法。因此，法律有必要对监

① 参见上海市第二中级人民法院（2017）沪02民终891号（《最高人民法院公报》2019年第11期）。

事任期以及期满后的有关事宜作出规定。依照本款规定，监事的任期每届为3年。监事任期届满，连选可以连任。这意味着监事在本届任期届满后，可以通过股东会选举，或者通过职工代表大会、职工大会或者其他形式民主选举，继续担任下一届监事，且连任届数无限制。

第2款是对监事继续履职的规定。当存在以下两种情形之一时，原监事必须继续履行监事职务：第一，任期届满未及时改选。监事任期届满后，原监事任职已经到期，按理可以不再履行监事职务，但实践中，公司未及时改选出下届监事的情况多有发生，此时，为确保监事会不因监事空缺而陷入瘫痪，原监事应当遵守对公司勤勉尽责的义务，在改选出的监事就任前，继续履行监事职务，该义务的截止时间为公司改选出的监事就任之时。第二，监事在任期内提前辞任，监事出于自身原因可以在任期届满之前提前向公司提出辞任，但因此导致监事会成员低于本法规定的法定人数时，公司又没有及时进行改选的，辞任监事在改选出新的监事就任前，为确保监事会正常运作，仍应当继续履行监事职务。该义务的截止时间也为改选出的新监事就任之时。

适用要点

监事的任期与董事的任期略有不同，监事的任期每届为3年，即监事每届任期为3年是法定的。而依照本法第70条第1款规定，董事任期由公司章程规定，但每届任期不得超过3年，即董事每届任期可以少于3年，具体由公司章程规定。

第七十八条 【监事会职权】监事会行使下列职权：

（一）检查公司财务；

（二）对董事、高级管理人员执行职务的行为进行监督，对违反法律、行政法规、公司章程或者股东会决议的董事、高级管理人员提出解任的建议；

（三）当董事、高级管理人员的行为损害公司的利益时，要求董事、高级管理人员予以纠正；

（四）提议召开临时股东会会议，在董事会不履行本法规定的召集和主持股东会会议职责时召集和主持股东会会议；

（五）向股东会会议提出提案；

（六）依照本法第一百八十九条的规定，对董事、高级管理人员提起诉讼；

（七）公司章程规定的其他职权。

条文注释

监事会作为公司的监督机构，负责监督公司业务执行情况和财务状况。其监督的对象是公司董事和经理等高级管理人员忠实勤勉履职尽责情况。监事会对股东会负责，有限责任公司监事会具有以下职权：

1. 财务监督权。财务检查是监事会的法定职权，以财务检查为重点，通过审核、查阅公司财务会计报告和其他财务会计资料，分析异常财务数据，及时发现问题、揭示风险、促进公司改进管理、规范经营、堵塞漏洞，同时，为股东会提供决策依据。

2. 对董事、高级管理人员的解任建议权。监事会监督董事、高级管理人员决策执行情况以及经营管理活动的合法合规性、公司管理和风险控制情况、公司战略执行和年度计划落实情况、公司核心竞争力培育及可持续发展能力情况，评价董事会和经理层总体履职效果及其成员的履职情况，问题整改措施的针对性和整改成果的有效性，等等。发现违反法律、行政法规、公司章程或者股东会决议的不胜任、不称职董事或者高级管理人员，监事会可以向公司提出解任的建议。

3. 对董事、高级管理人员损害公司利益行为的监督纠正权。董事、高级管理人员应当对公司依法履行忠实和勤勉义务，最大化维护公司利益，不得有损害公司利益的行为。监事会通过勤勉履行监督职责，对董事、高级管理人员执行公司职务行为的过程进行监督，发现有损害公司利益情形的，应当及时以书面、口头等多种方式向董事、高级管理人员提出，要求其纠正，并可进一步采取向公司提出解任建议、提起诉讼等方式维护公司利益。

4. 股东会提议权。依照本法第62条第2款规定，监事会提议召开临时股东会会议的，应当召开临时股东会会议。比如，监事会在监督工作中发现董事、高级管理人员执行职务时损害公司利益，并拒绝监事会纠正意见，不予制止将对公司产生重大利益影响，就可以提议召开临时股东会会议进行决议。依照本法第63条第2款规定，如果董事会不履行召集和主持股东会会议职责，监事会有权直接召集和主持股东会会议。因此，提议召开股东会是监事会履行监督职责中的一项法定权利。

5. 股东会提案权。监事会行使股东会提案权，直接关系到公司治理结构中董事会和监事会之间的有机制衡关系。监事会的监督结果最终要通过公司股东会的讨论决议才能落到实处，监事会在股东会上陈述意见、提出议案并由股东会作出决定，如监事会向股东会提出解任董事建议的议案等，也是监事会把监督结果付诸实践的最有效方法。

6. 诉讼提起权。依照本法第189条规定，公司董事、高级管理人员在执行公司职务时，违反法律、行政法规或者公司章程的规定，给公司造成损失的，监事会有权依法对董事、高级管理人员提起诉讼，请求董事、高级管理人员赔偿给公司造成的损失。公司监事会履行法定职责代表公司提起诉讼，应列公司为原告，依法由监事会主席代表公司进行诉讼。

7. 公司章程规定的其他职权。除了以上法定职权外，公司章程还可以规定监事会其他职权，如监事对公司选聘中介机构有建议权或否决权等。

适用要点

监事会的财务监督权不同于股东知情权。监事会行使检查公司财务的职权，属于公司内部经营管理范畴，本法并未赋予公司监事会可以通过司法途径行使查阅公司财务资料的权利。如果监事会行使财务监督权受阻时应通过公司内部救济途径解决，如提议召开临时股东会等。

关联法规

《民法典》第 82 条

关联案例

李某与北京中北果品种植有限公司与公司有关的纠纷案①

第七十九条 【监事的质询建议权与调查权】监事可以列席董事会会议，并对董事会决议事项提出质询或者建议。

监事会发现公司经营情况异常，可以进行调查；必要时，可以聘请会计师事务所等协助其工作，费用由公司承担。

条文注释

第 1 款是关于监事质询建议权的规定。监事列席董事会会议，是法律赋予监事的一项职权。董事会应当为监事列席董事会会议提供必要保障，在召开董事会会议前，及时通知监事列席会议。监事通过列席董事会会议等重要会议，获悉董事会审议的重大事项等议案、讨论和决策情况，有利于加强对公司日常经营过程中涉及的重大决策、重大投资、重大专项等关键环节和重大风险点的监督，增强监事监督实效。当然，监事对董事会会议不仅仅只有列席，还应当以揭示问题和风险为导向，就相关事项发表质询或建议，以提示函、意见函、建议函、警示函、纠正函等形式，对公司重大事项进行风险提示和建议，督促及时纠正、反馈。对于监事的质询，董事会应当重视，及时作出说明或者解释。对于监事的建议，应当认真研究，该采纳的及时采纳。

第 2 款是关于监事会调查权的规定。监事会履行监督职责，前提是了解公司经营有关情况，这需要公司董事会、董事以及高级管理人员的配合和协助。实践中，经常出现公司董事、高级管理人员不

① 参见北京市第三中级人民法院（2017）京 03 民终 9521 号。

协助配合或者不愿意协助配合的情形，有的甚至公开拒绝或者阻挠监事会履行监督职责，严重影响了监事会的监督质效。为此，本款明确了监事会事前、事中监督功能，即监事会在公司的日常经营活动中，发现公司经营情况异常，可以进行调查，并且该调查权是独立的，不需要事先经过董事会同意。必要时，还可以聘请会计师事务所等协助其工作，所需费用由公司承担。至于何为“经营情况异常”，法律并没有给出具体的标准或者指引性的规定，实践中应由监事会根据商业经验和具体情况进行判断。

适用要点

第一，监事列席董事会会议与经理列席董事会会议不同，依照本法第74条第2款规定，经理列席董事会会议，而本条规定监事可以列席董事会会议，并非应当列席，是否列席由公司章程或董事会议事规则等规定。第二，监事会只有在确有必要时才行使本条规定的调查权，并且应尽量不影响公司的运营效率、不过分增加公司的运营成本。

第八十条　【董事、高级管理人员协助监事工作】监事会可以要求董事、高级管理人员提交执行职务的报告。

董事、高级管理人员应当如实向监事会提供有关情况和资料，不得妨碍监事会或者监事行使职权。

条文注释

依照第1款规定，监事会为更好地履行监督职责，可以要求董事、高级管理人员提交执行职务的报告。该报告主要内容包括董事在各项决策中依据是否充分、讨论是否深入、程序是否合规，是否在职权范围内作出决策，是否发挥在生产经营中的战略决策引领作用，是否保障了股东及相关方的合法权益。经理层运作是否高效、规范，是否认真贯彻落实董事会决策部署，公司内部组织架构设置是否科学合理，有无减少推诿扯皮，是否提高经营管理效率，职工满意度情况，科研、市场、生产等各项经营目标完成情况，等等。该报告可以作为监事会对董事、高级管理人员是否勤勉履职尽责进行监督的依据。

第 2 款规定董事、高级管理人员有如实提供有关情况和资料并不得妨碍行使职权的义务。本法第 78 条对监事会的法定监督职权进行了列举，为保障监事会或者监事依法有效行使监督职权，董事、高级管理人员有义务如实向监事会提供有关情况和资料，如相关财务资料、重大决策依据、重大项目情况等，并不得消极懈怠、人为阻扰监事会或者监事的工作。

适用要点

监事会在何种情况下可以要求董事、高级管理人员提交执行职务的报告，应由监事会结合本法第 78 条相关规定进行判断，公司也可以通过公司章程进行列举明确。如董事、高级管理人员拒绝向监事会提交执行职务的报告，监事会可以行使解任建议权等权利。

第八十一条　【监事会会议及监事会的议事方式和表决程序】监事会每年度至少召开一次会议，监事可以提议召开临时监事会会议。

监事会的议事方式和表决程序，除本法有规定的外，由公司章程规定。

监事会决议应当经全体监事的过半数通过。

监事会决议的表决，应当一人一票。

监事会应当对所议事项的决定作成会议记录，出席会议的监事应当在会议记录上签名。

条文注释

第 1 款规定监事会会议分为定期会议和临时会议。召开监事会会议是监事会行使监督职权的重要方式之一，监事可以在会议上就相关议案发表意见，各抒己见，互通有无。如果年度内不召开监事会会议，那么监事会就可能形同虚设，起不到应有的监督效果，故本款规定监事会至少每年召开一次会议，也就是每年必须召开一次定期监事会会议。当然，公司章程也可以对定期会议的召开时间、召开方式等作出具体的规定。比如，一年可以召开一次、两次或者多次会议，在年初、每季度或者年底召开等。当公司遇到临时重要情况时，监事可以根据本款规定，提议召开临时监事会会议，临时会议是指在正常召开的定期会议之外不定期召开的会议。

第2款规定监事会会议的议事方式和表决程序。规范的议事方式和表决程序，是确保监事会会议顺利召开的重要前提。议事方式是指监事会会议讨论问题采用的形式，表决程序是指监事会会议对所议事项作出决议的步骤、方式等。对议事方式和表决程序，除本法有规定的外，由公司章程规定。

第3款规定“监事会决议应当经全体监事的过半数通过”。这里的“过半数”，是指全体监事的“过半数”，而且不包括本数。比如，公司有4名监事，监事会决议至少应当经过3名监事通过。

第4款规定监事会决议的表决。本款为新增条款，明确监事会成员在监事会会议上地位平等，享有相同的表决权利，监事会决议在表决时，以监事人数计，包括监事会主席在内的每一位监事，每人都只有一票的投票权，实行一人一票，即所谓的“人头主义”。

第5款规定监事会决议的形式。监事会应当对所议事项的决定作成会议记录，包括监事会会议所议事项及讨论后所得出的结论，以及会议召开的时间、地点、出席人员、议题、监事讨论意见、决议通过情况等。监事应当认真履行职责，出席监事会会议，对监督事项发表意见，并在会议记录上签名。这既是监事履职档案中的重要部分，又是将来是否承担法律责任的重要证据。

适用要点

监事会的任一监事均可提议召开临时监事会会议，并非要达到一定比例的监事共同提议，才可召开临时监事会会议。

第八十二条　【监督费用负担】监事会行使职权所必需的费用，由公司承担。

条文注释

监事会在履行监督职责的过程中，当然会产生一定的费用：聘请会计师事务所对公司财务状况进行审计，支付相应的审计费用；董事会不履行召集和主持股东会会议职责时，监事会召集和主持股东会会议，支付相应股东会会议费用；依法对董事、高级管理人员提起诉讼时，支付的诉讼费用和律师代理费用；等等。上述费用是监事会为依法履行监督职权而产生，当然应当由公司承担。除此之外，为了保障监事履职，监事的薪酬和日常费用，如差旅费等也应当由公司承担。

适用要点

由公司承担的费用必须是监事会行使职权"所必需的费用"。所谓"必需"，是指监事会行使职权所不可或缺的费用。如果该费用不属于监事会行使职权"所必需的"，公司可以拒绝承担，至于"所必需的费用"包括哪些项目，可在公司章程中进行具体规定。

关联案例

殷某婷、玉门市润泽环保再生能源新技术有限公司追偿权纠纷案①

第八十三条 【监事会设置例外】规模较小或者股东人数较少的有限责任公司，可以不设监事会，设一名监事，行使本法规定的监事会的职权；经全体股东一致同意，也可以不设监事。

条文注释

有限责任公司设监事会的，其成员最低为 3 人。但从公司经营实际看，监事的人数也并非越多越好，监事的人数与公司经营决策的效率不一定成正比例关系。因此，对于规模较小或者股东人数较少的有限责任公司，内部监督要与市场经营和决策效率高度匹配，

① 参见甘肃省酒泉市中级人民法院(2022)甘 09 民终 958 号。

机制需要更加灵活、高效，对该类有限责任公司，本法赋予其公司治理的高度自治，可以选择不设立监事会，仅设 1 名监事作为公司监督机构，行使本法第 78 条规定的监事会职权。如果公司全体股东认为可以通过其他监督方式完成对公司董事、高级管理人员的监督，如股东直接监督、法务审计监督等，经全体股东一致同意，也可以不设监事这一公司治理机构，从而简化公司治理机构，提升公司管理效率。

适用要点

第一，对规模较小或者股东人数较少的界定，可参照第 75 条的条文注释。第二，建议采用书面形式，通过股东会决议或者公司章程，对公司是否设置监事这一治理机构进行明确。

第四章　有限责任公司的股权转让

第八十四条　【股权转让的一般规定】有限责任公司的股东之间可以相互转让其全部或者部分股权。

股东向股东以外的人转让股权的，应当将股权转让的数量、价格、支付方式和期限等事项书面通知其他股东，其他股东在同等条件下有优先购买权。股东自接到书面通知之日起三十日内未答复的，视为放弃优先购买权。两个以上股东行使优先购买权的，协商确定各自的购买比例；协商不成的，按照转让时各自的出资比例行使优先购买权。

公司章程对股权转让另有规定的，从其规定。

条文注释

股权是一种民事权利，其不同于物权，是一种糅合了财产权与社员权的复合型权利，可归入“投资性权利”范畴。由于股权具有财产权利的性质，蕴含着极大的经济价值，是继债权、物权之后重要的财富载体，因此，股权往往成为交易对象，股权转让也由此产生。有限责任公司的股东自愿向他人转让其股权，既可以向该公司的其他股东转让股权，也可以向该公司股东以外的人转让股权。考虑到转让股权很有可能影响其他股东在公司的权益，本条对这两种不同情况下特别是向该公司股东以外的人转让股权的程序作了规定，并规定了其他股东的优先购买权。当然，如果公司章程对股权转让另有规定的，从其规定。

第 1 款规定，有限责任公司的股东之间可以相互转让其全部或者部分股权。据此，公司内部的股东之间可以自由转让股权。公司的股东之间无论是转让全部股权，还是转让部分股权，只会引起股东间的出资比例发生变化，不会有新股东的产生，公司的人合性不会受到影响，一般情况下没有必要对这种转让进行限制。因此，本款并没有对股权的转让作出任何限制性的规定。实践中，如果个别公司认为有必要对股东间转让股权进行限制，可以在章程中予以限制。

第2款规定，向股东以外的人转让股权应当遵守法定的程序。基于有限责任公司人合性的考量，股东向公司股东以外的第三方转让股权的，应当遵守法定的程序，保障其他股东享有优先购买权。股东优先购买权，是指在有限责任公司股东向股东以外的人转让股权时，在同等条件下，其他股东享有优先购买的权利。(1)股东应就其股权转让所涉“同等条件”的事项书面通知其他股东。满足同等条件是股东优先购买权行使的核心前提。“同等条件”通常应包括转让股权的数量、价格、支付方式和期限等事项，对于转让人利益无实质影响的交易条件，无须追求绝对同等。(2)其他股东应自接到股权转让书面通知之日起30日内答复。转让股东就其股权转让所涉“同等条件”的事项书面通知其他股东后，其他股东应在接到书面通知之日起30日内答复，若未答复，则视为放弃优先购买权。(3)多个股东同时行使优先购买权的，协商确定各自的购买比例；协商不成的，按照转让时各自的出资比例行使优先购买权。该处所指的“转让时各自的出资比例”，可以理解为股权转让时主张行使优先购买权的各股东所认缴的出资份额。

第3款规定，公司章程对股东转让股权有规定的，优先适用公司章程的规定。公司章程可以对股东之间的股权转让以及股东向股东以外的人转让股权，作出与本条第1款、第2款不同的规定。公司章程可以在股权转让程序上作更加简捷的规定，如取消优先购买程序，也可以提高股权转让的限制条件。若公司章程对股权转让作出了不同的规定，就应当依照公司章程的规定执行，而不再按照本条第1款、第2款规定的程序进行股权转让，但公司章程规定无效的除外。

适用要点

第一，股权转让与资产转让的区分。股权转让的标的是股东的股权，而资产转让的标的是企业的资产，多为企业的优良资产。第二，股权转让纠纷的法律适用。股权转让纠纷通常是由股权转让合同的签订、履行、终止等所产生的纠纷。从其财产权利的属性方面来看，股权与其他财产的交易在法律适用上并无区别，同样应该适用《民法典》总则编、物权编及合同编的相关规定。同时，公司具有团体性质，股权又是一种社员权利，股权转让会涉及股东、高级管理人员、债权人等不同主体的利益，因此，《公司法》《证券法》《企业国有资产法》《外商投资法》等法律、法规也适用于股权转让纠纷。《公司法》《证券法》《企业国有资产法》《外商投资法》等法律、法规相对于《民法典》总则编、物权编及合同编而言，前者属于特别法，后者属于一般法。按照特别法优先一般法适用的原则，当《公司法》《证券法》《企业国有资产法》《外商投资法》等法律、法规对股权转让合同有规定的，应当优先适用这些规定。第三，侵犯其他股东优先购买权的股权转让合同的效力及救济问题。转让股东和股东以外的股权受让人之间签订的股权转让合同，与转让股东和其他股东之间订立的股权转让合同，二者之间相互独立，即转让股东和股东以外的股权受让人之间签订的股权转让合同如无其他影响合同效力的事由，应认定为有效。对于损害股东优先购买权的救济，在新的司法解释没有出台前，其他股东可参照《公司法解释四》第 21 条及《全国法院民商事审判工作会议纪要》第 9 条进行主张。

关联法规

《公司法解释四》第 16～21 条；《全国法院民商事审判工作会议纪要》第 9 条

关联案例

1. 广州市仙源房地产股份有限公司与广东中大中鑫投资策划有限公司、广州远兴房产有限公司、中国投资集团国际理财有限公司股权转让纠纷案①

① 参见最高人民法院（2009）民申字第 1068 号（《最高人民法院公报》2010 年第 8 期）。

2. 大宗集团有限公司、宗某晋与淮北圣火矿业有限公司、淮北圣火房地产开发有限责任公司、涡阳圣火房地产开发有限公司股权转让纠纷案①

第八十五条　【强制执行程序中的股权转让】人民法院依照法律规定的强制执行程序转让股东的股权时，应当通知公司及全体股东，其他股东在同等条件下有优先购买权。其他股东自人民法院通知之日起满二十日不行使优先购买权的，视为放弃优先购买权。

条文注释

为了实现债权人的合法权益，人民法院可通过拍卖、变卖等方式转让被执行人持有的股权。因有限责任公司具有“人合性”的特点，法律赋予其他股东优先购买权，因此，在强制执行程序中，转让公司股权亦应当保障其他股东的优先购买权。有限责任公司的股权作为责任财产进入执行程序时，股权的转让过程具有强制性特征，人民法院应当通知公司及全体股东。通知公司是为了使其协助执行，通知其他股东则是为了保障其行使优先购买权。人民法院在通知公司及全体股东以后，在同等条件下，其他股东应自人民法院通知之日起 20 日内以明确的方式行使优先购买权。“二十日”的期间设定是为了督促其他股东及时行使优先购买权，保障强制执行程序的及时性。若其他股东自人民法院通知之日起满 20 日不行使优先购买权，视为放弃优先购买权。依照《最高人民法院关于人民法院强制执行股权若干问题的规定》第 14 条第 1 款规定，“被执行人、利害关系人以具有下列情形之一为由请求不得强制拍卖股权的，人民法院不予支持：（一）被执行人未依法履行或者未依法全面履行出资义务；（二）被执行人认缴的出资未届履行期限；（三）法律、行政法

① 参见最高人民法院（2015）民二终字第 236 号（《最高人民法院公报》2016 年第 6 期）。

规、部门规章等对该股权自行转让有限制;(四)公司章程、股东协议等对该股权自行转让有限制”。

适用要点

司法拍卖中“同等条件”成就的特殊性。人民法院对被执行人的有限责任公司股权进行拍卖的,接到法院通知的其他股东应按规定时间报名参与竞买,并被登记为优先权人。在拍卖开始后非优先权人应价,优先权人也可在该价位应价,非优先权人不再加价的话,则优先权人竞得该股权。

关联法规

《公司法解释四》第22条

关联案例

甘肃创新商贸集团有限公司、王某义等借款合同纠纷案①

第八十六条　【股权转让变更登记及救济】股东转让股权的,应当书面通知公司,请求变更股东名册;需要办理变更登记的,并请求公司向公司登记机关办理变更登记。公司拒绝或者在合理期限内不予答复的,转让人、受让人可以依法向人民法院提起诉讼。

股权转让的,受让人自记载于股东名册时起可以向公司主张行使股东权利。

条文注释

第1款规定股东转让股权中通知公司的义务和申请公司变更登记的权利,同时明确了变更股东名册、向公司登记机关办理变更登记的义务人为公司,并赋予了转让人和受让人司法救济的权利和途径。为及时反映公司股东变动情况,保障新老股东、公司及债权人的利益,无论是转让方还是受让方,均有权利书面通知公司进行股东名册变更

① 参见最高人民法院(2020)最高法执监18号。

以及向公司登记机关办理变更登记。如果公司拒绝或者在合理期限内不予答复，转让人、受让人可以依法向人民法院提起诉讼，请求公司办理股东名册变更及向公司登记机关办理变更登记。公司怠于履行这些义务时，符合不作为侵权行为的构成要件，应当承担相应的民事责任。如果因此给股东造成了损失，公司应当承担赔偿责任。

第2款规定股权转让时股权变动的效力时点和形式。依照本法第56条第2款"记载于股东名册的股东，可以依股东名册主张行使股东权利"的规定，本款规定，"股权转让的，受让人自记载于股东名册时起可以向公司主张行使股东权利"。换言之，从效力上分析，有限责任公司股东名册记载属于设权登记及股权变动的生效要件，因此，有限责任公司股权变动生效的时点以受让人记载于股东名册为准；公司登记机关登记是以公司股东名册登记为基础和根据，具有向社会不特定多数人公示的作用，因此，股权变动未经公司登记机关变更登记的不得对抗善意相对人。

适用要点

第一，以转让方式变动有限责任公司股权的，有限责任公司股权转让合同，除法律另有规定或合同另有约定外，自合同成立时生效；未将受让人记载于股东名册或者未向登记机关办理变更登记的，不影响股权转让合同本身的效力。第二，实践中，在不存在规范的股东名册的情况下，有关的公司文件如公司章程、会议纪要等，只要能够证明公司认可受让人为新股东的，都可以认为已经产生了股东名册变更，股权变动已经完成。

关联法规

《市场主体登记管理条例》第24条；《公司法解释三》第22～23条

关联案例

1. 北京金源新盛置业有限公司与三亚三兴实业公司等股权转让纠纷案①

① 参见最高人民法院(2017)最高法民终870号。

2. 金某龙与盐城市物资集团有限公司、盐城国投新材料有限公司、中恒日上(香港)有限公司、中恒日上(江苏)新能源股份有限公司股权转让纠纷案①

第八十七条　【转让股权后应当履行的手续】依照本法转让股权后,公司应当及时注销原股东的出资证明书,向新股东签发出资证明书,并相应修改公司章程和股东名册中有关股东及其出资额的记载。对公司章程的该项修改不需再由股东会表决。

条文注释

有限责任公司的股东转让股权后,公司应当及时履行两项程序性义务。第一,注销原股东的出资证明书,向新股东签发出资证明书。出资证明书是股东对公司享有权利、承担责任的重要依据。股权转让给他人以后,公司应当注销转让股东的出资证明书,向新股东签发出资证明书。第二,根据股东及其股权的变化情况修改公司章程、修改股东名册并记载变更后各股东的出资额,以使股权转让后的公司章程和股东名册能够反映公司股东的真实情况,使各股东的合法权益得到保障。

股东的姓名或者名称,股东的出资方式、出资额和出资时间等,属于公司章程应当载明的事项,所以,股权转让会导致公司章程的修改。依照本法第59条的规定,对公司章程的修改属于股东会的职权,应由股东会表决。但是,考虑到股东之间已经就股权转让达成书面协议或优先购买权行使中进行了意思表示,因此,为简化决策程序,本条规定对公司章程的该项修改无须再由股东会表决。

关联法规

《公司法解释三》第23条

① 参见最高人民法院(2021)最高法民再245号。

第八十八条　【股权转让中的出资责任】股东转让已认缴出资但未届出资期限的股权的，由受让人承担缴纳该出资的义务；受让人未按期足额缴纳出资的，转让人对受让人未按期缴纳的出资承担补充责任。

未按照公司章程规定的出资日期缴纳出资或者作为出资的非货币财产的实际价额显著低于所认缴的出资额的股东转让股权的，转让人与受让人在出资不足的范围内承担连带责任；受让人不知道且不应当知道存在上述情形的，由转让人承担责任。

条文注释

依照本条第1款规定，在认缴期限届满前，股东享有期限利益，出资义务未产生，但为确保股东兑现认缴承诺，维护资本充实原则，保护债权人利益，在受让人未按期缴纳出资的情况下，转让股东仍应对受让人的出资责任兜底，承担补充责任。

依照本条第2款规定，股东未尽出资义务即转让股权，转让股东的出资义务不得因股权转让而消除，仍然应当承担出资义务。由于受让人在受让股权时应当查证该股权所对应的出资义务是否履行，具有较公司其他股东更高的注意义务，在受让人明知或应知转让股东未尽出资义务仍受让股权时，其更应对转让股东未尽的出资义务承担连带责任。受让人不能因其与转让股东之间的约定对抗其他股东、公司或者债权人。此时，受让人的“善意”应由自己来证明，证明受让股权时对股权存在“未按照公司章程规定的出资日期缴纳出资”的情形不知情且无过失。

此外，本条第2款还规定了非货币出资不足情形下的责任承担问题。股东可以实物、土地使用权、知识产权等非货币财产作价出资，其实际价额显著低于所认缴出资额（评估价值）的，属于出资不足，股东在此情形下转让股权的，转让人自然应承担出资义务。同时，非善意受让人在出资不足的范围内与该股东承担连带责任。此时，受让人的“善意”应由自己来证明，证明受让股权时对股权存在“作为出资的非货币财产的实际价额显著低于所认缴的出资额”的情形不知情且无过失。

关联法规

《公司法解释三》第9条、第13条、第18条

关联案例

1. 扬州今日种业有限公司、戴某梅、杨某银与江苏金土地种业有限公司、柏某基侵害植物新品种权纠纷案①

2. 卢某福与润木数科科技有限公司，芦某顺、郑某、陈某、北京陈氏装饰设计工程有限公司股东损害公司债权人利益责任纠纷案②

第八十九条　【有限责任公司异议股东股权回购请求权】有下列情形之一的，对股东会该项决议投反对票的股东可以请求公司按照合理的价格收购其股权：

（一）公司连续五年不向股东分配利润，而公司该五年连续盈利，并且符合本法规定的分配利润条件；

（二）公司合并、分立、转让主要财产；

（三）公司章程规定的营业期限届满或者章程规定的其他解散事由出现，股东会通过决议修改章程使公司存续。

自股东会决议作出之日起六十日内，股东与公司不能达成股权收购协议的，股东可以自股东会决议作出之日起九十日内向人民法院提起诉讼。

公司的控股股东滥用股东权利，严重损害公司或者其他股东利益的，其他股东有权请求公司按照合理的价格收购其股权。

公司因本条第一款、第三款规定的情形收购的本公司股权，应当在六个月内依法转让或者注销。

① 参见最高人民法院（2021）最高法知民终884号。

② 参见北京市第三中级人民法院（2023）京03民终1435号。

条文注释

所谓异议股东股权收购请求权，理论上又称为“异议股东评估权”，是指在特定的交易或者情形下，法律赋予对该事项存有异议的股东请求公司以公平价格收购其股权的权利。有限责任公司兼具资合性与人合性，它不仅依靠股东的出资来保证公司的设立和运营，也需要依靠股东的共同努力来经营管理公司。因此，有限责任公司设立以后，其股东不得随意退出公司。但在现实生活中，有些有限责任公司的控股股东或代表多数表决权的股东利用股东会决议的方式，客观上造成“绑架”或“裹挟”其他股东、长期不向股东分配利润，使其合理期待的利益落空或者蒙受额外风险的威胁，严重损害中小股东的权益。在这些特殊情况下，股东可以请求公司按照合理的价格收购其股权。

第1款规定异议股东行使收购请求权的法定条件。有下列三种情形之一，并且在该股东投反对票的情况下，股东会依然作出了有效的决议的情况下，该投反对票的股东才可以请求公司按照合理的价格收购其股权。

第一，公司连续5年不向股东分配利润，而公司该5年连续盈利，并且符合本法规定的分配利润条件。在该情形下，股东要求分配利润的主张是合法的，但持有公司多数表决权的其他股东通过股东会决议的形式，阻碍了前者分配利润的合理利益的实现。

第二，公司合并、分立、转让主要财产。在该情形下，公司现有赖以开展生产经营活动的主要财产出现变化，未来的发展充满不确定性甚至可能产生风险。尽管股东会按照“资本多数决”原则形成了合法的决议，但与少数表决权股东的意愿相反，改变了其在设立公司时的合理利益期待，应允许其退出公司。“主要财产”的考量因素为：以转让财产的价值占公司资产总额的比例为标准，达到公司净资产30%以上的可以认定为主要财产；该财产转让对公司生产经营产生重大影响，如公司因该财产转让而无法维持营业或者不得不大幅度地减小营业规模等。

第三，公司章程规定的营业期限届满或章程规定的其他解散事由出现，股东会通过决议修改章程使公司存续。章程规定的营业期限届满或章程规定的其他解散事由出现时，公司本应解散，股东可以退出经营。持有公司多数表决权的其他股东通过股东会决议修改公司章程，决定公司存续，已与公司章程订立时股东的意愿发生重大差异，应允许对此决议投反对票的股东退出公司，不能要求少数表决权股东违背自己意愿被强迫面对公司继续经营的风险。

第2款规定异议股东退出公司的法定程序。第一，当符合本条第1款规定的条件时，股东首先应当请求公司收购其股权。第二，股东请求公司收购其股权，应当尽量通过协商的方式解决。但如果股东与公司长时间不能就股权收购达成协议，那么，既可能影响异议股东的权益，又可能影响公司的生产经营活动。为此，本款赋予异议股东诉权，即自股东会决议作出之日起60日内，股东与公司不能达成股权收购协议的，股东可以自股东会决议作出之日起90日内向人民法院提起诉讼，由人民法院对股权收购事项依法作出裁判。

为了贯彻产权平等的政策要求，加强对于中小股东的保护，在控股股东滥权且严重损害公司或其他股东利益的情形下，依照本条第3款规定，其他股东有权请求公司按照合理的价格收购其股权。中小股东享有请求公司按照合理的价格收购其股权，使中小股东的利益能得到有效保护，且为化解公司僵局，维持公司存续，提供了一条通道。

第4款规定收购股权的处理。公司收购自身股权，致使部分股东因投资的退还而退出公司，这导致公司注册资本与实际情况不符，因此，公司应对收购的股权进行处理，即应当在6个月内依法转让或者注销。

关联案例

1. 袁某晖与长江置业（湖南）发展有限公司请求公司收购股份纠纷案①

---

①　参见最高人民法院(2014)民申字第2154号(《最高人民法院公报》2016年第1期)。

2. 深圳市广华创新投资企业与大连财神岛集团有限公司请求公司收购股份纠纷案①

第九十条　【有限责任公司自然人股东的股东资格继承】自然人股东死亡后，其合法继承人可以继承股东资格；但是，公司章程另有规定的除外。

条文注释

依照《民法典》继承编的规定，自然人股东死亡后，其遗产可合法继承。股权具有特殊性，既包括财产权，也包括身份权。财产权依继承法律的规定进行，对于具有人身专属性的身份关系，《民法典》继承编未作出规定，因此，本条对自然人股东资格继承问题进行规范。

第一，自然人股东的合法继承人当然继承其股东资格。除公务员、军人等因自身身份不能当然继承股东资格外，继承人自被继承人死亡时开始享有股东资格。其他股东或者第三人不能以未办理股东名册或者工商登记对其股东资格进行抗辩。继承人继承股东资格后，享有参与公司决策等权利，同时有权要求公司签发出资证明书、记载于股东名册并办理变更登记。

第二，公司章程对股东资格继承有规定的，优先适用章程的规定。基于有限责任公司人合性特点，允许公司章程另行规定股东资格继承办法，如规定继承人一律不能取得股东资格，设定继承人取得公司股东资格的条件或者程序等。当公司章程排除或限制继承时，继承人不能自动取得股东资格。公司章程排除的只能是股东资格中的身份性权利，不得违反《民法典》继承编的基本原则，排除财产性权利的继承。财产性权利属于股东的遗产，按照《民法典》继承编来处理。

① 参见最高人民法院(2020)最高法民再350号。

适用要点

第一,公司章程对自然人股东资格继承的限制应是合理的,如不得剥夺继承人获得股权财产价值的权利;不得对股东进行区别对待;不得在被继承人死亡后,对公司章程进行突击式修改。第二,参照《公司法解释四》第16条规定,除非公司章程另有规定及全体股东另有约定以外,有限责任公司自然人股东因继承发生变化时,其他股东不得主张行使优先购买权。第三,当公司章程禁止股东资格继承时,公司章程中对继承人实现股权价值的方式应具体、完整、可行。例如,在规定通过股权转让方式退出时,需要考虑由谁来受让股权,如果无法受让如何处理。又如,如果通过公司回购死亡股东股权的方式退出,需要事先考虑公司减资程序的履行。

关联法规

《民法典》第124条、第125条、第1122条、第1127条;《公司法解释四》第16条

关联案例

北京市华世房地产开发有限公司与吴某石等股东资格确认纠纷案①

① 参见北京市高级人民法院(2020)京民终786号。

第五章　股份有限公司的设立和组织机构

第一节　设　　立

第九十一条　【股份有限公司的设立方式】设立股份有限公司，可以采取发起设立或者募集设立的方式。

发起设立，是指由发起人认购设立公司时应发行的全部股份而设立公司。

募集设立，是指由发起人认购设立公司时应发行股份的一部分，其余股份向特定对象募集或者向社会公开募集而设立公司。

条文注释

根据股份有限公司在设立时是否向社会公众发行股份，第1款将股份有限公司的设立方式，分为发起设立和募集设立两种。

第2款是关于发起设立方式的定义。以发起设立方式设立股份有限公司，公司设立时应发行的全部股份均由发起人认购，而不向发起人以外的其他任何主体进行募集。

第3款是关于募集设立方式的定义。以募集设立方式设立股份有限公司，公司设立时应发行的股份除由发起人部分认购外，还有部分交由发起人以外的其他投资者进行认购。其他投资者既可以是不特定的社会公众，也可以是特定对象，如特定的机构投资者等。但需要注意的是，依照本法第97条规定，除法律、行政法规另有规定外，发起人认购的股份不得少于公司章程规定的公司设立时应发行股份总数的35%。

第九十二条 【发起人的人数及其资格】设立股份有限公司，应当有一人以上二百人以下为发起人，其中应当有半数以上的发起人在中华人民共和国境内有住所。

条文注释

第一，发起人的法定人数。依照本条规定，在我国设立股份有限公司，发起人人数的最低限额是1人，最高限额是200人。也就是说，发起人多于200人的，不得通过发起设立方式设立股份有限公司，超过200人以后的股东，可以通过募集设立的方式参与认购成为股东。

第二，发起人的资格。本条没有对发起人资格作出过多限制，只要不属于禁止设立公司的主体，无论是自然人、法人及非法人组织，中国人还是外国人，均可以作为股份有限公司的发起人。但自然人作为发起人时，必须具有完全民事行为能力。此外，本条规定应当有半数以上发起人在我国境内有住所。一方面，这可确保有一定数量的发起人能够办理设立股份有限公司过程中的各项具体事宜；另一方面，便于相关部门对发起人进行管理，防止发起人利用设立股份有限公司损害社会公共利益。

关联法规

《民法典》第25条、第63条

第九十三条 【发起人承担公司筹办事务和签订发起人协议】股份有限公司发起人承担公司筹办事务。

发起人应当签订发起人协议，明确各自在公司设立过程中的权利和义务。

条文注释

第1款是关于发起人筹办公司事务的规定。《公司法解释三》第1条规定，发起人是指为设立公司而签署公司章程、向公司认购出资或者股份并履行公司设立职责的人。负责公司设立、筹办公司事务是发起人应尽职责。公司筹办事务包括制定公司章程、选举董事及监事、办理有关行政审批和设立登记等。募集设立股份有限公司的，发起人还要办理涉及股份募集的相关工作，如向中国证券监督管理委员会注册公开发行股份、公告招股说明书、制作认股书、与证券公司签订承销协议、与银行签订代收股款协议、依法召开公司成立大会等。

第 2 款规定发起人应当签订发起人协议。发起人协议是指公司设立过程中，由发起人订立的关于公司设立事项的协议，用于明确发起人在公司设立过程中各自的权利义务，其内容一般包括发起人认购的股份数量、发起人的出资方式、出资违约责任承担、发起人在公司设立过程中的分工以及公司设立失败时的责任承担等。

适用要点

第一，并非每一个发起人都必须亲自参与公司筹办事务，发起人也可授权其他发起人代为处理，但不论发起人是否参与具体筹办事务，都需对公司设立行为承担相应的责任。第二，基于合同相对性原理，发起人协议仅在发起人之间发生效力，是处理发起人内部权利义务以及责任承担的依据，但不能据此处理发起人在设立公司过程中与外部主体产生的权利义务。第三，关于公司设立过程中发起人责任承担，除本章有特别规定的以外，应参照适用本法第 44 条的规定。

关联法规

《民法典》第 75 条；《公司法解释三》第 1 条、第 4 条、第 5 条

第九十四条　【股份有限公司章程制订】设立股份有限公司，应当由发起人共同制订公司章程。

条文注释

本条规定，股份有限公司的章程由发起人共同制订。股份有限公司的章程是指记载有关公司组织和行动基本规则的文件，公司章程经发起人共同制订后，即对公司、股东等都具有约束力。募集设立

股份有限公司的，依照本法第104条第1款第2项规定，发起人制订的公司章程还应由公司成立大会通过。

适用要点

正确处理发起人协议与公司章程的关系。一般而言，发起人协议与公司章程存在密切联系，发起人协议中的诸多内容如公司名称、注册资本、认购股份、出资期限、经营范围等都会被章程吸收，二者在内容上有不少相同之处。但二者也存在区别之处：(1)二者性质不同。发起人协议是公司设立前应当签署的文件，而公司章程是公司必备文件。(2)二者效力范围不同。发起人协议仅在发起人之间发生效力，而公司章程对公司、股东、董事、监事及高级管理人员均有约束力。(3)二者效力期限不同。发起人协议的大部分条款在公司设立后会失效，而公司章程的效力期限可能存在于公司设立开始至公司成立后的整个存续期间。如果发起人协议与公司章程内容不一致，如何处理两者的冲突适用，目前尚无明确的法律规定。实践中根据个案情况，存在以下处理思路：(1)公司章程经过登记备案，具有对抗效力。对于发起人协议与公司章程内容直接冲突的部分，对外应以公司章程为准，对内可以适用发起人协议。(2)发起人协议成立在先，公司章程制定在后，如无特殊约定，二者不一致时一般以章程为准。(3)发起人协议中明确约定公司章程与发起人协议内容不一致时以发起人协议为准的，以发起人协议作为处理发起人之间纠纷的裁判依据。

关联案例

鲍某与北京金日创科技股份有限公司股东出资纠纷案①

第九十五条　【股份有限公司章程法定记载事项】股份有限公司章程应当载明下列事项：

① 参见北京市第一中级人民法院(2021)京01民终365号。

（一）公司名称和住所；
（二）公司经营范围；
（三）公司设立方式；
（四）公司注册资本、已发行的股份数和设立时发行的股份数，面额股的每股金额；
（五）发行类别股的，每一类别股的股份数及其权利和义务；
（六）发起人的姓名或者名称、认购的股份数、出资方式；
（七）董事会的组成、职权和议事规则；
（八）公司法定代表人的产生、变更办法；
（九）监事会的组成、职权和议事规则；
（十）公司利润分配办法；
（十一）公司的解散事由与清算办法；
（十二）公司的通知和公告办法；
（十三）股东会认为需要规定的其他事项。

条文注释

股份有限公司的章程是记载有关公司组织和行动基本规则的文件，它对公司、股东、董事、监事、高级管理人员都有约束力。根据本条规定，股份有限公司章程的内容包括：

第1项规定公司章程必须记载公司名称和住所。公司名称是公司用以区别于其他公司的文字符号。《企业名称登记管理规定实施办法》第8条规定，企业名称一般应当由行政区划名称、字号、行业或者经营特点、组织形式组成，并依次排列。本法第7条第2款规定，股份有限公司的名称应当标明股份有限公司或股份公司字样。公司住所是公司的主要办事机构所在地。公司章程应当规定公司住所，其法律意义在于据以确定诉讼管辖、受送达的处所、债务履行处所、公司登记机关等。

第2项规定公司章程必须记载公司经营范围。公司经营范围是指公司可以从事哪些经营活动。但需要注意的是，依照《民法典》第505条的规定，公司超越经营范围对外订立合同的，不能仅以超越经营范围为由认定合同无效。

第3项规定公司章程必须记载公司设立方式。股份有限公司存在发起设立和募集设立两种设立方式,不同设立方式关系到公司设立程序的差异,因而公司章程中应当载明公司设立方式。

第4项规定公司章程必须记载公司注册资本、已发行的股份数和设立时发行的股份数,面额股的每股金额。2023年《公司法》修订,对股份有限公司注册资本采实缴制,同时引入了授权资本制和无面额股制度,故存在公司已发行股份的股本总额,即公司注册资本,公司已发行的股份数和设立时发行的股份数三个概念,公司章程中均应载明。面额股,是指股份有限公司在发行的股份票面标明金额的股份;与之对应的是无面额股,股份票面仅记载所代表的股份数量或比例,而不记载每股的票面金额。2023年《公司法》修订,引入了无面额股的制度,允许股份有限公司于章程中自行规定,择一采用面额股或者无面额股发行公司股份。公司采用面额股的,应在公司章程中明确每一股对应金额,即每一股所代表的资本数额。

第5项规定在公司发行类别股时,公司章程必须记载每一类别股的股份及其权利和义务。类别股,又称种类股,是指同一公司发行了两种以上不同种类、不同性质、不同权利义务关系、不同利益效果的股份。为适应不同投资者的投资需求,2023年《公司法》修订,对已有较多实践的类别股作出规定,允许股份有限公司发行类别股,包括优先股和劣后股、特殊表决权股、转让受限股等。本法第144条将股份有限公司是否发行类别股交由公司章程规定,因而公司如果发行类别股,需在公司章程中记载类别股股东姓名或名称、持有的类别股数量以及其特殊权利义务等内容。

第6项规定公司章程必须记载发起人的基本信息,包括姓名或名称、认购的股份数以及出资方式。发起人的姓名或者名称,是指自然人发起人的姓名、法人或符合条件的非法人组织发起人的名称。发起人认购的股份数,是指每一个发起人所认购的股份的具体数额。发起人的出资方式,是指每一个发起人是用货币出资,还是用实物、知识产权、土地使用权等非货币财产方式出资。要求公司章程载明发起人的姓名或者名称、认购的股份数和出资方式，目的是让社会公众及其他与公司发生法律关系的民事主体了解发起人的情况。

第7项规定公司章程必须记载董事会的组成、职权和议事规则。董事会的组成，是指董事会人数以及具体组成人员。董事会的职权，是指董事会行使的具体职权内容。董事会的议事规则，是指关于董事会召集、会议举行、董事表决以及作出决议的准则。

第8项规定公司章程必须记载法定代表人的产生和变更办法。法定代表人是指对外代表公司行使职权的具体人员。法定代表人的人选范围为执行公司事务的董事或者经理，章程需要明确前述范围内的人员中，哪一位是公司的法定代表人。但在实践中，由于公司章程记载了法定代表人的具体姓名，导致变更法定代表人时常常引发是否需要经有限责任公司2/3以上或股份有限公司出席股东会股东2/3以上表决权通过的争议。为消弭纠纷，2023年《公司法》修订，不再要求公司章程中记载法定代表人的具体姓名，而是记载法定代表人的产生和变更办法。

第9项规定公司章程必须记载监事会的组成、职权和议事规则。监事会的组成，是指监事会人数以及具体组成人员。监事会的职权，是指监事会行使的具体职权内容。监事会的议事规则，是指关于监事会召集、会议举行、监事表决以及作出决议的准则。

第10项规定公司章程必须记载公司利润分配办法。公司利润分配办法，是指公司对其弥补亏损和提取公积金后所余利润如何进行分配的方法。公司利润分配办法的核心为公司股东利润分配比例。依照本法第210条第4款的规定，股份有限公司按照股东所持有的股份比例分配利润，但公司章程可作出不同的规定。

第11项规定公司章程必须记载公司的解散事由与清算办法。公司的解散事由，是指可以导致公司解散的事件、情况。公司的清算办法，是指公司在解散后，具体如何进行清算。

第12项规定公司章程必须记载公司的通知和公告办法。公司的通知和公告办法，是指公司进行通知和公告的具体方式，如邮寄、专程送达、在某一份报纸或者杂志上予以登载公告等。公司的通知和公告办法关系到公司的股东、债权人等能否及时得到公司的有关信息,并据以作出自己的行为,应当在公司章程中予以明确。

第13项是关于公司章程可根据股东会会议记载其他内容的兜底性规定。本条前12项内容为股份有限公司章程必须记载事项,第13项为公司章程任意性记载事项。在不违反法律、行政法规强行性规定和社会公共利益的前提下,股东会可以将必须记载事项以外的其他事项在公司章程中进行规定。

关联法规

《市场主体登记管理条例》第9条

第九十六条　【股份有限公司注册资本】股份有限公司的注册资本为在公司登记机关登记的已发行股份的股本总额。在发起人认购的股份缴足前,不得向他人募集股份。

法律、行政法规以及国务院决定对股份有限公司注册资本最低限额另有规定的,从其规定。

条文注释

第1款第1句规定了股份有限公司的注册资本为在公司登记机关登记的已发行股份的股本总额。以发起设立方式设立的股份有限公司,其注册资本均由发起人认购,发起人应当按照其认购的股份足额缴纳股款;以募集设立方式设立的股份有限公司,其注册资本部分由发起人认购、部分向发起人以外的主体募集,发起人及募集主体应当按照所认购股数足额缴纳股款。第1款第2句规定,无论是发起设立还是募集设立,为保护投资者的合法权益,在发起人将注册资本全部缴纳给公司以前,不得向他人募集股份。

第2款是关于股份有限公司注册资本最低限额的例外规定。法律、行政法规以及国务院决定对特定类型公司注册资本最低限额另有规定的,从其规定。例如,《商业银行法》第13条第1款规定,设立全国性商业银行的注册资本最低限额为10亿元人民币,设立城市商业银行的注册资本最低限额为1亿元人民币，设立农村商业银行的注册资本最低限额为5000万元人民币；注册资本应当是实缴资本。《证券法》第121条第1款规定，证券公司经营证券经纪、证券投资咨询、与证券交易或证券投资活动有关的财务顾问业务的，注册资本最低限额为人民币5000万元；经营证券承销与保荐、证券融资融券、证券做市交易、证券自营以及其他证券业务之一的，注册资本最低限额为人民币1亿元；经营证券承销与保荐、证券融资融券、证券做市交易、证券自营、其他业务两项以上的，注册资本最低限额为人民币5亿元；证券公司的注册资本应当是实缴资本。《保险法》第69条规定，设立保险公司，其注册资本的最低限额为人民币2亿元；保险公司的注册资本必须为实缴货币资本。

关联法规

《市场主体登记管理条例》第8条、第13条；《市场主体登记管理条例实施细则》第6条、第13条

第九十七条　【发起人认购股份】以发起设立方式设立股份有限公司的，发起人应当认足公司章程规定的公司设立时应发行的股份。

以募集设立方式设立股份有限公司的，发起人认购的股份不得少于公司章程规定的公司设立时应发行股份总数的百分之三十五；但是，法律、行政法规另有规定的，从其规定。

条文注释

第1款是关于发起设立方式下发起人认购义务的规定。本款与本法第91条第2款相对应，以发起设立方式设立股份有限公司，全体发起人首先应当认购公司应发行的全部股份。对于每个发起人而言，应承诺购买公司章程规定的由其认购的全部股份。否则，就会因发起人承诺认购股份的总和小于公司应发行的全部股份而引起设立股份有限公司失败。

第2款是关于募集设立方式下发起人认购义务的规定。依照本

法第91条第3款的规定，以募集设立方式设立股份有限公司的，公司设立时应发行股份部分由发起人认购，部分则向发起人以外的其他主体募集。在此基础上，本款进一步明确发起人的认购比例不得低于公司设立时应发行股份总数的35%，其主要目的在于防止发起人为了个人私利，假借设立公司之名，通过募集股份的手段骗取钱财。但是，如果法律、行政法规规定了不同于本条规定的最低限额，则应当按照法律、行政法规的规定执行。

适用要点

募集设立方式下发起人认购股份应达到公司设立时应发行股份总数的35%，是针对募集设立公司阶段而言。如果在公司通过募集设立以后，又发行新股，使发起人所持股份低于公司设立时已发行股份总数的35%，则不属于本条规范范围。

第九十八条　【发起人的出资义务】发起人应当在公司成立前按照其认购的股份全额缴纳股款。

发起人的出资，适用本法第四十八条、第四十九条第二款关于有限责任公司股东出资的规定。

条文注释

第1款概括地规定了股份有限公司发起人的出资义务，强调发起人在公司成立前应当按照认购的股份全额缴纳股款。2018年《公司法》第83条第1款规定，发起人应当书面认足公司章程规定其认购的股份，并按照公司章程规定缴纳出资。换言之，针对股份有限公司资本制度而言，2018年《公司法》实行的是注册资本认缴制，即发起人只需要书面认足公司章程规定其认购的股份即可。发起人的实际缴纳出资的时间则按照公司章程的规定。但2023年《公司法》修订，删除了发起人按公司章程规定的时间缴纳的表述，而明确规定“发起人应当在公司成立前按照其认购的股份全额缴纳股款”。这意味着，2023年《公司法》修订后，股份有限公司不再实行注册资本认缴制，而是实缴制，即发起人必须在认购股份后公司成立前全额缴纳出资。

第2款是准用条款,明确股份有限公司可以直接适用本法关于有限责任公司股东出资的规定。其中第48条是关于有限责任公司股东出资方式、出资评估及其限制的规定,第49条第2款是关于有限责任公司股东出资义务的具体规定,即股东以货币出资的,应当将货币出资足额存入有限责任公司在银行开设的账户;以非货币财产出资的,应当依法办理其财产权的转移手续。

第九十九条　【发起人的资本充实责任】发起人不按照其认购的股份缴纳股款,或者作为出资的非货币财产的实际价额显著低于所认购的股份的,其他发起人与该发起人在出资不足的范围内承担连带责任。

条文注释

本条规定股份有限公司发起人的资本充实责任,重点强调的是发起人之间在出资不足的范围内承担连带责任。资本充实责任是严格法定责任,它不以发起人的过失为要件,也不以全体股东的同意来免除,亦不受诉讼时效的限制。现实中常常会出现出资不足的发起人去向不明,或者客观上已无法承担出资等情况,如果该发起人不按照其认购的股份缴纳出资,将直接影响公司资本信用,进而影响公司及相关方权益。而发起人之间的关系,类似于合伙关系,按照合伙人相互对外承担连带责任的理论,发起人理应对其他发起人在出资不足的范围内承担连带责任,以确保公司资本充实。股份有限公司发起人在出资不足的范围内承担连带责任有两种情形:第一,发起人不按照其认购的股份缴纳股款,包含未缴纳和未完全缴纳股款。前者是发起人未履行出资义务,后者则是未完全履行出资义务,均属于发起人未按照其认购的股份缴纳股款。第二,作为出资的非货币财产的实际价额显著低于所认购的股份。其中"显著低于",与本法第50条规定"显著低于"内涵一致,是指非货币财产的实际价额,明显地、较大地少于公司章程所定价额,即两者之间的差额过大,已经到了无法忽视的程度。当具备上述两种情形之一,其他发起人与该出资瑕疵的发起人在出资不足的范围内承担连带责任。

第一百条 【公开募集股份的招股说明书及认股书】发起人向社会公开募集股份,应当公告招股说明书,并制作认股书。认股书应当载明本法第一百五十四条第二款、第三款所列事项,由认股人填写认购的股份数、金额、住所,并签名或者盖章。认股人应当按照所认购股份足额缴纳股款。

条文注释

第一,向社会公开募集股份的发起人应当公告招股说明书。招股说明书指的是用于表达募集股份的意思表示以及载明相关信息的专门性书面文件。为了使社会公众知晓发起人募集股份的意图以及其他相关信息,同时起到吸引社会公众认购股份的目的,发起人在向社会公开募集股份时,应当对于招股说明书进行公告。同时,公开招股说明书以及相关信息可以使广大投资者充分了解公司状况,有利于保护广大投资者的合法权益。对于公告的方式,本法未予规定。《证券法》第86条明确规定,依法披露的信息,应当在证券交易场所的网站和符合国务院证券监督管理机构规定条件的媒体发布,同时将其置备于公司住所、证券交易场所,供社会公众查阅。

第二,向社会公开募集股份的发起人应当制作认股书。认股书的内容应当包括:发起人认购的股份数、发行的股份总数面额股的票面金额和发行价格或者无面额股的发行价格、募集资金的用途、认股人的权利和义务、股份种类及其权利和义务、本次募股的起止期限及逾期未募足时认股人可以撤回所认股份的说明。认股人填写认购的股份数、金额、住所,并签名或者盖章。

第三,认股人按照所认购股份足额缴纳股款。认股书是发起人向社会公众所发出的要约,在认股人作出承诺即填写认股书并签名或盖章后,即成为一份发起人和认股人都应当履行的合同。发起人应确保认股人购买其所认购的股份;同时认股人应当按照所认购的股份对相应的股款进行足额缴纳。如果认股人没有按照所认购股份足额缴纳股款,应当依法承担相应的违约责任。

关联法规

《证券法》第23条、第86条

第一百零一条　【股款缴足后的验资及证明】向社会公开募集股份的股款缴足后,应当经依法设立的验资机构验资并出具证明。

条文注释

发起人发售完毕向社会公开募集的股份后,对于认股人缴付的认股款,必须委托依法设立的验资机构验资并出具证明,由此来确保公司资本的足额缴纳且来源合法,防止虚假出资。依据《注册会计师法》的相关规定,由注册会计师组成的会计师事务所和由依法取得注册会计师资格的注册审计师组成的审计事务所可承办验资业务,出具验资报告。《中国注册会计师审计准则第1602号——验资》对验资报告的内容进行了具体规定。

关联法规

《市场主体登记管理条例实施细则》第26条;《中国注册会计师审计准则第1602号——验资》

第一百零二条　【股东名册】股份有限公司应当制作股东名册并置备于公司。股东名册应当记载下列事项:

(一)股东的姓名或者名称及住所;

(二)各股东所认购的股份种类及股份数;

(三)发行纸面形式的股票的,股票的编号;

(四)各股东取得股份的日期。

条文注释

股东名册是指股份有限公司置备的记载股东姓名或名称以及持股种类和数量的簿册。一方面,股东名册是确认股东身份的依据,股东可以凭借股东名册向公司主张股东权利,公司依据股东名册对股东履行各项义务。另一方面,股东名册也是公司向股东进行派息分红以及通知各项事宜的依据。依照本条的规定,股份有限公司置备股东名册,应当记载以下事项:(1)股东的基本情况,包括股东的姓名或者名称及住所;(2)各股东所持股份的情况,包括每个股东认购股份的种类、数量,取得股份的日期,如果公司发行纸面形式的股票,还需记载股票编号。

第一百零三条 【公司成立大会的举行、决议程序】募集设立股份有限公司的发起人应当自公司设立时应发行股份的股款缴足之日起三十日内召开公司成立大会。发起人应当在成立大会召开十五日前将会议日期通知各认股人或者予以公告。成立大会应当有持有表决权过半数的认股人出席,方可举行。

以发起设立方式设立股份有限公司成立大会的召开和表决程序由公司章程或者发起人协议规定。

条文注释

成立大会,是在股份有限公司成立之前召开的会议,由符合规定条件的认股人参加,决定是否设立公司,并决定公司设立过程中以及公司成立之后的重大事项。成立大会是公司成立前的决议机关,类似于股东会,行使相似的职权。

第1款规定,公司设立时应发行股份的股款缴足后的30日内,发起人应主持召开成立大会。发起人应提前15日将会议日期通知各认股人或公告会议日期,以便认股人能够按时参会。举行成立大会时,应对出席的股东及其认购的股份进行清点,只有当出席的认股人所持有的表决权超过公司全部表决权一半时,才能举行成立大会。

第2款规定,发起设立的股份有限公司可在发起人协议或公司章程中自行约定成立大会的召开和表决程序。发起设立的股份有限公司,公司设立时的全部股东均为发起人,不涉及发起人以外的其他主体,故本法赋予其较大的自治权限。只要发起人通过发起人协议或者公司章程对成立大会的召开和表决程序达成一致,便可遵照执行。

第一百零四条　【公司成立大会的职权及其决议程序】公司成立大会行使下列职权:

(一)审议发起人关于公司筹办情况的报告;

(二)通过公司章程;

(三)选举董事、监事;

(四)对公司的设立费用进行审核;

(五)对发起人非货币财产出资的作价进行审核;

(六)发生不可抗力或者经营条件发生重大变化直接影响公司设立的,可以作出不设立公司的决议。

成立大会对前款所列事项作出决议,应当经出席会议的认股人所持表决权过半数通过。

条文注释

第1款采用列举的方式规定了成立大会的职权,具体包括以下6个方面:第一,审议发起人关于公司筹办情况的报告;第二,通过公司章程;第三,选举董事、监事;第四,对公司的设立费用进行审核;第五,非货币财产的真实价值与公司资本充实密切相关,成立大会须对发起人非货币财产出资的作价进行审核;第六,若出现不可抗力或者经营环境等一系列条件发生重大变化,对公司的设立造成了直接影响,可以作出决议不设立公司。

第2款对成立大会的表决程序作出规定。成立大会依法召开后,所有出席会议的认股人应当对本条第1款中所规定的事项进行表决。进行表决的事项，须经出席成立大会的认股人所持表决权过半数通过，该事项方能有效并具有约束力。

第一百零五条　【返还股款及抽回股本的情形】公司设立时应发行的股份未募足，或者发行股份的股款缴足后，发起人在三十日内未召开成立大会的，认股人可以按照所缴股款并加算银行同期存款利息，要求发起人返还。

发起人、认股人缴纳股款或者交付非货币财产出资后，除未按期募足股份、发起人未按期召开成立大会或者成立大会决议不设立公司的情形外，不得抽回其股本。

条文注释

第1款规定返还股款的情形。第一，如果发起人向其他主体募集的股份没有完成，此时设立该公司所需要的资本并未筹集到位，即该股份有限公司无法被设立成功。此时，对于认股人原先缴纳的股款，发起人应当连同股款存放于银行而孳生的利息一并返还给认股人。第二，发起人在发行的股款缴足完毕后的30日内未召开成立大会，认股人同样有权主张发起人返还其所缴股款并加算银行同期存款利息。此规定意在防止发起人拖延召开成立大会而导致认股人的利益受损。

第2款是关于发起人和认股人原则上不得擅自抽回股本的规定。如果发起人或认股人在完成缴纳股款或交付非货币财产出资后，撤回其投资款，实际上相当于他们未完全缴纳或足额缴纳其出资，公司也未能获得对应的资金。以此方式成立的公司必然存在股东虚假出资的问题，实际资产将低于注册资本，这将损害债权人的利益并对社会交易的安全造成威胁。因此，发起人和认股人原则上不得抽回其股本。但存在例外情形，即在公司未能成立的情形下，如未按期募足股份、发起人未按期召开成立大会或者成立大会决议不设立公司，发起人、认股人可以收回其出资。因为只有在公司成立的情况下，发起人、认股人所缴纳的股款和交付非货币财产出资才会作为公司的资产，这时应当禁止发起人、认股人抽回其股本。如果因未按期募足股份、发起人未按期召开成立大会或者成立大会决议不设立公司，致使公司最终未能成立，则发起人、认股人所缴纳的股款和交付非货币财产出资，应当依法予以返还。

关联法规

《公司法解释三》第 14 条

第一百零六条　【申请设立登记】董事会应当授权代表，于公司成立大会结束后三十日内向公司登记机关申请设立登记。

条文注释

设立公司，应当依法向公司登记机关申请设立登记。依法登记设立的公司，由公司登记机关发给公司营业执照。公司营业执照签发日期为公司成立日期。因此，公司要成立，必须依法申请设立登记。由于董事会是公司的业务执行机关，所以，在成立大会选举董事会成员组成董事会以后，董事会就应当授权代表在成立大会结束后 30 日内向公司登记机关申请设立登记，以使公司最终成立。

关联法规

《市场主体登记管理条例》第 3 条、第 21 条、第 43 条；《市场主体登记管理条例实施细则》第 25 条、第 26 条

第一百零七条　【股份有限公司资本制度的参照适用】本法第四十四条、第四十九条第三款、第五十一条、第五十二条、第五十三条的规定，适用于股份有限公司。

第一百零八条　【有限责任公司变更为股份有限公司的要求】有限责任公司变更为股份有限公司时，折合的实收股本总额不得高于公司净资产额。有限责任公司变更为股份有限公司，为增加注册资本公开发行股份时，应当依法办理。

条文注释

有限责任公司变更为股份有限公司以后，其资产就成为股份有限公司的资产，有限责任公司的原股东也因此而持有由有限责任公司的资产折合成的股份。由于有限责任公司在其运营过程中，既会有资产，也会有负债，所以，有限责任公司的资产在计入股份有限公司实际收到的股本总额时，应当是有限责任公司的净资产额，即其资产总额减去其负债的部分，而不应当是其资产总额或者高于其净资产额的数额。否则，股份有限公司的实收股本总额就不能反映公司财产的真实状况，这不仅不利于公司的生产经营活动、不利于对债权人利益的保护，也会损害股份有限公司中除原有限责任公司股东以外的其他股东的利益。为此，本条规定，有限责任公司变更为股份有限公司时，折合的实收股本总额不得高于公司净资产额。此外，公开发行股份关系到广大社会公众的利益，也关系到整个社会秩序的稳定，所以，有限责任公司变更为股份有限公司，为增加资本公开发行股份时，不得擅自公开发行，而应当依照本法及《证券法》相关规定办理。

关联法规

《证券法》第9～34条；《首次公开发行股票注册管理办法》第10～13条

关联案例

云南诺蕾花卉有限公司、徐某蓉新增资本认购纠纷案①

第一百零九条　【股份有限公司有关文件的置备】股份有限公司应当将公司章程、股东名册、股东会会议记录、董事会会议记录、监事会会议记录、财务会计报告、债券持有人名册置备于本公司。

条文注释

股份有限公司一般具有股东较多且分散的特点，公司经营得好

① 参见云南省昆明市中级人民法院(2020)云01民终9016号。

坏涉及千家万户的利益，因此，它的主要经营信息应当公开、透明，以便其高度分散的股东能够依据准确的信息作出自己的判断，由此来决定是否依法转让自己所持有的股份、对股东会决议的事项持何种态度，并依法监督公司的运营。为此，本法第110条第1款规定，股东有权查阅、复制公司章程、股东名册、股东会会议记录、董事会会议决议、监事会会议决议、财务会计报告，对公司的经营提出建议或者质询。为了保障股东的这一知情权、建议权和质询权的行使，本条规定股份有限公司应当将公司章程、股东名册、股东会会议记录、董事会会议记录、监事会会议记录、财务会计报告、债券持有人名册置备于本公司，以便股东进行查阅，确保股东能够准确地了解有关的情况，同时也便于有关主管机构依法对公司进行必要的监督。

第一百一十条 【股份有限公司股东知情权】股东有权查阅、复制公司章程、股东名册、股东会会议记录、董事会会议决议、监事会会议决议、财务会计报告，对公司的经营提出建议或者质询。

连续一百八十日以上单独或者合计持有公司百分之三以上股份的股东要求查阅公司的会计账簿、会计凭证的，适用本法第五十七条第二款、第三款、第四款的规定。公司章程对持股比例有较低规定的，从其规定。

股东要求查阅、复制公司全资子公司相关材料的，适用前两款的规定。

上市公司股东查阅、复制相关材料的，应当遵守《中华人民共和国证券法》等法律、行政法规的规定。

条文注释

一、股东知情权的行使范围

（一）股东有权查阅、复制的文件

1. 公司章程。公司章程是公司最重要的文件，是公司、股东、董事、监事、高级管理人员等必须遵守的行为准则。对于该行为准则，每个股东都有权了解并有义务遵照执行。同时,因公司章程载明了公司的基本情况,所以,每个股东都有权查阅、复制公司章程,以了解公司的情况。由于公司章程不是每个股东人手一册,而是由公司统一置备,所以股东有权查阅、复制公司章程。

2. 股东名册。股东名册是指由公司置备的,记载股东个人信息和股份信息的法定簿册。公司向股东发放股息、派发新股或者通知召开股东会,往往需要确定股东名册,从而高效快捷地处理公司与股东的关系。股东通过查阅股东名册可以获悉其他股东的姓名、名称和住所,这样股东就可以与其他股东共商公司经营事务,如请求征集委托书、讨论派生诉讼、讨论管理层提出的建议等。

3. 股东会会议记录。股东会会议记录是指股东会对所议事项及结果所作出的并由主持人和出席会议的股东签名的会议记录。股东作为股东会成员,有权通过股东会会议记录来了解股东会举行会议时的各项情况、检查股东会的决议是否侵犯了股东的合法利益,以及股东会的决策是否有失误之处等,从而决定自己应当采取何种行为。

4. 董事会会议决议。董事会会议决议是指董事会对所议事项及结果作出的并由出席会议的董事和记录员签名的会议记录。董事会是公司的经营决策、执行机构。董事会的会议决议反映了公司经营活动的重要情况,股东通过查阅、复制董事会会议决议,可以对公司的经营情况以及董事会的决策、执行情况进行更为全面的了解,便于对公司和董事会的工作进行监督,提出建议或者质询。

5. 监事会会议决议。监事会会议决议是指监事会对所议事项及结果作出的并由出席会议的监事签名的会议记录。监事会是公司的监督机构。监事会的会议决议反映着对公司经营活动的监督情况,股东通过查阅、复制监事会会议决议,可以对公司的经营情况以及监事会的监督情况进行更为全面的了解,便于对公司和监事会的工作进行监督,提出建议或者质询。

6. 财务会计报告。财务会计报告是指公司每一年度终了时制作的包括资产负债表、损益表、财务状况变动表、财务情况说明书、利润分配表及附属明细表在内的报告。财务会计报告反映了公司在一年中的财务状况及获利能力。作为投资者的股东，有权通过查阅、复制财务会计报告，了解所投资本的运营成果及其分配情况，从而作出经济评价及今后的投资决策，同时便于对公司进行监督，提出建议或者质询。

7. 股东有权对公司的经营提出建议或者质询。股东是股份有限公司的投资者。股东虽然不直接进行经营，但绝不意味着其对公司的任何经营行为不能过问。股东除通过参加股东会会议来决定公司的重大事项以外，还可以通过对公司的经营提出建议或者质询的方式来监督公司的经营活动、促进公司提高经营管理水平。

（二）股东可以要求查阅的文件：公司会计账簿、会计凭证

依照《会计法》第 14 条、第 15 条规定，会计凭证包括原始凭证和记账凭证。会计账簿登记，必须以经过审核的会计凭证为依据，并符合有关法律、行政法规和国家统一的会计制度的规定。会计账簿包括总账、明细账、日记账和其他辅助性账簿。会计账簿是公司日常经济活动的直接记载，是编制公司财务会计报告的基础资料。公司的具体经营活动，只有通过查阅会计账簿、会计凭证才能知晓，不允许查阅会计账簿、会计凭证，股东可能无法准确了解公司真正的经营状况，因此，本条第 2 款规定，股东可以要求查阅公司会计账簿、会计凭证。

股东对公司会计账簿、会计凭证行使知情权时，应符合本条第 2 款的规定：第一，股东对会计账簿、会计凭证只能要求查阅；第二，连续 180 日以上单独或者合计持有公司 3% 以上股份的股东可以要求查阅会计账簿、会计凭证；第三，查阅会计账簿、会计凭证，应符合本法第 57 条第 2 款、第 3 款、第 4 款的规定。此外，本条还规定，公司章程对本条第 2 款规定的持股比例有较低规定的，从其规定。比如，公司章程可以规定短于连续 180 日以上的持股时间（如规定连续 90 日以上），小于单独或者合计持有公司 3% 以上（如规定 2% 以上）股份的股东，具体持股时间和比例依公司章程规定较本条第 2 款低的，规定有效。

二、允许股东查阅、复制全资子公司相关材料

实践中,母公司控股股东时常通过子公司损害母公司中小股东的利益,但2018年《公司法》规定的股东知情权范围限于母公司,中小股东不但无法获知子公司的经营情况,更无法有效地进行维权。因此,为完善中小股东权益保护机制,本条第3款扩大股东知情权行使范围,允许股东查阅、复制全资子公司相关材料。

三、上市公司股东行使知情权应遵守相关规定

上市公司的信息披露具有强制性,股东可以通过披露的信息获得公司相关信息,如《证券法》第86条规定:"依法披露的信息,应当在证券交易场所的网站和符合国务院证券监督管理机构规定条件的媒体发布,同时将其置备于公司住所、证券交易场所,供社会公众查阅。"股东也可以申请查阅相关资料,如《上市公司章程指引》第33条第1款第5项规定:"公司股东享有下列权利:……(五)查阅本章程、股东名册、公司债券存根、股东大会会议记录、董事会会议决议、监事会会议决议、财务会计报告"。加之,上市公司关涉众多中小股东利益,股东行使知情权应当遵守关于上市公司相关的监管规定,如《证券法》第83条规定:"信息披露义务人披露的信息应当同时向所有投资者披露,不得提前向任何单位和个人泄露。但是,法律、行政法规另有规定的除外。任何单位和个人不得非法要求信息披露义务人提供依法需要披露但尚未披露的信息。任何单位和个人提前获知的前述信息,在依法披露前应当保密。"故,本条第4款规定,上市公司股东查阅、复制相关材料的,应当遵守《证券法》等法律、行政法规的规定。

适用要点

第一,股东知情权具有法定权利的性质,股东只要具备法定条件,就应当获得规定范围内的信息,且公司不能通过章程等约定的方式剥夺。第二,股东对公司会计账簿、会计凭证行使知情权时,公司章程只能对股东的连续持股时间及持股比例有更低的规定,不得设置超过180日的连续持股时间或高于3%的持股比例。

关联法规

《公司法解释四》第7～12条；《会计法》第14条、第15条；《证券法》第83条、第86条

关联案例

盈之美（北京）食品饮料有限公司与泛金管理有限公司股东知情权纠纷案①

第二节　股　东　会

第一百一十一条　【股份有限公司股东会的组成及地位】股份有限公司股东会由全体股东组成。股东会是公司的权力机构，依照本法行使职权。

条文注释

股东会是股份有限公司必须设置的法定权力机构，其组成为所有的股东。一般而言，股份有限公司股东人数比有限责任公司人数多，但股东个体的权利仍需保障，股东有权通过股东会行使资产收益、参与重大决策和选择管理者等权利。股份有限公司其他执行机构（董事会）和监督机构（监事会或审计委员会）由股东会选举产生，并对股东会负责。本条后半句规定，股东会必须依法行使职权，要求股东会依照本法所规定的实体和程序内容行使职权，即应当行使法律规定的职权，并在行使职权时遵守法律规定的议事方式、表决程序等。

关联法规

《民法典》第80条

① 参见北京市高级人民法院（2020）京民终717号。

第一百一十二条 【股份有限公司股东会职权】本法第五十九条第一款、第二款关于有限责任公司股东会职权的规定，适用于股份有限公司股东会。

本法第六十条关于只有一个股东的有限责任公司不设股东会的规定，适用于只有一个股东的股份有限公司。

条文注释

第1款规定股份有限公司股东会职权准用有限责任公司股东会职权，相关股东会职权的条文注释参见本书第59条第1款、第2款的注释。

2023年《公司法》修订，允许设立一人股份有限公司，因此，第2款规定，与一人有限责任公司一样，只有一个股东的股份有限公司也不设股东会，并准用本法第60条规定。据此，由股东行使股东会职权，但股东行使股东会职权时，应当采用书面形式作出决定，并由股东签名或者盖章后置备于公司。

适用要点

本条并未规定股份有限公司可以准用本法第59条第3款规定，即有限责任公司的全体股东以书面形式一致表示同意的，可以不召开股东会会议，直接作出决定，并由全体股东在决定文件上签名或者盖章。换言之，股份有限公司的股东会只能通过召开股东会会议的形式行使职权。

关联案例

王某与英特智城(北京)信息科技股份有限公司公司决议效力确认纠纷案①

第一百一十三条 【股份有限公司股东会年会与临时会】股东会应当每年召开一次年会。有下列情形之一的，应当在两个月内召开临时股东会会议：

① 参见北京市第一中级人民法院(2021)京01民终8323号。

（一）董事人数不足本法规定人数或者公司章程所定人数的三分之二时；

（二）公司未弥补的亏损达股本总额三分之一时；

（三）单独或者合计持有公司百分之十以上股份的股东请求时；

（四）董事会认为必要时；

（五）监事会提议召开时；

（六）公司章程规定的其他情形。

条文注释

股份有限公司的股东会分为股东会年会和临时股东会会议两种。股东会年会是指依照法律和公司章程的规定每年按时召开的股东会。对于股东会年会每年召开的次数本条进行了规定，即每年应当召开一次，但对召开的期限没有作出规定，公司可以结合自身情况进行安排或者在公司章程中进行规定。需要注意的是，上市公司需要按照中国证监会相关规定执行，如《上市公司章程指引》规定上市公司股东会年会“应当于上一会计年度结束后的六个月内举行”。

股份有限公司在出现需要召开临时股东会会议的法定事由时，应当在两个月内召开临时股东会会议。临时股东会会议召开的主要情形有：第一，董事人数不足本法规定人数或者公司章程所定人数的2/3时；第二，公司未弥补的亏损达股本总额1/3时；第三，单独或者合计持有公司10%以上股份的股东请求时；第四，董事会认为必要时；第五，监事会提议召开时；第六，公司章程规定的其他情形。

关联案例

铁岭银行股份有限公司、北京富德投资有限公司公司决议纠纷案①

① 参见辽宁省铁岭市中级人民法院（2018）辽12民终2666号。

第一百一十四条 【股东会会议的召集和主持】股东会会议由董事会召集，董事长主持；董事长不能履行职务或者不履行职务的，由副董事长主持；副董事长不能履行职务或者不履行职务的，由过半数的董事共同推举一名董事主持。

董事会不能履行或者不履行召集股东会会议职责的，监事会应当及时召集和主持；监事会不召集和主持的，连续九十日以上单独或者合计持有公司百分之十以上股份的股东可以自行召集和主持。

单独或者合计持有公司百分之十以上股份的股东请求召开临时股东会会议的，董事会、监事会应当在收到请求之日起十日内作出是否召开临时股东会会议的决定，并书面答复股东。

条文注释

一、正常情形下股东会的召集和主持

股份有限公司的股东会是通过会议的形式来行使职权，股东会会议能否及时召开以及如何召开直接关系到股东会职权的行使。为保证股东会会议的顺利进行，保护股东表决权的充分行使，本条第1款规定股东会会议由公司董事会召集，董事长主持。董事会依法召集股东会会议，有关会议召开的各具体事项，如召开的时间、地点，相关提案等事项应依法通知各股东，使股东能够有合理的时间和安排参加会议。股东会会议在召开时，为了使会议顺利、有效地进行，应当有人负责主持，掌握和处理会议的有关程序性事项。董事长主持股东会会议是其法定职务。

二、特殊情形下股东会的召集和主持

在正常情形下，股东会会议应当由董事会召集，由董事长主持。然而，因各方面的原因造成董事会不能履行或者不履行召集职责，董事长不能履行或者不履行主持职务的情形时有发生。此时，应当由哪个机构和人员负责召集和主持股东会会议，直接关系到股东权益的保障以及公司经营活动的正常进行。

（1）在董事会能够履行职责召集股东会会议，而董事长不能履行职务或者不履行职务时，由副董事长主持。在副董事长不能履行职务或者不履行职务时，由过半数的董事共同推举的一名董事主持。

(2)在董事会不能履行或者不履行召集股东会会议职责时，监事会应当及时召集和主持股东会会议。监事会是股份有限公司的监督机构，维护的是公司及其股东的整体利益。在公司及其股东、职工的利益因股东会会议无法召开而得不到有效保障时，公司的监事会应当从维护公司及其股东、职工的利益出发召集股东会会议。

(3)如果发生监事会也不召集和主持股东会会议的情形时，为了防止出现公司僵局、发生治理失灵的现象，赋予连续90日以上单独或者合计持有公司10%以上股份的股东自行召集和主持股东会会议的权利。

三、董事会、监事会对股东请求召开临时股东会会议的书面答复

本条第3款明确规定董事会、监事会对股东请求召开临时股东会会议进行书面答复，完善了单独或者合计持有公司10%以上股份的股东请求公司召开临时股东会会议的程序性权利，强化了董事会、监事会在收到股东请求召开临时股东会会议后，所应履行的勤勉义务。

适用要点

本条对股东自行召集股东会会议的权力作了必要限制：一是持股数额的限制，必须单独或者合计持有公司10%以上股份；二是持股时间的限制，必须连续持股90日以上；三是程序限制，必须是在出现前顺位的召集人（董事会、监事会）均不履行其召集股东会会议的职责时，前述股东才能自行召集。

关联法规

《上市公司章程指引》第48～52条

关联案例

刘某福、成都华达实业股份有限公司公司决议纠纷案①

① 参见四川省成都市中级人民法院（2021）川01民终4498号。

第一百一十五条　【召开股东会的通知、公告以及临时提案】 召开股东会会议，应当将会议召开的时间、地点和审议的事项于会议召开二十日前通知各股东；临时股东会会议应当于会议召开十五日前通知各股东。

单独或者合计持有公司百分之一以上股份的股东，可以在股东会会议召开十日前提出临时提案并书面提交董事会。临时提案应当有明确议题和具体决议事项。董事会应当在收到提案后二日内通知其他股东，并将该临时提案提交股东会审议；但临时提案违反法律、行政法规或者公司章程的规定，或者不属于股东会职权范围的除外。公司不得提高提出临时提案股东的持股比例。

公开发行股份的公司，应当以公告方式作出前两款规定的通知。

股东会不得对通知中未列明的事项作出决议。

条文注释

依照本条规定，股东会会议的通知和临时提案应遵循以下要求：

1. 股东会会议的通知和公告必须符合法定要求。首先，股东会年会的通知时间是会议召开 20 日前，临时股东会会议为会议召开 15 日前。其次，通知的内容应当包括会议召开的时间、地点和审议的事项。最后，通知应以书面或者其他能够使股东收悉的合理方式进行；公开发行股份的公司应当按照监管机构发布的信息披露规定的要求，以公告方式作出本条前两款规定的通知。

2. 股东提出临时提案必须符合法定要求。本条对股东临时提案权的持股比例较 2018 年《公司法》第 102 条规定有所降低：首先，股东单独或合计的持股比例调整为 1% 以上；其次，该提案应当在股东会会议召开 10 日前提出，并以书面方式提交董事会；再次，董事会应当在收到提案后的 2 日内通知其他股东；最后，临时提案不得违反法律、行政法规或者公司章程的规定，且应当属于股东会职权范围。

3. 股东会不得对通知中未列明的事项作出决议。股份有限公司较有限责任公司而言，股东之间较为松散和开放，股东之间并无紧密联系，大部分股东并不实际参与公司经营，若不在会议通知中记载会议议题，则难以确保全体股东平等地获取相关信息，故本条第4款对于会议通知内容作出强制规定。

适用要点

违反本条关于股东会会议的通知与公告程序而形成的决议，除符合轻微瑕疵外，可能被撤销或被确认为不成立。

关联法规

《上市公司治理准则》第13条

关联案例

眉山麦克在线设备股份有限公司与王某公司决议撤销纠纷案①

第一百一十六条 【股份有限公司股东表决权行使规则】股东出席股东会会议，所持每一股份有一表决权，类别股股东除外。公司持有的本公司股份没有表决权。

股东会作出决议，应当经出席会议的股东所持表决权过半数通过。

股东会作出修改公司章程、增加或者减少注册资本的决议，以及公司合并、分立、解散或者变更公司形式的决议，应当经出席会议的股东所持表决权的三分之二以上通过。

条文注释

第1款规定股东表决权行使规则。原则上股东出席股东会会议，其持有的每一份股份享有相同表决权，即通常所称的"一股一权""同股同权"原则。但本法第144条第1款第2项规定，公司可以发行每一股的表决权数多于或少于普通股的股份。如果公司发行了此种类别股，则在表决权层面，类别股具有一定的特殊性，突破

① 参见四川省眉山市中级人民法院(2016)川14民终752号。

了“一股一权”的原则，应当适用类别股的表决规定。此外，由于公司为独立法人，其股东应为公司以外的第三人，如公司长期持有本公司的股份并享有表决权，就会导致公司与其股东之间人格难以区分，形成混同，不利于其他股东及债权人利益的保护。故，公司在一定情形下虽然可以持有本公司的股份（如收购异议股东的股份），但对该股份对应的表决权应当予以否定。

第 2 款规定普通决议规则。根据决议事项对公司和股东利益的影响程度，股东会决议可分为普通决议和特殊决议。普通决议是指股东在股东会举行会议时，适用于公司普通事项，以简单多数的表决权即可通过的决议。本款规定了股份有限公司通过普通决议时所需要的表决比例要求，即应当经出席会议的股东所持表决权过半数通过。

第 3 款规定特殊决议规则。特殊决议是指在股东会会议举行时，适用于法定事项，以绝大多数表决权方能通过的决议，即 2/3 以上表决权通过。本款列举了股东会特殊决议事项的内容：股东会作出修改公司章程、增加或者减少注册资本的决议；公司合并、分立、解散或者变更公司形式的决议。

适用要点

区别于有限责任公司，本条第 2 款、第 3 款所指的股东会决议表决权的计算基数都是“出席会议的股东所持表决权”，而不是公司全部股东所持股份表决权。

关联案例

于某明、王某华公司决议纠纷案①

第一百一十七条 【股份有限公司累积投票制】股东会选举董事、监事，可以按照公司章程的规定或者股东会的决议，实行累积投票制。

① 参见河北省高级人民法院（2019）冀民申 1426 号。

本法所称累积投票制，是指股东会选举董事或者监事时，每一股份拥有与应选董事或者监事人数相同的表决权，股东拥有的表决权可以集中使用。

条文注释

股份有限公司股东会在选举董事、监事时，可以根据公司章程的规定或者股东会的决议，实行累积投票制。是否采取累积投票制，实行的是任意主义而非强制主义，由公司章程进行规定或者股东会决议确定。累积投票制是指股份有限公司股东会选举董事或者监事时，每一股份拥有与应选董事或者监事人数相同的表决权，股东拥有的表决权可以集中使用。累积投票制是一种与直接投票制相对应的公司董（监）事选举制度。在累积投票制下，每一有表决权的股份享有与拟选出的董（监）事人数相同的表决权，股东可以自由地在各候选人间分配其表决权，既可分散投于多人，也可集中投于一人，然后根据各候选人得票多少的顺序决定董（监）事人选。按通常投票法，股东必须在候选人中间平分选票。累积投票制则可以让股东将所有的选票投给一位候选人。

例如，某公司拟选 5 名董事，公司股份共 10000 股，股东共 10 人，其中 1 名大股东持有 5100 股，即拥有公司 51% 股份；其他 9 名股东共计持有 4900 股，合计拥有公司 49% 的股份。若按直接投票制度，每一股有一个表决权，则控股 51% 的大股东就能使其推选的每一董事均获得 51% 的投票，顺利使自己推选的 5 名董事全部当选，其他股东毫无话语权。但若采取累积投票制，表决权的总数就成为 $10000 \times 5 = 50000$ 票，控股股东总计拥有的票数为 25500 票，其他 9 名股东合计拥有 24500 票。根据累积投票制，股东可以集中投票给一名或几名董事候选人，并按所得同意票数多少的排序确定当选董事，如果其他股东统一行动，将持有的合计 24500 票投给其联合推选的两人，则至少可以使这两名董事顺利当选，而控股比例超过半数的股东也最多只能选上 3 名自己所推选的董事。

关联法规

《上市公司股东大会规则》第32条;《上市公司治理准则》第17条

关联案例

恒泰艾普集团股份有限公司与北京硕晟科技信息咨询有限公司等公司决议纠纷案①

第一百一十八条 【股东表决权的代理行使】 股东委托代理人出席股东会会议的,应当明确代理人代理的事项、权限和期限;代理人应当向公司提交股东授权委托书,并在授权范围内行使表决权。

条文注释

表决权委托本意为保障股东因交通不便等不能出席股东会会议,仍然能够行使自己的表决权,最大限度降低因所有权和经营权分离造成的代理成本。依照《民法典》第161条第1款的规定,民事主体可以通过代理人实施民事法律行为。因此,股东可以委托他人出席股东会会议。依照《民法典》第165条规定,委托代理授权采用书面形式的,授权委托书应当载明代理人的姓名或者名称、代理事项、权限和期限,并由被代理人签名或者盖章。为此,2023年《公司法》修订,进一步明确了股东委托代理人出席股东会会议应提交符合规范的授权委托书,载明必要的内容。股东出具授权委托书时应在授权委托书中载明受托人的代理权限,必要时写明分别对列入股东会议程的每一审议事项投赞成、反对或弃权票的指示,并明确会议决议内容超出授权委托书具体指示范围的,受托人是否可以按自己的意思表决等。根据《民法典》关于代理的相关规定,代理人应在委托的范围内行使代理权,代理人超出授权范围行使表决权的,如股东不予追认,则该行为无效。由此给股东造成损失的,代理人应当

① 参见北京市第一中级人民法院(2021)京01民终7069号。

承担赔偿责任。

关联法规

《民法典》第 161 条、第 165 条;《上市公司股东大会规则》第 20 条;《上市公司治理准则》第 15 条

关联案例

福建省三明成兴融资担保股份有限公司、林某公司决议纠纷案①

第一百一十九条　【股东会会议记录要求】股东会应当对所议事项的决定作成会议记录,主持人、出席会议的董事应当在会议记录上签名。会议记录应当与出席股东的签名册及代理出席的委托书一并保存。

条文注释

股份有限公司的股东会会议记录,是载明股东会对所议事项作出决定的书面文件。本条规定,股东会应当对所议事项的决定作成会议记录,股东会会议记录的内容可参考《上市公司股东大会规则》第 41 条第 1 款规定,即股东大会会议记录由董事会秘书负责,会议记录应记载以下内容:(1)会议时间、地点、议程和召集人姓名或名称;(2)会议主持人以及出席或列席会议的董事、监事、董事会秘书、经理和其他高级管理人员姓名;(3)出席会议的股东和代理人人数、所持有表决权的股份总数及占公司股份总数的比例;(4)对每一提案的审议经过、发言要点和表决结果;(5)股东的质询意见或建议以及相应的答复或说明;(6)律师及计票人、监票人姓名;(7)公司章程规定应当载入会议记录的其他内容。

会议主持人、出席会议的董事应当在会议记录上签名,表示他们出席了股东会会议,并对自己在会议上的行为负责,以保证会议记录内容真实、准确和完整。同时,会议记录应当与出席股东的签名册及

① 参见福建省三明市中级人民法院(2017)闽 04 民终 348 号。

代理出席的委托书一并保存。对于保管的期限，本条未作规定，可参考《上市公司股东大会规则》第41条第2款规定的保存期限，即会议记录应当与现场出席股东的签名册及代理出席的委托书、网络及其他方式表决情况的有效资料一并保存，保存期限不少于10年。

关联法规

《上市公司股东大会规则》第41条

第三节　董事会、经理

第一百二十条　【股份有限公司董事会设置、职权以及董事任职】股份有限公司设董事会，本法第一百二十八条另有规定的除外。

本法第六十七条、第六十八条第一款、第七十条、第七十一条的规定，适用于股份有限公司。

条文注释

第1款规定股份有限公司的治理机构原则上要设立董事会，但符合本法第128条规定的股份有限公司可以不设董事会，即规模较小或者股东人数较少的股份有限公司，可以不设董事会，设1名董事，行使本法规定的董事会的职权。

第2款采准用规定，即本法第67条有限责任公司董事职权、第68条第1款董事会及其人员构成、第70条董事任期和辞任、第71条董事无因解任的规定，适用于股份有限公司。

关联法规

《民法典》第81条

第一百二十一条　【股份有限公司审计委员会】股份有限公司可以按照公司章程的规定在董事会中设置由董事组成的审计委

员会，行使本法规定的监事会的职权，不设监事会或者监事。

审计委员会成员为三名以上，过半数成员不得在公司担任除董事以外的其他职务，且不得与公司存在任何可能影响其独立客观判断的关系。公司董事会成员中的职工代表可以成为审计委员会成员。

审计委员会作出决议，应当经审计委员会成员的过半数通过。

审计委员会决议的表决，应当一人一票。

审计委员会的议事方式和表决程序，除本法有规定的外，由公司章程规定。

公司可以按照公司章程的规定在董事会中设置其他委员会。

条文注释

第1款赋予了我国股份有限公司治理结构优化的选择权，公司治理模式可以选择采取“一元制”或者“二元制”模式。如果公司章程没有规定在董事会中设置审计委员会，则依然需要按照本法规定设置监事会或者监事，行使监督职责。如果公司章程规定在董事会中设置了审计委员会，则不再重复设置监事会或者监事。由审计委员会行使本法第78条规定的监事会的职权。

第2款规定股份有限公司审计委员会成员的数量至少为3名以上。依照本法第133条规定，规模较小或者股东人数较少的股份有限公司，可以不设监事会，设1名监事，行使本法规定的监事会的职权。为此，一般是在规模较大或股东人数较多的股份有限公司设置审计委员会，为了保证审计委员会能够充分发挥监督职责，保护股东和利益相关方的权益，人数较少显然不能保证审计委员会的工作质量，故其成员以3人以上为宜，具体人数由公司根据经营实际确定。同时，为了保证审计委员会的独立性，避免出现自己监督自己的现象，保证审计委员会成员有足够的时间和精力履行工作职责，勤勉尽责，切实有效地行使本法规定的监事职权，其成员中过半数不得在公司担任除董事以外的其他职务，即审计委员会中过半数的成员仅在公司担任董事职务，而不再兼任公司其他高级管理人员或行政职务。而且审计委员会成员不得与公司存在任何可能影响其独立客观判断的关系,如本人须与公司无利益冲突,本人及其直系亲属未曾在公司和公司的全资、控股子企业任职,未曾从事与公司有关的商业活动,不持有公司以及公司所投资企业的股权或股份,与本公司及其高级管理人员之间不存在其他重大的、会妨碍其对公司履行忠实勤勉义务的财务关系或个人关系等。

同时,为进一步强化职工民主管理,提升公司监督实效,本款还规定公司董事会成员中的职工代表可以成为审计委员会成员。

第3款对审计委员会的决议通过作出规定。“审计委员会作出决议,应当经审计委员会成员的过半数通过”,这里的“过半数”,是指审计委员会全体成员的“过半数”,而且不包括本数。比如,公司审计委员会有4名成员,审计委员会决议至少应当经过3名审计委员会成员通过。

第4款规定审计委员会决议的表决。明确审计委员会成员地位平等,享有相同的表决权利。审计委员会决议在表决时,以审计委员会成员数计,包括审计委员会主任在内的每一位成员,每人都只有一票的投票权,实行一人一票,即所谓的“人头主义”。

第5款明确公司章程可规定审计委员会的议事方式和表决程序。对审计委员会的议事方式和表决程序,除本法有规定的外,如本条第3款、第4款等已有规定外,公司章程中可以进一步明确和细化审计委员会的议事方式和表决程序,比如,可以规定审计委员会对特别事项的决议,需经审计委员会成员的2/3以上通过;审计委员会会议由审计委员会主任召集和主持,审计委员会主任不召集和主持的,由过半数的审计委员会成员推举1名成员召集和主持;审计委员会设主任1名,副主任1名,主任、副主任由审计委员会全体成员过半数选举产生等。明确审计委员会的议事方式和表决程序,便于审计委员会更好地履职尽责。

第6款对董事会中设置其他委员会由章程自治规定作出规定。为提高董事会决策的科学性和有效性,股份有限公司可以按照公司章程的规定,在董事会中设置其他委员会作为董事会的专门工作机构，为董事会决策提供咨询意见和建议。例如：设置战略委员会，对公司长期发展战略和重大投资决策进行研究并提出建议；设置提名委员会，研究董事、高级管理人员的选择标准和程序并提出建议，遴选合格的董事人选和高级管理人员人选并提出建议；设置薪酬与考核委员会，研究和审查董事、高级管理人员的薪酬政策与方案、考核的标准、提出考核建议；等等。

适用要点

第一，是否在董事会中设置审计委员会，应当由公司章程进行明确规定，如果公司章程对此未作规定，则依然需设置监事会或者监事。第二，审计委员会的组成人员必须是公司董事，非董事不能成为审计委员会成员。

关联法规

《上市公司治理准则》第38～42条

第一百二十二条　【董事长和副董事长的产生及职责】董事会设董事长一人，可以设副董事长。董事长和副董事长由董事会以全体董事的过半数选举产生。

董事长召集和主持董事会会议，检查董事会决议的实施情况。副董事长协助董事长工作，董事长不能履行职务或者不履行职务的，由副董事长履行职务；副董事长不能履行职务或者不履行职务的，由过半数的董事共同推举一名董事履行职务。

条文注释

第1款规定股份有限公司董事长和副董事长的设置及产生。股份有限公司董事会是行使公司经营决策权和执行股东会决议的治理机构，工作方式主要采取会议制度，设置董事长一名，根据公司经营规模和董事会成员人数多少，可以决定是否设置副董事长。董事长、副董事长是通过董事会全体董事选举产生的，董事会在选举董事长、副董事长时，表示同意的人数必须超过全体董事人数的半数，选举方为有效。比如，公司董事会全体董事为7名，至少需要4名董事同意方可通过。

第2款规定股份有限公司董事长和副董事长的职责以及董事会会议的召集和主持人的顺位。董事长负责董事会会议的召集、主持等程序事务,协调董事会成员之间的关系,检查董事会决议的实施情况,副董事长协助董事长前述工作。检查董事会决议的实施情况是董事长的重要职责之一,董事会会议形成决议必须付诸实施,否则就会流于形式,起不到董事会决策应有的效果。董事长对此进行检查,可以发现决议实施中存在的堵点、难点、痛点,及时进行应对,确保决议顺利实施。但实践中,经常会出现公司董事长因外出、生病等无法履行召集和主持董事会会议的职责,或者不按要求认真履行董事长职务,怠于召集和主持董事会会议,导致董事会会议无法召开,公司经营决策陷入停滞的情况,或者不按要求对董事会决议实施情况进行检查等。为避免前述情况发生,本款依次明确规定董事会会议的召集和主持人的顺位,即董事长不能履行职务或者不履行职务的,由副董事长履行职务,副董事长不能履行职务或者不履行职务的,由过半数的董事共同推举1名董事履行职务。以确保董事会正常运转和职权正常发挥,避免出现经营决策机构出现失灵而影响公司正常经营。

适用要点

第一,股份有限公司董事长或副董事长不是由某股东或者某几个股东指定,也不是由股东会选举产生,也不能像有限责任公司那样通过公司章程规定董事长和副董事长产生办法。第二,副董事长的人数可以根据公司的经营实际以及董事会成员数量确定,可以是1人,也可以是2人以上。

第一百二十三条 【董事会的召开】董事会每年度至少召开两次会议,每次会议应当于会议召开十日前通知全体董事和监事。

代表十分之一以上表决权的股东、三分之一以上董事或者监事会,可以提议召开临时董事会会议。董事长应当自接到提议后十日内，召集和主持董事会会议。

董事会召开临时会议，可以另定召集董事会的通知方式和通知时限。

条文注释

第1款规定股份有限公司定期董事会会议制度和通知时限及对象。董事会是公司的经营决策和股东会决议执行机构，其职权是否正常行使直接影响公司的经营状况。董事会行使其职权的方式之一就是举行董事会会议进行讨论并作出决议。董事会如果不召开会议，就无法对公司经营中的重大事项进行讨论决策，也不能有效贯彻股东会决议实施，可能严重影响公司的正常经营，损害公司、股东以及利益相关方的权益。鉴于股份有限公司资合性的特点，本款规定董事会每年度至少应当召开两次会议，就董事会职权范围内的各项决议事项进行讨论并作出决议。这是股份有限公司定期董事会法定最低召开次数的规定，公司不得通过章程规定进行减少。否则，有可能导致董事违反对公司的忠实勤勉义务而承担相应责任。同时，在董事会定期会议召开之前，董事会办公室或董事会秘书等工作机构应当将确定举行董事会会议的时间、地点、讨论决定的议案等，按照公司章程规定的通知方式，如通过邮寄、专人送达、电子邮件、微信等，将董事会定于何时、何地召开的事项等情况，在会议召开10日前通知全体董事和监事，以便全体董事和监事能够提前了解议案情况，有充足的时间进行分析研判，便于在会议中充分交流发言，从不同维度提出更好的建议意见，提高董事会决策效率，也有利于董事、监事提前安排时间参加或者列席董事会会议。

第2款规定股份有限公司临时董事会会议提议主体及召开时限。公司在经营过程中可能发生影响到公司正常经营发展，而需要董事会进行讨论决议的紧迫性、重大性问题，但不可能等到定期会议召开时再去商议讨论决策，否则，商机可能稍纵即逝，影响公司商业机会的获得，故需要通过临时董事会会议进行决议。但如果任意主体都可以提议召开临时董事会会议，就可能让董事会陷入无休止的会议之中，起不到临时董事会会议应有的效用。故本款规定代表1/10以上表决权的股东、1/3以上董事或者监事会，作为临时董事会会议召开的提议主体。同时，董事长在接到提议后10日内，应当召集和主持董事会会议。

第3款规定临时董事会会议的通知方式和通知时限。定期董事会会议应当于会议召开10日前通知全体董事和监事。但是，临时董事会会议是董事长在接到提议后10日内召集和主持。显然不可能按照定期董事会会议的通知时限完成，且临时董事会会议讨论的一般都是具有紧迫性、重大性的问题。故可以在公司的董事会议事规则或者公司章程中，提前规定好召开临时董事会会议的通知方式和通知时限。比如可以通过邮件、微信、电话等比较便捷快速的通知方式，可以规定会议召开3日前或者5日前通知全体董事和监事等，但不应超过10日。

适用要点

第一，定期董事会会议应当于会议召开10日前通知全体董事和监事，该期限是法定的，不得通过章程规定进行缩短，否则，可能导致董事会会议因召集程序瑕疵，而被相关权利主体请求人民法院撤销。第二，公司章程不得提高对临时董事会会议提议主体的资格标准，如规定代表1/5以上表决权的股东、1/2以上董事作为提议主体，违反本条第2款规定提高临时董事会会议提议主体资格标准的，该章程条款无效。

第一百二十四条　【董事会的议事规则】董事会会议应当有过半数的董事出席方可举行。董事会作出决议，应当经全体董事的过半数通过。

董事会决议的表决，应当一人一票。

董事会应当对所议事项的决定作成会议记录，出席会议的董事应当在会议记录上签名。

条文注释

董事主要通过召开董事会会议的形式来行使职权，召开会议就必然需要满足一定的程序要求：一是出席人数要求，如果只有不足半数的董事出席会议并作出决议，该决议就不能代表多数意见。二是表决比例要求，董事对公司履行忠实勤勉义务，董事会的表决应当实行一人一票，即所谓“人头主义”。三是会议决议形式应当规范，作成会议记录，并由出席会议董事在会议记录上签名。

第一百二十五条 【董事的出席和责任承担】董事会会议，应当由董事本人出席；董事因故不能出席，可以书面委托其他董事代为出席，委托书应当载明授权范围。

董事应当对董事会的决议承担责任。董事会的决议违反法律、行政法规或者公司章程、股东会决议，给公司造成严重损失的，参与决议的董事对公司负赔偿责任；经证明在表决时曾表明异议并记载于会议记录的，该董事可以免除责任。

条文注释

第1款是关于董事出席董事会会议的要求的规定。董事是受股东会的信任而被选举成为公司经营决策机构的成员，董事亲自出席董事会会议，在董事会会议中对公司的经营决策和业务执行发表自己的意见，群策群力、集思广益，作出符合公司利益的董事会会议决议，是董事尽职守责履行对公司忠实勤勉义务的工作方式之一。但是，如果董事因疾病、临时在外出差等无法亲自出席董事会会议，应当允许其委托他人代为出席董事会会议。由于董事会会议审议决定的是公司的重大决策事项，可能涉及公司的商业秘密，董事委托的代理人应当为本公司其他董事，而不能委托本公司董事以外的人员代为出席董事会会议。同时，董事委托其他董事代为出席董事会会议，应当向代理人出具书面授权委托书，并在委托书中载明委托哪位董事、代为就哪些事项发表意见，委托的董事还应当在委托书上签名。

第2款是关于董事对董事会的决议责任承担的规定。董事会是一个集体，其在作出决议时，应当由全体董事的过半数同意才能通过。也就是说，董事会的决议结果是根据“人头主义”规则，经各位董事表示同意或者不同意的情况汇总而作出的，董事对董事会的决议承担责任，是权利义务相一致的体现。董事不得滥用权力，违背对公司的忠实勤勉义务，当董事会的决议违反法律、行政法规或者公司章程、股东会决议，致使公司遭受严重损失时，参与决议的董事应当对公司负赔偿责任。但是，并非在所有的情况下，也不是所有的董事都对公司负赔偿责任。经证明，在决议过程中，某一董事对该议案发表了不同意见或者否定意见，且该意见被记载于董事会会议记录中，或者对董事会该项决议投反对票的，可免除该董事的赔偿责任。

适用要点

第一，董事委托其他董事代为出席董事会的，除书面委托书外，其他委托方式如口头委托、电话委托等均无效。受托董事应当在授权委托书所载明的授权范围内行使表决权，超出董事的授权范围行使表决权的，该行为无效。第二，《上市公司治理准则》规定，上市公司的独立董事不得委托非独立董事代为投票。

关联法规

《上市公司治理准则》第22条

关联案例

陈某林与中国证券监督管理委员会四川监管局、中国证券监督管理委员会证券管理行政处罚、行政复议案①

第一百二十六条 【股份有限公司经理的产生及其职权】股份有限公司设经理，由董事会决定聘任或者解聘。

经理对董事会负责，根据公司章程的规定或者董事会的授权行使职权。经理列席董事会会议。

---

① 参见北京市第二中级人民法院(2017)京02行终1461号。

关联法规

《民法典》第170条

第一百二十七条　【董事会成员兼任经理】公司董事会可以决定由董事会成员兼任经理。

条文注释

公司依据章程规定及股东会决议选举董事行使法定职权，董事同意任职并依法履行对公司的忠实勤勉义务，公司与董事之间即形成委任关系，从双方法律行为角度看实为委托合同关系。但是，一个董事可能并非只接受一家公司的委托担任董事，可能接受多家公司的委托而成为多个公司的董事，如《上市公司独立董事管理办法》第8条规定，"独立董事原则上最多在三家境内上市公司担任独立董事，并应当确保有足够的时间和精力有效地履行独立董事的职责"。经理是对董事会负责，主持公司日常生产经营管理工作的业务实施机构，承担谋经营、抓落实、强管理的积极作用。本法虽然没有限制一个人不得担任多家公司的经理，但相对而言，经理应当将更多的精力专门投入到受聘的公司中去。如果一个人担任了多家公司的董事或者经理，其势必会分散精力，可能会影响受聘公司的经营发展。为此，本条规定，董事是否可以兼任经理，是否能更好地履行好经理的职责，是否更有利于公司的经营发展和营业目标完成，将该项决定权赋予董事会判断，由董事会决定董事会成员中兼任经理的适合人选。

关联法规

《上市公司独立董事管理办法》第2条、第8条

第一百二十八条　【股份有限公司董事会设置例外】规模较小或者股东人数较少的股份有限公司，可以不设董事会，设一名董事，行使本法规定的董事会的职权。该董事可以兼任公司经理。

条文注释

通常认为,股份有限公司的规模较有限责任公司大,股东较有限责任公司多,故董事会是股份有限公司的必设治理机构。但是,实践中很多股份有限公司规模并不很大,加上本法还规定了一人股份有限公司,因此,股份有限公司的股东人数并不一定比有限责任公司多。如果一味要求股份有限公司设置董事会,对于规模较小或者股东人数较少的股份有限公司,既可能增加公司治理成本,又可能影响决策效率,不利于公司经营价值最大化。因此,对规模较小或者股东人数较少的股份有限公司,本条赋予其设置治理机构的灵活性。既可以选择设置董事会这一治理机构,也可以不设董事会,仅设1名董事作为公司治理机构,行使本法第120条规定的董事会职权。同时,该董事可以兼任公司经理。

适用要点

第一,对规模较小的界定可以参照《工业和信息化部、国家统计局、国家发展和改革委员会、财政部关于印发中小企业划型标准规定的通知》(工信部联企业〔2011〕300号)判断。第二,按照本法第92条规定,“设立股份有限公司,应当有一人以上二百人以下为发起人”,由此可见,只有一个、两个股东的股份有限公司,自然会认为是股东人数较少,但具体多少个股东为股东人数较少,还得公司自身结合经营实际去判断。

第一百二十九条　【董事、监事、高级管理人员报酬披露制度】公司应当定期向股东披露董事、监事、高级管理人员从公司获得报酬的情况。

条文注释

薪酬是员工向其所在单位提供劳动后所获得的各种形式的补偿,是单位支付给员工的劳动报酬。董事、监事、高级管理人员的薪酬包括基本工资、奖金、津贴、补贴、职工福利费和各项保险费、公积金、年金以及以其他形式从公司获得的报酬。按照本法第112条、第

120 条规定，董事、监事的报酬事项由公司股东会决定，经理、副经理、财务负责人的报酬事项由公司董事会决定。上述人员报酬的取得和多少应当与对公司的贡献相匹配。规范公司董事、监事和高级管理人员的薪酬，以期建立公司治理与薪酬结构之间的长远激励机制，促进公司稳定健康发展具有现实意义。好的薪酬制度必须具备两个核心要素：一是合法合规，是在国家政策的规定之下决定的薪酬制度。二是报酬取得与公司业务的现状与需求和绩效目标相匹配。实践中，出于各种原因，如控股股东作为公司的董事，利用对股东会的决议表决权优势，擅自提高董事的报酬；在董事兼任经理的情形下，通过对董事会的不当干预，作出与其贡献不相匹配的报酬制度；利用董事、监事、高级管理人员对公司掌控的优势，巧立名目将收入费用化，导致公司董事、监事、高级管理人员的报酬与公司绩效严重不成比例。这些情形的发生严重影响和制约公司发展，损害了公司和股东的合法利益。为此，从维护公司股东利益和促进公司健康稳定发展的需要出发，公司应当将董事、监事、高级管理人员从公司获得报酬的情况定期向股东进行披露。股东如有异议，可以通过股东会提出议案等方式进行纠正。

适用要点

本条未明确公司向股东披露董事、监事、高级管理人员报酬情况的期限及披露方式，可由公司章程或股东会决议规定。通常情况下，董事、监事、高级管理人员报酬的披露一般以 1 年 1 次为宜，公司可采取直接向股东书面告知、在媒体上公告或者由董事会在股东会上报告等方式进行披露。

关联法规

《上市公司治理准则》第 57 条、第 60 条

第四节　监　事　会

第一百三十条　【股份有限公司监事会设立、组成以及监事任期】股份有限公司设监事会，本法第一百二十一条第一款、第一百三十三条另有规定的除外。

监事会成员为三人以上。监事会成员应当包括股东代表和适当比例的公司职工代表，其中职工代表的比例不得低于三分之一，具体比例由公司章程规定。监事会中的职工代表由公司职工通过职工代表大会、职工大会或者其他形式民主选举产生。

监事会设主席一人，可以设副主席。监事会主席和副主席由全体监事过半数选举产生。监事会主席召集和主持监事会会议；监事会主席不能履行职务或者不履行职务的，由监事会副主席召集和主持监事会会议；监事会副主席不能履行职务或者不履行职务的，由过半数的监事共同推举一名监事召集和主持监事会会议。

董事、高级管理人员不得兼任监事。

本法第七十七条关于有限责任公司监事任期的规定，适用于股份有限公司监事。

条文注释

第 1 款规定股份有限公司原则上设监事会作为公司的监督机构。但是本法第 121 条第 1 款、第 133 条另有规定的，即股份有限公司公司章程中规定在董事会中设置由董事组成审计委员会的，以及规模较小或者股东人数较少的股份有限公司，只设 1 名监事的，均可以不再设立监事会。

第 2 款的条文注释参照本书第 76 条第 2 款的注释。

第 3 款的条文注释参照本书第 76 条第 3 款的注释。与第 76 条第 3 款不同的是，股份有限公司监事会可以设监事会副主席，法律对副主席的人数没有进行限制，由公司根据自身实际情况在公司章程中规定。此外，与监事会主席一样，监事会副主席也是由全体监事过半数选举产生。

第4款的条文注释参照本书第76条第4款的注释。

第5款是准用规定，股份有限公司监事任期与有限责任公司监事任期相同，即每届为3年，任期届满，连选可以连任，并且同样遵守继续履职的规定。相关的条文注释参照本书第77条的注释。

关联法规

《民法典》第82条

第一百三十一条　【股份有限公司监事会职权以及费用承担】本法第七十八条至第八十条的规定，适用于股份有限公司监事会。

监事会行使职权所必需的费用，由公司承担。

条文注释

第1款是准用规定，本法第78条规定有限责任公司监事会的七项法定职权，包括财务监督权，对董事、高级管理人员解任建议权，对董事、高级管理人员损害公司利益行为监督纠正权，召开股东会会议提议权，股东会提案权，诉讼提起权，公司章程规定的其他职权。第79条规定了监事质询建议权与调查权。第80条规定了董事、高级管理人员监督配合义务。上述条款均适用于股份有限公司监事会。相关条文注释参照本书第78条、第79条、第80条的注释。

第2款条文注释参照本书第82条的注释。

第一百三十二条　【监事会议事规则】监事会每六个月至少召开一次会议。监事可以提议召开临时监事会会议。

监事会的议事方式和表决程序，除本法有规定的外，由公司章程规定。

监事会决议应当经全体监事的过半数通过。

监事会决议的表决，应当一人一票。

监事会应当对所议事项的决定作成会议记录，出席会议的监事应当在会议记录上签名。

条文注释

第1款规定监事会定期会议和临时会议。与有限责任公司监事会定期会议规定略有不同，本款规定股份有限公司监事会定期会议，一年至少需要召开两次，而且是每6个月至少召开一次会议。这主要是考虑到股份有限公司为资合性公司，其股东人数可能较有限责任公司多，部分股东可能不参与公司经营管理，监督的频次应较有限责任公司高一些，以更有效地确保公司及股东利益。监事会临时会议的规定与有限责任公司监事会临时会议规定相同。相关条文注释参照本书第81条第1款的注释。

第2款至第5款的条文注释参照本书第81条第2款至第5款的注释。

第一百三十三条 【股份有限公司监事会设置例外】规模较小或者股东人数较少的股份有限公司，可以不设监事会，设一名监事，行使本法规定的监事会的职权。

条文注释

股份有限公司设监事会的，其成员最低为3人。但从公司经营实际看，监事会人数也并非越多越好、监事会人数与公司经营决策的效率不一定成正比例关系。因此，对于规模较小或者股东人数较少的股份有限公司，内部监督要与市场经营和决策效率高度匹配，机制需要更加灵活、高效。对这类股份有限公司，本法赋予其公司治理的高度自治，可以选择不设立监事会，仅设1名监事作为公司监督机构，行使本法第78条规定的监事会职权。

适用要点

第一，对规模较小或者股东人数较少的界定，参照本书第75条的注释。第二，与有限责任公司经全体股东一致同意，可以不设监事不同，本条未规定股份有限公司经全体股东一致同意，也可以不设监事。换言之，如果股份有限公司未在董事会中设置由董事组成的审计委员会，则需按照本法规定设置监事会或者监事这一监督机构。

第五节　上市公司组织机构的特别规定

第一百三十四条　【上市公司的定义】本法所称上市公司，是指其股票在证券交易所上市交易的股份有限公司。

条文注释

本法将公司分为有限责任公司和股份有限公司。根据股份有限公司的股票是否在证券交易所交易，可以将其分为上市公司和非上市公司两种形式。上市公司是指股票在证券交易所上市交易的股份有限公司。上市公司具有以下两个特征：一是上市公司采用股份有限公司形式。当股份有限公司达到《公司法》《证券法》规定的上市条件，并符合中国证券监督管理委员会发布的《首次公开发行股票注册管理办法》的相关规定，符合发行条件、上市条件以及相关信息披露要求，依法经交易所发行上市审核，并报中国证券监督管理委员会注册。二是上市公司的股票必须在证券交易所公开竞价交易。证券交易所是指经国务院决定设立的、为证券集中竞价交易提供场所的法人，由中国证券监督管理委员会监督管理。我国目前有深圳证券交易所、上海证券交易所和北京证券交易所三家证券交易所。上市公司的股票，依照有关法律、行政法规及证券交易所业务规则上市交易。

适用要点

公司非公开发行的证券，可以在证券交易所、国务院批准的其他全国性证券交易场所、按照国务院规定设立的区域性股权市场转让(如全国中小企业股份转让系统、天津股权交易所、上海股权托管交易中心等),但该类公司不是本条所称的上市公司。

关联法规

《证券法》第37条、第47条;《首次公开发行股票注册管理办法》

第一百三十五条 【上市公司重大资产交易与重要担保的议事规则】上市公司在一年内购买、出售重大资产或者向他人提供担保的金额超过公司资产总额百分之三十的,应当由股东会作出决议,并经出席会议的股东所持表决权的三分之二以上通过。

条文注释

上市公司购买、出售资产或者对外提供担保,属于公司业务经营事项,本可以由董事会决定,但是,如果公司购买重大资产可能导致公司资金大量流出,公司出售重大资产可能导致公司事实上被出售,公司对外提供大额担保可能导致公司债务大量增加,可能给公司的长期经营和广大股东的长远利益造成重大影响,甚至影响经济社会安定。因此,有必要对其规定特别严格的程序。本条明确规定,上市公司在一年内购买、出售重大资产或者向他人提供担保的金额超过公司资产总额30%的,应当由股东会作出决议,并经出席会议的股东所持表决权的2/3以上通过,以保证此类决策能代表多数股东的意见和利益。

适用要点

《最高人民法院关于适用〈中华人民共和国民法典〉有关担保制度的解释》第9条第2款规定:"相对人未根据上市公司公开披露的关于担保事项已经董事会或者股东大会决议通过的信息,与上市公司订立担保合同,上市公司主张担保合同对其不发生效力,且不承担担保责任或者赔偿责任的,人民法院应予支持。"如果上市公司在一年内向他人提供担保的金额超过公司资产总额30%的,虽经股东会作出决议,并经出席会议的股东所持表决权的2/3以上通过,但未公开披露前述信息,相对人与上市公司签订的担保合同对上市公司不发生效力,且上市公司也不承担担保责任或者赔偿责任。

关联法规

《上海证券交易所股票上市规则》第6.1.10条、第6.1.15条;《深圳证券交易所股票上市规则》第6.1.10条;《北京证券交易所股票上市规则(试行)》第7.1.11条、第7.1.18条

第一百三十六条　【上市公司独立董事及公司章程载明事项】上市公司设独立董事,具体管理办法由国务院证券监督管理机构规定。

上市公司的公司章程除载明本法第九十五条规定的事项外,还应当依照法律、行政法规的规定载明董事会专门委员会的组成、职权以及董事、监事、高级管理人员薪酬考核机制等事项。

条文注释

2023年修订《公司法》时,将制订上市公司独立董事具体管理办法的权力,由国务院修改为国务院证券监督管理机构。独立董事在上市公司治理中担任重要角色,对于促进提高上市公司质量、提升上市公司治理发挥着重要作用。根据《上市公司独立董事管理办法》的相关规定,独立董事是指不在上市公司担任除董事外的其他职务,并与其所受聘的上市公司及其主要股东、实际控制人不存在直接或者间接利害关系,或者其他可能影响其进行独立客观判断关系的董事。独立董事应当独立履行职责,不受上市公司及其主要股东、实际控制人等单位或者个人的影响。独立董事在以下事项中享有特别职权:(1)独立聘请中介机构,对上市公司具体事项进行审计、咨询或者核查;(2)向董事会提议召开临时股东大会;(3)提议召开董事会会议;(4)依法公开向股东征集股东权利;(5)对可能损害上市公司或者中小股东权益的事项发表独立意见;(6)法律、行政法规、中国证监会规定和公司章程规定的其他职权。

独立董事必须保持独立性。下列人员不得担任独立董事：(1)在上市公司或者其附属企业任职的人员及其配偶、父母、子女、主要社会关系；(2)直接或者间接持有上市公司已发行股份1%以上或者是上市公司前10名股东中的自然人股东及其配偶、父母、子女；(3)在直接或者间接持有上市公司已发行股份5%以上的股东或者在上市公司前5名股东任职的人员及其配偶、父母、子女；(4)在上市公司控股股东、实际控制人的附属企业任职的人员及其配偶、父母、子女；(5)与上市公司及其控股股东、实际控制人或者其各自的附属企业有重大业务往来的人员，或者在有重大业务往来的单位及其控股股东、实际控制人任职的人员；(6)为上市公司及其控股股东、实际控制人或者其各自附属企业提供财务、法律、咨询、保荐等服务的人员，包括但不限于提供服务的中介机构的项目组全体人员、各级复核人员、在报告上签字的人员、合伙人、董事、高级管理人员及主要负责人；(7)最近12个月内曾经具有第1项至第6项所列举情形的人员；(8)法律、行政法规、中国证监会规定、证券交易所业务规则和公司章程规定的不具备独立性的其他人员。

第2款为新增条款，明确上市公司的公司章程在本法第95条规定的事项外，还应当载明的内容，一是载明董事会专门委员会的组成、职权，如《上市公司章程指引》第107条第2款规定"公司董事会设立【审计委员会】，并根据需要设立【战略】、【提名】、【薪酬与考核】等相关专门委员会……其中【审计委员会】、【提名委员会】、【薪酬与考核委员会】中独立董事占多数并担任召集人，【审计委员会】的召集人为会计专业人士"。二是载明董事、监事、高级管理人员薪酬考核机制等事项，确保董事、监事、高级管理人员责权利相匹配，避免董事、监事、高级管理人员通过与公司贡献度不相匹配的畸高薪酬制度，损害上市公司及中小股东利益。以此进一步提高公司相关信息的透明度，提升上市公司治理能力，保护中小股东合法权益。

适用要点

一是独立董事原则上最多在3家境内上市公司担任独立董事，并应当确保有足够的时间和精力有效地履行独立董事的职责。二是上市公司的章程应当依照本条规定对载明的事项及时进行修改、补充、完善。

关联法规

《上市公司治理准则》第34～37条;《上市公司独立董事管理办法》;《上市公司章程指引》第107条

关联案例

顾某骏、黄某香等55326名投资者证券虚假陈述责任纠纷案①

第一百三十七条　【须经审计委员会通过的事项】上市公司在董事会中设置审计委员会的,董事会对下列事项作出决议前应当经审计委员会全体成员过半数通过:

(一)聘用、解聘承办公司审计业务的会计师事务所;

(二)聘任、解聘财务负责人;

(三)披露财务会计报告;

(四)国务院证券监督管理机构规定的其他事项。

条文注释

审计委员会作为在财务层面沟通、监督、核查的公司治理机构,在董事会中发挥参与决策、监督制衡、专业咨询、维护上市公司整体利益、保护中小股东合法权益的重要作用,有利于上市公司的持续规范发展,其涉及审计、财务等相关决策事项需要明确和规范。《上市公司独立董事管理办法》第26条规定,上市公司董事会审计委员会负责审核公司财务信息及其披露、监督及评估内外部审计工作和内部控制,下列事项应当经审计委员会全体成员过半数同意后,提交董事会审议:(1)披露财务会计报告及定期报告中的财务信息、内部控制评价报告;(2)聘用或者解聘承办上市公司审计业务的会计师事务所;(3)聘任或者解聘上市公司财务负责人;(4)因会计准则

---

① 参见广东省广州市中级人民法院(2020)粤01民初2171号。

变更以外的原因作出会计政策、会计估计变更或者重大会计差错更正;(5)法律、行政法规、中国证监会规定和公司章程规定的其他事项。本条在吸收前述规定的基础上对审计委员会全体成员过半数前置通过的事项进行了明确。

关联法规

《上市公司独立董事管理办法》第26条

第一百三十八条 【上市公司董事会秘书职责】上市公司设董事会秘书,负责公司股东会和董事会会议的筹备、文件保管以及公司股东资料的管理,办理信息披露事务等事宜。

条文注释

董事会秘书作为上市公司高级管理人员,是协助公司董事会及董事会成员处理日常事务的人员,由董事会聘任并对董事会负责,是上市公司与证券交易所之间的指定联络人。其对外负责公司信息披露、投资者关系管理;对内负责股东会和董事会会议的筹备、文件保管以及公司股东资料的管理等工作,保障公司规范化运作等。具体来说,董事会秘书有以下主要职责:(1)负责公司股东会和董事会会议的筹备及文件保管,即按照法定程序筹备股东会和董事会会议,准备和提交有关会议文件和资料;负责保管公司股东名册、董事名册,股东及董事、监事和高级管理人员持有本公司股票的资料,股东会、董事会会议文件和会议记录等。(2)参与出席董事会会议。董事会秘书应当在会议记录上签名,并督促参会董事在会议记录上签名,妥善保存董事会会议记录等。(3)负责办理信息披露事务。例如,督促公司制定并执行信息披露管理制度和重大信息的内部报告制度,促使公司和相关当事人依法履行信息披露义务,按照有关规定向有关机构定期报告和临时报告;负责与公司信息披露有关的保密工作,制订保密措施,促使董事、监事和高级管理人员以及相关知情人员在信息披露前保守秘密,并在内幕信息泄露时及时采取补救措施。

关联法规

《上市公司治理准则》第28条、第32条、第93条

第一百三十九条　【上市公司董事关联交易书面报告及回避制度】上市公司董事与董事会会议决议事项所涉及的企业或者个人有关联关系的，该董事应当及时向董事会书面报告。有关联关系的董事不得对该项决议行使表决权，也不得代理其他董事行使表决权。该董事会会议由过半数的无关联关系董事出席即可举行，董事会会议所作决议须经无关联关系董事过半数通过。出席董事会会议的无关联关系董事人数不足三人的，应当将该事项提交上市公司股东会审议。

条文注释

本条是上市公司董事关联交易报告与回避制度的规定。关联交易用得好可以降低交易成本、优化资源配置、实现公司利润最大化。但是，关联交易的一方往往能够通过关联关系控制另一方的决策行为，从而造成交易双方地位的实质性不平等，容易产生利益输送、损害上市公司和中小股东利益的结果。因此，如果没有适当的程序进行规范，则上市公司的关联交易很容易成为规避法律、侵害上市公司和其他投资者利益的工具，其公正性往往受到怀疑。例如，上市公司的控股股东通过董事会影响公司决策，使上市公司与关联方进行不公平的资产买卖，违背自身利益为关联方提供担保，利用掠夺性定价向关联方输送利益，等等。为防止上述情况的发生，本条规定了上市公司董事关联交易书面报告及回避制度。本条所称的“关联关系”是指上市公司的董事与董事会会议决议事项所涉及的企业或者个人之间存在直接或者间接的利益关系。上市公司董事对上市公司负有忠实勤勉义务。当上市公司董事与董事会会议决议事项涉及的企业存在关联关系时，公司董事将与董事会会议决议事项所涉及的企业存在利益冲突，从维护公司整体利益的角度出发，该董事应当及时向董事会书面报告，且有必要对董事会会议决议事项

所涉及的企业有关联关系的公司董事的表决权进行限制，即该关联董事不得对该项决议行使表决权，也不得代理其他董事行使表决权。

关于上市公司董事表决权限制时会议的举行和表决。董事会会议由过半数的无关联关系董事出席即可举行。董事会会议所作决议须经无关联关系董事过半数通过。董事会会议的举行和决议的通过一般采用简单多数的方式进行。由于上市公司董事在与董事会会议决议事项所涉及的企业存在关联关系时，已经丧失了对相关决议进行表决的权利，此时董事会会议的举行和决议的通过只能由拥有表决权的无关联董事来进行，即董事会会议由过半数的无关联关系董事出席即可举行，董事会会议所作决议须经无关联关系董事过半数通过。

无关联关系的董事人数不足3人时的处理。董事会会议的举行和决议的通过一般采用简单多数的方式进行，但当出席董事会会议的无关联关系董事人数不足3人时，董事会已无法按照简单多数的原则进行表决并作出决议，由于董事会是由公司股东会选举产生并对股东会负责，此时上市公司董事会应将该事项提交上市公司股东会审议。

适用要点

本条是针对上市公司关联关系董事回避与相关事项的议事规则，属于强制性规定，董事应当遵守。

关联法规

《上市公司章程指引》第119条

第一百四十条　【上市公司信息披露及禁止股票代持】上市公司应当依法披露股东、实际控制人的信息，相关信息应当真实、准确、完整。

禁止违反法律、行政法规的规定代持上市公司股票。

条文注释

第1款规定上市公司对股东、实际控制人信息披露的义务。及时依法履行信息披露义务有利于维护上市公司和全体股东及社会公众的合法权益。上市公司披露的信息应当真实、准确、完整，简明清晰，通俗易懂，不得有虚假记载、误导性陈述或者重大遗漏。《上市公司信息披露管理办法》第27条规定："涉及上市公司的收购、合并、分立、发行股份、回购股份等行为导致上市公司股本总额、股东、实际控制人等发生重大变化的，信息披露义务人应当依法履行报告、公告义务，披露权益变动情况。"披露股东、实际控制人的信息有利于公众投资者和利益相关方掌握、了解、知悉公司控制权的真实情况，有利于公众投资者或者相对人依此作出投资或交易的合理判断，同时也可以防止股东、实际控制人实施不当关联交易损害公司、其他股东及债权人利益，破坏证券市场交易秩序和稳定，明确责任承担主体。上市公司及其控股股东、实际控制人等作出公开承诺的，应当披露。信息披露文件包括定期报告、临时报告、招股说明书、募集说明书、上市公告书、收购报告书等。

第2款规定代持上市公司股票的禁止条件。上市公司股权必须清晰，系对上市公司监管的基本要求。如上市公司股东真实性无法确定，其他对于上市公司的系列信息披露要求、关联交易审查、高级管理人员任职回避等监管举措也势必会落空，必然损害到广大非特定投资者的合法权益，从而损害到资本市场基本交易秩序与基本交易安全，损害到金融安全与社会稳定，从而损害到社会公共利益。因此，本款明确规定，禁止违反法律、行政法规的规定代持上市公司股票。

关联法规

《证券法》第78条；《上市公司信息披露管理办法》第27条

关联案例

杨某国诉林某坤股权转让纠纷案①

① 参见最高人民法院(2017)最高法民申2454号。

第一百四十一条 【禁止交叉持股】上市公司控股子公司不得取得该上市公司的股份。

上市公司控股子公司因公司合并、质权行使等原因持有上市公司股份的，不得行使所持股份对应的表决权，并应当及时处分相关上市公司股份。

条文注释

何为公司交叉持股？顾名思义，就是母子公司之间，或者关联公司之间，或者两个以及多个公司之间互相持有对方公司的股份的情形。例如，A 公司持有 B 公司 51% 的股份，同时 B 公司持有 A 公司 20% 的股份。交叉持股虽然具有增加对公司的控制权，抵御外来投资者的恶意并购，实现公司之间风险共担、互惠互利，降低交易成本等优势，但是，又存在侵害中小股东的利益、虚增注册资本，有损公司资本维持原则的缺陷。尤其在上市公司中，交叉持股易引发内幕交易、操纵市场、影响股价等证券违法行为。因此，为保障公司利益，形成有效的公司治理机制，交叉持股应当予以禁止。例如：《金融控股公司监督管理试行办法》第 18 条中规定“金融控股公司所控股金融机构不得反向持有母公司股权。金融控股公司所控股金融机构之间不得交叉持股”；《北京证券交易所股票上市规则（试行）》第 4.1.12 条中规定“上市公司控股子公司不得取得该上市公司的股份”。本条第 1 款明确规定“上市公司控股子公司不得取得该上市公司的股份”。

上市公司及其控股子公司在经营过程中，可能因公司合并、控股子公司通过对第三方或他方债权受偿而间接取得对上市母公司的股票的质权。当这种情况发生时，依照本条第 2 款规定，控股子公司不得行使所持股份对应的表决权，并应当及时处分相关上市公司股份。《上海证券交易所股票上市规则》第 3.4.15 条规定：“上市公司控股子公司不得取得该上市公司发行的股份。确因特殊原因持有股份的，应当在 1 年内消除该情形。前述情形消除前，相关子公司不得行使所持股份对应的表决权。”

关联法规

《上海证券交易所股票上市规则》第3.4.15条;《深圳证券交易所股票上市规则》第3.4.15条;《北京证券交易所股票上市规则(试行)》第4.1.12条;《金融控股公司监督管理试行办法》第18条

第六章　股份有限公司的股份发行和转让

第一节　股份发行

第一百四十二条　【面额股和无面额股】公司的资本划分为股份。公司的全部股份，根据公司章程的规定择一采用面额股或者无面额股。采用面额股的，每一股的金额相等。

公司可以根据公司章程的规定将已发行的面额股全部转换为无面额股或者将无面额股全部转换为面额股。

采用无面额股的，应当将发行股份所得股款的二分之一以上计入注册资本。

条文注释

股票面额，又称“股票票面价格”，是指股份有限公司在所发行股份票面上标明的票面金额，以“元/股”为单位。以股票上是否记载票面金额为分类标准，可以将公司发行的股票分为面额股和无面额股。2018年《公司法》第128条规定，股票发行必须记载“股票种类”、“票面金额”和“代表的股份数”，确立了我国股份有限公司发行股份仅限于面额股的制度。无面额股份，又称“无面值股票”或“比例股票”，与面额股相对应，是指不在票面上记载金额，只标明股份数量或总股本比例的股票。相较于面额股，无面额股票具有发行价格灵活，不受不得低于票面金额发行的限制，流通数量和流通速度较强，投资者也不易被股票票面金额所迷惑，而更注重分析每股的实际价值，具有比较容易地进行股票分割等优势。

第1款是关于公司股份的规定。按照本法第2条的规定，公司分为有限责任公司和股份有限公司。其中，股东对有限责任公司的出资称为“出资额”，对股份有限公司的出资称为“股份”。本条第1款规定，“公司的资本划分为股份”，即股份有限公司的所有资本都要划分为股份。同时，在保留现有面额股制度的基础上，首次引入了无面额股制度，从而形成双制并行模式，即公司可以根据公司章程的规定择一采用面额股或者无面额股，公司只能二选一，不能一部分采用面额股，一部分采用无面额股。“采用面额股的，每一股的金额相等”，即公司采用面额股发行股票的，其资本全部都要划分为等额的股份，每一股的面额也相等。

第2款规定，公司可以根据公司章程的规定将已发行的面额股全部转换为无面额股或者将无面额股全部转换为面额股。本款赋予股份有限公司根据公司实际情况转换股票形式的权利。本款采用“全部转换”的表述，再次强调同一公司发行股份禁止部分采用面额股或部分采用无面额股，而应当择一采用面额股或无面额股。若允许同一公司同时采用面额股和无面额股，不利于保证公司股东的平等权益，同时也会加大投资者判断公司价值的难度，不利于资本市场价格机制的运作。

第3款规定，公司采用无面额股制度的，应当将发行股份所得股款的1/2以上计入注册资本，依照本法第213条规定，未计入注册资本的金额列入资本公积金的其他项目。在引入无面额股的同时作出计入最低注册资本的限制，既能沿用注册资本的概念，也能减少引入无面额股制度对资本市场的冲击。

第一百四十三条　【股份发行原则】股份的发行，实行公平、公正的原则，同类别的每一股份应当具有同等权利。

同次发行的同类别股份，每股的发行条件和价格应当相同；认购人所认购的股份，每股应当支付相同价额。

条文注释

股份有限公司的股份发行，包括公司募集设立发行和公司发行新股两种情况。公司募集设立发行，是指由发起人认购部分股份后，向社会公开募集或者向特定对象募集股份的发行行为。公司发行新股，是公司在设立后为增加公司资本通过公开或者非公开的方式发行股份的行为。不论是公司募集设立发行还是公司发行新股，股份的发行实行公平、公正的原则。同股同权是股份有限公司制度的基本原则之一，股份发行首先应坚持公平、公正原则。

第一，依照本法第144条规定，公司可以按照公司章程的规定发行与普通股权利不同的类别股，对利润或剩余财产的分配、表决权、股份转让权等作出差异化的安排。依照本条规定，公司发行的同类别股份所代表的权利应当是平等的、相同的，即“同股同权”“同股同利”。第二，股份发行应当遵循公正原则，是指在股份的发行过程中，应保持公正性，不得允许任何人利用股份发行进行欺诈、内幕交易、操纵市场等损害投资者利益的不公正的交易行为。第三，公司同次发行的同类别股份，每股的发行条件和价格应当相同，认购人所认购的股份，每股应当支付相同价额。也就是说，同一次股份发行中，任何人获得相同种类的股份，都应当支付相同的对价，这体现股东平等原则。但公司对不同次发行的同种类股份，或者在同一次发行的不同种类股份，不在此限。

关联法规

《证券法》第3～5条

第一百四十四条　【类别股发行规则】公司可以按照公司章程的规定发行下列与普通股权利不同的类别股：

（一）优先或者劣后分配利润或者剩余财产的股份；

（二）每一股的表决权数多于或者少于普通股的股份；

（三）转让须经公司同意等转让受限的股份；

（四）国务院规定的其他类别股。

公开发行股份的公司不得发行前款第二项、第三项规定的类别股；公开发行前已发行的除外。

公司发行本条第一款第二项规定的类别股的，对于监事或者审计委员会成员的选举和更换，类别股与普通股每一股的表决权数相同。

条文注释

在实践中,面对投资市场日益多元化的需求,普通股的"一股一权"及"股东同质化"的规则已无法满足现实需求,因此2023年《公司法》修订,在总结已有的类别股实践经验、吸收《国务院关于开展优先股试点的指导意见》和中国证券监督管理委员会《优先股试点管理办法》中的相关规定的基础上,正式引入类别股制度,明确规定股份有限公司可发行的类别股及相应的限制性规定。类别股是相对于普通股而言的。普通股是指传统的、完整具有股权各项权能的股份,而类别股是指股东的权利在某些方面有所扩张或限制的股份类型。类别股的理论基础是股权的各项子权利可相互分离,并再组合。类别股股东所享有的权利具有债权和股权的双重性,其实质是在股权内容切割基础上的债权和股权的混合。本条与本法第116条、第145条、第146条一起系统地规定了类别股制度。

针对类别股,我国立法采用法定主义,不容许公司随意创设类别股类型。为此,本条第1款以列举的形式明确规定股份有限公司可以发行的四种类别股:财产分配型类别股、表决权型类别股、限制转让型类别股以及国务院规定的其他类别股。财产分配型类别股指的是"优先或者劣后分配利润或者剩余财产的股份",优先股持有人优先于普通股股东分配公司利润和剩余财产,劣后股持有人劣后于普通股股东分配公司利润和剩余财产。表决权型类别股指的是持有表决权类别股的股东所持有的"每一股的表决权数多于或者少于普通股的股份",即"同股不同权"。限制转让型类别股指的是"转让须经公司同意等转让受限的股份",如股东在未经公司同意前不得转让其股份或转让时应遵守章程规定的其他限制条件。国务院规定的其他类别股是本条第1款的兜底条款,国务院可以根据社会经济发展需要规定股份有限公司可以发行的其他类别股,以此应对未来多元化的投资者需求。

第2款规定公开发行股份的公司不得发行的类别股种类,即不得发行表决权型类别股和限制转让型类别股。表决权型类别股会给予持有者更多的表决权,可能会导致公司的决策权被少数股东控制。这对于其他股东来说是不公平的,也可能对公司的运营产生负面影响。限制转让型类别股会限制股票的流动性,而股票市场的健康运行需要股票的流动性。如果股票不能自由买卖,那么市场的活跃度会降低,影响市场的正常运行。因此,为了保护投资者的权益,保持市场的公平性和流动性,法律限定公开发行股份的公司不得发行表决权型类别股和限制转让型类别股,但公开发行前已发行的除外。

第3款规定公司发行表决权型类别股的,对于监事或者审计委员会成员的选举和更换,类别股与普通股每一股的表决权数相同。在选举和更换监事或审计委员会成员时,本条款限制特定类别股的持有人不享有特权,是为了防止类别股股东滥用权利,操纵公司监督机构成员的选举,影响监督机构职能的发挥。

适用要点

第一,是否设置类别股及具体设置什么类型的类别股,必须在公司章程中明确规定,而不能通过董事会决议等形式设置。第二,本条适用范围仅针对股份有限公司,但依照本法第210条第4款(分红差异安排)、第65条(表决权差异安排)、第84条第3款(对股权转让限制的差异安排),有限责任公司也可以通过公司章程自治的形式,作出具有类别股功能的制度安排。

关联法规

《国务院关于开展优先股试点的指导意见》;《优先股试点管理办法》;《中国银保监会、中国证监会关于商业银行发行优先股补充一级资本的指导意见(修订)》

第一百四十五条 【发行类别股的公司章程应记载的事项】 发行类别股的公司,应当在公司章程中载明以下事项:

(一)类别股分配利润或者剩余财产的顺序;

(二)类别股的表决权数;

（三）类别股的转让限制；
（四）保护中小股东权益的措施；
（五）股东会认为需要规定的其他事项。

条文注释

发行类别股的公司，应当在公司章程中载明以下事项：第一，类别股分配利润或者剩余财产的顺序。如果公司依照本法第 144 条第 1 款第 1 项的规定，发行财产分配型类别股，其公司章程应当载明该类别股的持有人在分配利润或剩余财产时，分配的顺序比照普通股股东是优先还是劣后，以避免未来公司涉及利润分配或剩余财产分配时存在争议。第二，类别股的表决权数。如果公司依照本法第 144 条第 1 款第 2 项的规定，发行表决权型类别股，其公司章程应当载明该类别股的持有人所持有的每一股的表决权的表决数，以避免在股东行使表决权时发生争议。第三，类别股的转让限制。如果公司依照本法第 144 条第 1 款第 3 项的规定，发行限制转让型类别股，其公司章程应当载明该类别股的持有人转让股权时的具体限制条件。在限制条件下，类别股持有人不得转让其股权。第四，保护中小股东权益的措施。公司通过设计不同的类别股使股东权利的内容具有多样性，但设计者往往是公司的控股股东，对公司的决策具有一定的话语权。为了保护中小股东的权益，本法规定在公司章程中应当设置一些有利于保护中小股东合法权益的措施条款。第五，股东会认为需要规定的其他事项。本条第 5 项作为兜底款项，赋予股东会会议对类别股股东的权利义务可以进一步进行具体完善。

第一百四十六条　【类别股股东会决议事项】发行类别股的公司，有本法第一百一十六条第三款规定的事项等可能影响类别股股东权利的，除应当依照第一百一十六条第三款的规定经股东会决议外，还应当经出席类别股股东会议的股东所持表决权的三分之二以上通过。

公司章程可以对需经类别股股东会议决议的其他事项作出规定。

条文注释

本法第116条第3款规定："股东会作出修改公司章程、增加或者减少注册资本的决议，以及公司合并、分立、解散或者变更公司形式的决议，应当经出席会议的股东所持表决权的三分之二以上通过。"由此可见，这些重大事项需要经出席会议的全体股东所持表决权的2/3以上通过。在发行类别股的公司中，控股股东有可能利用表决权优势，损害中小股东及类别股股东的合法权益。为避免这种情形发生，应对类别股股东的合法权益予以特别保护。为此，本条第1款规定，发行类别股的公司，当出现本法第116条第3款规定的事项等可能影响类别股股东权利的，应当进行分类表决。该类事项表决不但需要经过出席会议的全体股东所持表决权的2/3以上通过，还应当经出席类别股股东会议的股东所持表决权的2/3以上通过，方为有效。

为更好保护类别股股东的合法权益，本条第2款规定，除了本条第1款规定的重大事项外，公司章程还可以对需经类别股股东会议决议的其他事项作出规定，即公司章程可以在修改公司章程、增加或者减少注册资本的决议，以及公司合并、分立、解散或者变更公司形式等事项以外，再规定需经类别股股东会议决议的其他事项，如公司对外投资、担保等。

适用要点

本条没有对类别股股东会议应当与公司股东会会议"共同召开、一次表决"，还是"单独召开、分别表决"进行规定，公司可以通过章程对会议召开和表决程序进行明确。

关联法规

《国务院关于开展优先股试点的指导意见》;《优先股试点管理办法》

第一百四十七条　【股票】公司的股份采取股票的形式。股票是公司签发的证明股东所持股份的凭证。

公司发行的股票，应当为记名股票。

条文注释

第1款规定公司的股份采取股票的形式，股票是公司签发的证明股东所持股份的凭证。第一，股票是股份的表现形式，股份是股票的价值内容。第二，股票是股东对公司出资的凭证。股东对公司进行出资，需要由公司依法签发股票，以证明股东因出资所取得的股份。第三，股票属于证券的一种。股票记载并代表股东权益，包括从股份有限公司取得股息或者红利，获取投资收益，参与公司重大决策等。同时，股票具有流通性，可在不同投资者之间进行交易，还可以依法进行质押。第四，股票是一种要式证券。必须具备特定形式和内容。这些形式和内容通常由法律规定，以确保股票的有效性和可执行性。如果缺少这些形式和内容，就不具备法律效力。

第2款规定公司发行的股票，应当为记名股票，不得发行无记名股票。所谓记名股票，是指股票上记载有股东姓名或者名称的股票。记名股票权利归属于股东，只能由股票上记载的股东行使股东权利，除了记名股东外，其他人即使合法持有该股票，也不具有股东资格。依照本法第159条的规定，股票由股东以背书方式或者法律、行政法规规定的其他方式转让；转让后由公司将受让人的姓名或者名称及住所记载于股东名册。依照本法第164条的规定，股票被盗、遗失或者灭失。股东可以依照《民事诉讼法》规定的公示催告程序，请求人民法院宣告该股票失效；人民法院宣告该股票失效后，股东可以向公司申请补发股票。记名股票的优点是股权关系明确，便于公司管理和股东权益的保护。

第一百四十八条 【股票发行价格要求】面额股股票的发行价格可以按票面金额，也可以超过票面金额，但不得低于票面金额。

条文注释

从各国公司法的规定看，面额股股票的发行价格一般包括三种方式：平价发行，即股票的发行价格与股票的票面价格相同；溢价发行，即股票的发行价格高于股票的票面价格；折价发行，即股票的发行价格低于股票的票面价格。按照本条的规定，面额股股票的发行价格可以按票面金额，也可以超过票面金额，但不得低于票面金额。即只允许平价发行或者溢价发行，不允许折价发行。这是因为股份有限公司通过发行股票的形式进行股份的发行，来募集公司设立或者增资所必需的资本。面额股股票每一股的票面价值是相同的，所有发行的面额股股票的票面价值总额就等同于股份有限公司设立或者增资所需要的资本总额。因此，按照资本充实原则，面额股股票只有平价发行或者溢价发行，股份发行所募集到的资金才能够等于或者高于公司所需要的资本。股票的折价发行，即按照低于面额股股票的票面价值发行股票，即使股份全部得以发行，所筹集到的资金也必然低于公司所需资本总额，这样会造成公司资本的虚增，有可能损害公司及股东的利益，也不利于对公司债权人的保护。同时，依照本法第 213 条的规定，股份有限公司以超过股票票面金额的发行价格发行股份所得的溢价款，应当列为公司资本公积金，表现为股东权益，即所有权归属于投资者。

关联法规

《证券发行与承销管理办法》第 5 ~ 7 条

第一百四十九条 【股票的形式以及纸面股票记载事项】股票采用纸面形式或者国务院证券监督管理机构规定的其他形式。

股票采用纸面形式的,应当载明下列主要事项:

(一)公司名称;

(二)公司成立日期或者股票发行的时间;

(三)股票种类、票面金额及代表的股份数,发行无面额股的,股票代表的股份数。

股票采用纸面形式的,还应当载明股票的编号,由法定代表人签名,公司盖章。

发起人股票采用纸面形式的,应当标明发起人股票字样。

条文注释

第1款规定股份有限公司发行的股票应当采用纸面形式或者国务院证券监督管理机构规定的其他形式。传统的股票多采用纸面形式,即实物券式的股票,在纸制品上载明股票应当记载的事项,并将该纸制品作为股东权利凭证。随着电子技术在证券业务领域的运用,出现了簿记形式的股票,即无纸化股票,将登记结算机构所记载的电子信息作为股权凭证。实践中,对于公开发行并上市交易的股票,按照《证券法》第150条第1款“在证券交易所或者国务院批准的其他全国性证券交易场所交易的证券,应当全部存管在证券登记结算机构”的规定,应当全部在中国证券登记结算有限责任公司集中存管,都为簿记形式。考虑到纸面形式是股票的传统形式,本条第1款规定股票可以采用纸面形式;同时,为保护投资者权益,防止欺诈行为的发生,本条第1款规定,股票采用纸面形式以外的其他形式的,应当符合国务院证券监督管理机构的规定。

股票是一种要式有价证券,只有其形式和记载内容符合法律规定,才具有法律的效力。第2款以列举的形式,规定了纸面形式股票的记载事项应当包括以下内容:第一,公司名称;第二,公司成立日期或者股票发行的时间;第三,股票的基本情况,即股票种类、票面金额及代表的股份数,发行无面额股的,股票代表的股份数。

股票是一种公司签发的要式证券,第3款规定纸面形式的股票应当载明股票的编号,以便于统计和记录发行股票的数量,由公司的法定代表人签名，并由公司盖章，是纸面形式股票的必备要素。

第4款规定，如果发起人的股票采用纸面形式，应当在票面标明发起人股票的字样，以便于公众了解及明晰发起人的出资等义务履行情况。

关联法规

《证券法》第150条

第一百五十条　【股票交付】股份有限公司成立后，即向股东正式交付股票。公司成立前不得向股东交付股票。

条文注释

股份有限公司的股票是一种代表股东权利的有价证券，具有流通性，可以自由转让。股东通过持有股票来享有公司的利润分配、投票权等权益，因此在股份有限公司成立后，应立即向股东正式交付股票，以保障股东各项权利的行使。同时，股票应当具有确定性，即股票所代表的权利应当是确定的、无瑕疵的，这样才能保证交易的安全，维护正常的交易秩序，保护交易双方的合法权益。因此，本条规定，股份有限公司只有在公司登记成立以后，才能向股东正式交付股票，公司登记成立前不得向股东交付股票。

关联案例

许昌万里运输集团股份有限公司与韩某焕股东知情权纠纷案①

第一百五十一条　【公司发行新股决议事项及确定作价方案】公司发行新股，股东会应当对下列事项作出决议：

（一）新股种类及数额；

（二）新股发行价格；

① 参见河南省许昌市中级人民法院（2014）许民终字第1252号。

（三）新股发行的起止日期；

（四）向原有股东发行新股的种类及数额；

（五）发行无面额股的，新股发行所得股款计入注册资本的金额。

公司发行新股，可以根据公司经营情况和财务状况，确定其作价方案。

条文注释

公司发行新股，是指在公司成立以后再次发行股份的行为。公司在成立以后，是否需要发行新股，什么时候发行新股，通过何种方式发行新股，发行新股的种类是什么、数量是多少，属于公司自治的范围。第1款以列举的方式规定，公司发行新股，应当由股东会决议的事项：第一，新股种类及数额；第二，新股发行价格；第三，新股发行的起止日期；第四，向原有股东发行新股的种类及数额；第五，发行无面额股的，新股发行所得股款计入注册资本的金额。

股份有限公司发行新股的，应当确定其股票价格。按照第2款的规定，公司发行新股，可以根据公司经营情况和财务状况，确定其作价方案。在实践操作中，公司在确定其新股作价方案时，需要考虑的因素很多，如公司的投资计划、公司的盈利状况、公司的发展前景等。通过公开发行的方式发行新股的，同时还要考虑股票市场的状况，如股票一级市场的供求情况以及二级市场的整体股价水平、股票市场的走势、股票的市盈率、同类股票的价格水平以及同期银行利率水平等因素。股份有限公司发行新股所确定的作价方案，应当是适当的，要保证新股的发行价格能够为投资者所接受，能够吸引到足够的投资者，筹集到公司所需要的资金。

适用要点

第一，公司发行新股，除依照本条的规定由股东会对相关事项作出决议外，还应当符合其他法律规定的条件和程序。公司的新股发行包括公开发行和非公开发行两种方式。按照《证券法》第12条第1、2款的规定，公司首次公开发行新股，应当符合下列条件：

(1)具备健全且运行良好的组织机构;(2)具有持续经营能力;(3)最近3年财务会计报告被出具无保留意见审计报告;(4)发行人及其控股股东、实际控制人最近3年不存在贪污、贿赂、侵占财产、挪用财产或者破坏社会主义市场经济秩序的刑事犯罪;(5)经国务院批准的国务院证券监督管理机构规定的其他条件。上市公司发行新股,应当符合经国务院批准的国务院证券监督管理机构规定的条件,具体管理办法由国务院证券监督管理机构规定。第二,依照本法第142条第3款规定:"采用无面额股的,应当将发行股份所得股款的二分之一以上计入注册资本。"

关联法规

《证券法》第12条

第一百五十二条 【授权资本制】公司章程或者股东会可以授权董事会在三年内决定发行不超过已发行股份百分之五十的股份。但以非货币财产作价出资的应当经股东会决议。

董事会依照前款规定决定发行股份导致公司注册资本、已发行股份数发生变化的,对公司章程该项记载事项的修改不需再由股东会表决。

条文注释

授权资本制源自英美法系国家,是指股份有限公司设立时,章程中载明注册资本额,资本额不必全部发行,只需要发行一部分公司即可成立,法律不严格限制首次发行比例与数额,其余部分,授权董事会认为必要时,一次或分次发行的制度。该制度具有简化公司股份发行、便利公司融资等优势。2023年《公司法》修订,借鉴英美法系国家的立法经验,在股份有限公司中引入授权资本制,即允许股份有限公司的章程或者股东会将股份发行的权限授予董事会,并进一步细化规定授权期限、授权比例,同时明确了以非货币财产作价出资支付股款的应当经股东会决议。

第一,由公司决定是否采用授权资本制。按照本条规定,在新股发行时，是否采用授权资本制，由公司进行选择。公司可以通过公司章程或股东会决议的形式，授权董事会发行新股。在授权资本的范围内，公司董事会可以根据公司实际资金需求，自由地发行资本，使公司的融资需求可以更快、更灵活地实现。

第二，授权期限及股份发行比例。按照本条规定，董事会在获授权后，可以在3年的期限内决定发行不超过已发行股份50%的股份。这有利于董事会根据公司经营情况等多方面的因素，综合考虑新股发行与否、规模、时机等。同时，对授权发行新股的比例予以限制，能够降低公司董事会滥用发行股份的权力侵害其他股东权益的可能性。

第三，以非货币财产作价出资的新股发行权由股东会行使。当发行新股的股款支付方式为以非货币财产作价出资时，新股发行权回归由股东会决议。本法第48条第2款中规定，"对作为出资的非货币财产应当评估作价，核实财产，不得高估或者低估作价"，以非货币财产作价出资支付股款的，同样应当进行评估作价，且不得高估作价或低估作价。实践中，股东会对非货币财产出资进行决议，更符合公司、债权人的权益保护。因此，本条将以非货币财产作价出资的新股发行权收回股东会，不得授权董事会行使。

第四，公司注册资本、已发行的股份数和设立时发行的股份数，面额股的每股金额等，属于股份有限公司章程应当载明的事项。董事会依照前款规定决定发行股份会导致公司注册资本、已发行股份数发生变化，公司章程应当及时修改前述载明事项。依照本法第116条第3款的规定，对公司章程的修改属于股东会的职权，应当经出席会议的股东所持表决权的2/3以上通过。但是，考虑到公司章程或者股东会已经提前授权了董事会，因此，为避免程序重复冗余，本条第2款规定，对公司章程该项记载事项的修改不需再由股东会表决，以提高商事效率。

第一百五十三条　【授权资本表决比例】公司章程或者股东会授权董事会决定发行新股的，董事会决议应当经全体董事三分之二以上通过。

条文注释

本法第152条引入了授权资本制，董事会获得授权后，无须再经过股东会决议即可发行新股，但为防止董事会滥用股份发行权损害公司、股东及债权人利益，本条明确授权董事会发行新股的事项，应属于特别决议事项，董事会决议应当经全体董事2/3以上通过。

适用要点

董事会通过决议发行新股时，必然导致公司注册资本增加和股东持股比例变化，由于股东会已授权董事会发行新股，因此，股东会不需要再按照本法第116条第3款形成增加注册资本的决议。

第一百五十四条　【公开募集股份规则】公司向社会公开募集股份，应当经国务院证券监督管理机构注册，公告招股说明书。

招股说明书应当附有公司章程，并载明下列事项：

（一）发行的股份总数；

（二）面额股的票面金额和发行价格或者无面额股的发行价格；

（三）募集资金的用途；

（四）认股人的权利和义务；

（五）股份种类及其权利和义务；

（六）本次募股的起止日期及逾期未募足时认股人可以撤回所认股份的说明。

公司设立时发行股份的，还应当载明发起人认购的股份数。

条文注释

第1款规定，公司向社会公开募集股份，应当经国务院证券监督管理机构注册，公告招股说明书。《首次公开发行股票注册管理办法》第5条规定，首次公开发行股票并上市，应当符合发行条件、上市条件以及相关信息披露要求，依法经交易所发行上市审核，并报中国证监会注册。股份发行从核准制改为注册制后，仅保留了企业公开发行股票必要的资格条件、合规条件，将核准制下的实质性门槛尽可能转化为信息披露要求，审核部门也不再对企业的投资价值作出判断。招股说明书是指表达募集股份的意思并载明有关信息的书面文件。公司向社会公开募集股份，必须公告招股说明书，以便社会公众知道公司募集股份的意图并了解相关信息，以保护广大投资者的利益，吸引社会公众认购股份。

第2款规定，招股说明书应当附有公司章程，并载明下列事项：第一，发行的股份总数；第二，面额股的票面金额和发行价格或者无面额股的发行价格；第三，募集资金的用途；第四，认股人的权利和义务；第五，股份种类及其权利和义务；第六，本次募股的起止日期及逾期未募足时认股人可以撤回所认股份的说明。载明上述内容的招股说明书，应当附有公司章程全文，不得有所遗漏，这样才能使社会公众对公司的情况有全面的了解，从而在充分了解有关信息的基础上，作出是否认购股份的决定。

第3款规定，公司设立时发行股份的，还应当载明发起人认购的股份数，以便社会公众对公司设立时发起人已认购股份的数额有准确的了解，有利于投资人对是否要认购股份以及认购的比例作出全面的分析和判断。

关联法规

《证券法》第9条、第14条、第23条、第86条；《首次公开发行股票注册管理办法》第5条

第一百五十五条　【公开募集股份的方式】公司向社会公开募集股份，应当由依法设立的证券公司承销，签订承销协议。

条文注释

依照本条规定，公司向社会公开募集股份，只能采取由证券公司承销的方式。这样规定，主要是因为向社会公开募集股份，涉及社会公众人数较多，由发行人自己发行股票，工作量太大，不利于其足

额募集股份。同时,通过证券公司承销方式,可以让证券公司充分发挥专业机构的优势,协助发行人完善发行文件,确保真实性、准确性和完整性,有利于保护公众投资者的合法权益。

所谓承销,是指证券公司在规定的期限内将发行人发行的股票销售出去,承销的证券公司按照约定收取一定的佣金或者约定的报酬的行为。承销有两种方式:一种是代销,另一种是包销。代销是指证券公司代发行人发售证券,在承销期结束时,将未售出的证券全部退还给发行人的承销方式。包销是指证券公司将发行人的证券按照协议全部购入或者在承销期结束时将售后剩余证券全部自行购入的承销方式。公司与证券公司签订的承销协议应当载明下列事项:当事人的名称、住所及法定代表人姓名;代销、包销证券的种类、数量、金额及发行价格;代销、包销的期限及起止日期;代销、包销的付款方式及日期;代销、包销的费用和结算办法;违约责任;国务院证券监督管理机构规定的其他事项。

关联法规

《证券法》第26~34条

第一百五十六条　【公开募集股份时收取股款的方式】公司向社会公开募集股份,应当同银行签订代收股款协议。

代收股款的银行应当按照协议代收和保存股款,向缴纳股款的认股人出具收款单据,并负有向有关部门出具收款证明的义务。

公司发行股份募足股款后,应予公告。

条文注释

公司向社会公开募集股份,虽然是通过证券公司承销,但证券公司并不直接收取发售股份所得的股款。依照第1款的规定,证券公司承销股票所得的股款,应当通过银行代收。因此,公司向社会公开募集股份,不仅应当与证券公司签订承销协议,而且应当同银行签订代收股款的协议,由银行代公司收取其向社会公开募集股份所得的股款。

代收股款的银行与公司签订的代收股款的协议，是代收股款的银行与公司之间设立民事权利义务关系的合同，对此合同，双方都应当按照约定全面履行自己的义务。对代收股款的银行而言，依照第2款的规定，其所负有的义务主要有三项：一是按照协议代收和保存股款；二是向缴纳股款的认股人出具收款单据；三是向有关部门出具收款证明。

第3款规定，公司需要将募足股款的有关情况进行公告，以便公司股东及社会公众了解公司股款募集和资本的变动情况。

第二节　股 份 转 让

第一百五十七条　【股份有限公司股份转让】股份有限公司的股东持有的股份可以向其他股东转让，也可以向股东以外的人转让；公司章程对股份转让有限制的，其转让按照公司章程的规定进行。

条文注释

本条细化了股份有限公司转让股份的原则性规定，即股份有限公司股东可自由转让其持有的公司的股份；同时，考虑到与本法第144条规定的类别股衔接问题，本条增加了转让受限的股份转让应按照章程规定进行。

本法中，股份转让特指股份有限公司的股份转让，有限责任公司股东转让出资的行为则称为股权转让或出资额转让。股权与股份本质上均属于股东投资权益，但是，在制度设计上，股份有限公司定位为资合公司，资本规模相对较大，股东人数较多，为便于股东权益自由流动，将股东权益划分为便于统计的份数。股份转让，是指股份持有人将持有的股份转让给他人，他人取得股份成为股东的法律行为。股份自由转让是股份有限公司的基本原则，也是股份有限公司资合性的重要体现，只要股东转让股份的行为符合法定要求，其他人就无权干涉。对于股份有限公司来说,最重要的是资本的稳定,股份总数不变,资本总额不变,股份持有人的改变不会影响公司的经营发展,也不会影响公司债权人的利益。同时,股份有限公司股份转让的灵活性可以增强其对投资者的吸引力。一方面,投资者可以通过购买股份成为公司的股东,参与公司利益的分配;另一方面,投资者可以自由地通过转让股份以退出公司,降低投资风险。股份有限公司股份转让既让股份有限公司的股东可以便利地实现投资收益,也促进了资金在各个公司、行业、地区之间的流动。

本条后半句规定,公司章程对股份转让有限制的,其转让按照公司章程的规定进行。第一,针对有限责任公司的股权转让,本法第84条第3款规定,"公司章程对股权转让另有规定的,从其规定"。本条考虑到有些股份有限公司人数较少,类似于有限责任公司股东之间也具有"人合性"的特征,因此,参照有限责任公司股权转让的规定,以确保这类股份有限公司的股东被限制在一定范围之内。第二,2023年《公司法》修订,在股份有限公司中引入了类别股制度。本法第144条第1款第3项规定,股份有限公司可以发行"转让须经公司同意等转让受限的股份"。股份有限公司发行这类转让受限的类别股时,其具体受限内容及转让条件也需要在公司章程中进行明确,因此,本条后半句对此进行了相应的回应。第三,在理论与实务界,公司章程能否限制股份有限公司股份转让一直存在争议,本条进行了明确,即股份有限公司公司章程可以限制股份的转让。

适用要点

股份有限公司的股份转让还需要注意一些特殊的限制。比如,本法第160条对于发行时间、董事、监事、高级管理人员转让股份比例的限制;第162条关于公司不得收购本公司股份的限制;《证券法》对于上市公司股东、实际控制人、董事、监事、高级管理人员、相关从业人员交易的限制。同时,公司章程也不得实质性剥夺股东转让股份的权利。

关联法规

《证券法》第36条、第40条、第42条、第44条

关联案例

皇氏集团股份有限公司与东方证券股份有限公司损害股东利益责任纠纷案①

第一百五十八条　【股份转让场所和方式】股东转让其股份，应当在依法设立的证券交易场所进行或者按照国务院规定的其他方式进行。

条文注释

为防范金融风险，规范市场秩序，保护广大投资者特别是公众投资者的权益，本条规定股份转让应当在证券交易场所进行，或者按照国务院规定的其他方式进行。依照《证券法》相关规定，公开发行的证券，应当在依法设立的证券交易所上市交易或者在国务院批准的其他全国性证券交易场所交易。非公开发行的证券，可以在证券交易所、国务院批准的其他全国性证券交易场所、按照国务院规定设立的区域性股权市场转让。其中，“依法设立的证券交易场所”包括证券交易所和证券交易所以外的其他交易场所（场外交易场所）。证券交易所是为证券集中交易提供场所和设施，组织和监督证券交易，实行自律管理的法人；场外交易场所是依法设立的供非上市公司股票进行非集中竞价交易的场所。在场外交易场所进行交易的，其交易价格不是通过集中竞价的方式产生的，而是通过交易双方协商产生。

关联法规

《证券法》第 37 条；《非上市公众公司监督管理办法》第 4 条；《全国中小企业股份转让系统有限责任公司管理暂行办法》第 2 条、第 3 条；《全国中小企业股份转让系统股票挂牌规则》

① 参见上海市高级人民法院（2021）沪民终 514 号。

第一百五十九条　【股票转让方式】股票的转让，由股东以背书方式或者法律、行政法规规定的其他方式进行；转让后由公司将受让人的姓名或者名称及住所记载于股东名册。

股东会会议召开前二十日内或者公司决定分配股利的基准日前五日内，不得变更股东名册。法律、行政法规或者国务院证券监督管理机构对上市公司股东名册变更另有规定的，从其规定。

条文注释

本法第147条规定，"公司的股份采取股票的形式。股票是公司签发的证明股东所持股份的凭证。公司发行的股票，应当为记名股票"。由此可见，与2018年《公司法》允许发行无记名股票明显不同，本法只允许股份有限公司发行记名股票，禁止发行无记名股票。基于上述修订，本条统一称为"股票"，其含义就是指"记名股票"。对于背书转让股票，出让人应将转让股票的意思表示记载于股票的背面，并签名盖章和注明日期，同时，股票受让人还必须将姓名或者名称及住所记载于股票上和股东名册中。如果股份有限公司股票采取无纸化形式，则应采取法律、行政法规规定的其他方式转让。目前，我国上市公司股票采取簿记券的无纸化形式，所有交易均通过证券登记结算机构记载于股东账户的方式进行。另外，股票转让的实质是股份转让，由于股票是股份的载体，所以股票转让必须以交付股票或以公认的形式过户股份才得以完成转让。如果只是进行了背书而未登记在股东名册中，对公司不发生法律效力，因为公司股东名册上的记载为对抗要件，如果不依法办理股票过户手续，公司的股东名册没有变更，股份就没有真正转移，股票受让人的权益就无法得到保障，无法享受作为公司股东的权利并承担相应的义务。

本条第2款规定了股东名册的"闭册"。股东名册的记载是股东权利行使的依据。在股东会会议召开时或者股利分配的基准日前，为了根据股东名册确定股东，在法定期限内不得对股东名册进行变更，即不予办理股票转让过户手续，否则会造成股东权利行使的混乱。因此,本款规定,股东会会议召开前20日内或者公司决定分配股利的基准日前5日内,不得变更股东名册。在上述规定日期内,即使进行了股票的转让,受让人也不得要求公司在股东名册上对有关事项进行变更,仍由股票的出让人作为股东参加股东会,行使股东权利;同时,在公司确定利润分配方案进行股利分配时,仍然由股票的出让人作为股东接受股利分配。在股利分配结束后,股票的受让人可以依据股票转让合同的约定向出让人请求返还该部分股利。此外,基于上市公司的特殊性,本款还明确了法律、行政法规、国务院证券监督管理机构可以对上市公司股东名册变更另行规定。

适用要点

关于股份转让登记的性质。依照《市场主体登记管理条例》第8条第2款的规定,股份有限公司发起人属于登记事项,但股份有限公司股份转让不属于登记事项,因此,不需要进行变更登记。但是,依照本法第40条第1款第2项规定,股份有限公司发起人的股份发生变更的,公司应当按照规定通过国家企业信用信息公示系统公示。实践中,依据股份有限公司的不同类型,不同的登记机构事实上依然行使着登记职能,但需要明确的是,这些登记行为并非"创设权利"或"认定股份发生变动"的依据。在我国现行的法律体系下,根据股东人数是否超过200人以及股份是否公开发行和转让,可将股份有限公司分为上市公司、非上市公众公司及非上市非公众股份有限公司。上市公司是指股票在证券交易所上市交易的股份有限公司。上市公司的股东人数可以超过200人,股份可以公开发行和公开转让。非上市公众公司是指根据《非上市公众公司监督管理办法》第2条的规定,有下列情形之一且其股票未在证券交易所上市交易的股份有限公司:(1)股票向特定对象发行或者转让导致股东累计超过200人;(2)股票公开转让。非上市公众公司中,包括了通常所称的新三板挂牌公司、两网公司及退市公司以及其他类型的非上市公众公司。非上市非公众股份有限公司是指除上市公司和非上市公众公司之外的其他股份有限公司,此类公司股东人数不得超过200人,股份不得公开发行。

关联法规

《证券法》第 35 ~ 61 条

第一百六十条 【股份转让限制】公司公开发行股份前已发行的股份，自公司股票在证券交易所上市交易之日起一年内不得转让。法律、行政法规或者国务院证券监督管理机构对上市公司的股东、实际控制人转让其所持有的本公司股份另有规定的，从其规定。

公司董事、监事、高级管理人员应当向公司申报所持有的本公司的股份及其变动情况，在就任时确定的任职期间每年转让的股份不得超过其所持有本公司股份总数的百分之二十五；所持本公司股份自公司股票上市交易之日起一年内不得转让。上述人员离职后半年内，不得转让其所持有的本公司股份。公司章程可以对公司董事、监事、高级管理人员转让其所持有的本公司股份作出其他限制性规定。

股份在法律、行政法规规定的限制转让期限内出质的，质权人不得在限制转让期限内行使质权。

条文注释

第 1 款规定公司公开发行股份的，对公开发行股份前公司已发行的股份的转让限制。实践中，股份有限公司的股票在证券交易所上市交易后，其价格往往比上市前的股票价格高出很多，因此出现了抢购公司公开发行前的股份，即抢购“原始股”，在公司上市后大量抛售以赚取高额差价的现象。该行为扰乱了证券市场的秩序，也影响公司的正常运营。因此，第 1 款规定，公司公开发行股份并在证券交易所进行上市交易的，公开发行股份前的股份自上市交易之日起一年之内不得转让。此外，上市公司内部治理问题往往与控股股东和实际控制人紧密相关。这两类主体能够利用权力直接或间接控制股东会、董事会、经理层等，损害广大中小投资者的利益。因此，第1款规定,上市公司的股东、实际控制人转让股份的,法律、行政法规或者国务院证券监督管理机构可另行规定。

第2款规定董事、监事、高级管理人员转让股份的限制。为了将公司利益与董事、监事、高级管理人员利益进行关联,促使其尽职尽责,防止其进行内幕交易,公司董事、监事、高级管理人员应当向公司申报所持有的本公司的股份及其变动情况,在就任时确定的任职期间每年转让的股份不得超过其所持有本公司股份总数的25%;所持本公司股份自公司股票上市交易之日起1年内不得转让。上述人员离职后半年内,不得转让其所持有的本公司股份。公司章程可以对公司董事、监事、高级管理人员转让其所持有的本公司股份作出其他限制性规定。

第3款增加了限售期内股份出质的规定。2018年《公司法》对于限售期内股份是否可以出质、如何出质以及出质后的处理等相关事宜均未进行规定。实践中,对于转让已出质股份的效力存在一定的争议。为实现股票的经济价值、提升股票担保功能,本款明确规定,在限制转让期限内的股票可以进行出质。只是在限制转让期内,质权人不得行使质权,以避免股东以股份出质的名义规避限售的规定。

关联法规

《民法典》第440条;《证券法》第44条

关联案例

1. 甘肃创新商贸集团有限公司与亚联盟资产管理有限公司、第三人甘肃致远商贸集团有限公司案外人执行异议纠纷案①

2. 郭某东、金浦投资控股集团有限公司、金浦新材料股份有限公司与郭某林股权转让合同纠纷案②

---

① 参见最高人民法院(2020)最高法民终421号。

② 参见最高人民法院(2020)最高法民申1991号。

第一百六十一条 【异议股东可以请求公司回购其股份的情形】有下列情形之一的，对股东会该项决议投反对票的股东可以请求公司按照合理的价格收购其股份，公开发行股份的公司除外：

（一）公司连续五年不向股东分配利润，而公司该五年连续盈利，并且符合本法规定的分配利润条件；

（二）公司转让主要财产；

（三）公司章程规定的营业期限届满或者章程规定的其他解散事由出现，股东会通过决议修改章程使公司存续。

自股东会决议作出之日起六十日内，股东与公司不能达成股份收购协议的，股东可以自股东会决议作出之日起九十日内向人民法院提起诉讼。

公司因本条第一款规定的情形收购的本公司股份，应当在六个月内依法转让或者注销。

条文注释

2018年《公司法》第74条规定了有限责任公司异议股东股权收购请求权，但并未明确该规定是否适用于股份有限公司。本条明确规定股份有限公司的异议股东享有收购请求权。本条与本法第89条规定的有限责任公司异议股东股权收购请求权相比，进行了以下调整：第一，增加“公开发行股份的公司除外”的规定；第二，对“公司合并、分立”的异议情形规定在本法第162条第1款中；第三，未对“公司的控股股东滥用股东权利，严重损害公司或者其他股东利益的，其他股东有权请求公司按照合理的价格收购其股权”作异议规定。

异议股东股份收购请求权是指法律赋予对公司某事项有异议的股东可以请求公司以合理价格收购股份的权利。该规定是在“资本多数决”的原则下破解公司僵局、防止大股东滥用控制地位而赋予异议股东退出公司的法律机制。目前，我国大多数股份有限公司股东人数较少，仍然存在大股东滥用控制权损害中小股东利益的情况。为保护中小股东利益，给中小股东提供一条退出公司的救济渠道，2023年《公司法》修订，将原来仅适用于有限责任公司的异议股东股权收购请求权扩大适用到股份有限公司，只是收购情形略有不同。

第1款规定股东可以退出股份有限公司的法定条件。公司回购股份是股东转让股份的一种特殊方式，但由于收购者是本公司，其性质就不单纯是股份的转让，而是股东撤回投资退出公司的行为。因此，实施本款规定有严格的条件限制，即有下列三种情形之一，并且股东会在该股东投反对票的情况下依然作出了有效的决议，投反对票的股东才可以请求公司按照合理的价格收购其股份。这三种情形分别是：

第一，公司连续5年不向股东分配利润，而公司该5年连续盈利，并且符合《公司法》规定的分配利润的条件。在该情形下，股东要求分配利润的主张是合法的，但持有公司多数表决权的其他股东通过股东会决议的形式阻碍了前者分配利润的合理利益的实现。

第二，公司转让主要财产。在该情形下，公司现有赖以开展生产经营活动的主要财产出现变化，未来的发展充满不确定性甚至可能产生风险，尽管股东会按照"资本多数决"原则形成了合法的决议，但与少数表决权股东的意愿相反，改变了其在设立公司时的合理利益期待，应允许其退出公司。

第三，公司章程规定的营业期限届满或者章程规定的其他解散事由出现，股东会通过决议修改章程使公司存续。章程规定的营业期限届满或章程规定的其他解散事由出现时，公司本应解散，股东可以退出经营。持有公司多数表决权的其他股东通过股东会决议修改公司章程，决定公司存续，已与公司章程订立时股东的意愿发生重大差异，应允许对此决议投反对票的股东退出公司，不能要求少数表决权股东违背自己意愿被强迫面对公司继续经营的风险。

第2款规定股东退出股份有限公司的法定程序。第一，请求公司收购其股份。股东要求退出公司时，首先应当请求公司收购其股份。股东请求公司收购其股份时，其所要求的价格不应当过高，而应当是合理的价格。这样才能既满足股东的要求，保护要求退出公司的股东的权益,又不损害公司的权益和其他股东的权益。但需注意的是,公开发行股份的公司的股东不得请求公司回购其股份,如上市公司的股份回购适用本法第162条及《证券法》的相关规定。第二,依法向人民法院提起诉讼。股东请求公司收购其股份,应当尽量通过协商的方式解决。但如果股东与公司长时间不能就股份收购达成协议,那么,既可能影响请求收购的股东的权益,又可能影响公司的生产经营活动。为此,本条赋予了股东诉权,规定自股东会决议作出之日起60日内,股东与公司不能达成股份收购协议的,股东可以自股东会决议作出之日起90日内向人民法院提起诉讼,由人民法院对股份收购事项依法作出裁判。

第3款规定了回购股份的处理。公司收购自身股份,部分股东因投资的退还而退出公司,这导致发行的股份数与实际情况不符,因此,公司应对收购的股份进行处理,即应当在6个月内依法转让或者注销。

适用要点

对于公开发行股份的公司,其股份具有较强的流动性,中小股东的股份一般可以自由转让,故本条第1款规定,在公开发行股份的公司,股东不享有异议股东股份收购请求权。

第一百六十二条 【公司股份回购】公司不得收购本公司股份。但是,有下列情形之一的除外:

(一)减少公司注册资本;

(二)与持有本公司股份的其他公司合并;

(三)将股份用于员工持股计划或者股权激励;

(四)股东因对股东会作出的公司合并、分立决议持异议,要求公司收购其股份;

(五)将股份用于转换公司发行的可转换为股票的公司债券;

(六)上市公司为维护公司价值及股东权益所必需。

公司因前款第一项、第二项规定的情形收购本公司股份的，应当经股东会决议；公司因前款第三项、第五项、第六项规定的情形收购本公司股份的，可以按照公司章程或者股东会的授权，经三分之二以上董事出席的董事会会议决议。

公司依照本条第一款规定收购本公司股份后，属于第一项情形的，应当自收购之日起十日内注销；属于第二项、第四项情形的，应当在六个月内转让或者注销；属于第三项、第五项、第六项情形的，公司合计持有的本公司股份数不得超过本公司已发行股份总数的百分之十，并应当在三年内转让或者注销。

上市公司收购本公司股份的，应当依照《中华人民共和国证券法》的规定履行信息披露义务。上市公司因本条第一款第三项、第五项、第六项规定的情形收购本公司股份的，应当通过公开的集中交易方式进行。

公司不得接受本公司的股份作为质权的标的。

条文注释

股东与公司作为两个独立的主体，基于资本维持的需要，除非在特殊情况下，公司原则上不能回购自身发行的股份。本法第161条规定了异议股东股份收购请求权，就属于公司回购自身股份的特殊情况之一。本条规定了其他允许公司回购自身股份的特殊情况。

股份回购是指公司收购本公司已发行的股份。本条第1款首先明确了公司不得收购本公司股份的原则。但为了优化资本结构、维护股价稳定，本条第1款规定了允许回购的例外情况，并在本条第2款及第3款，对回购决议及回购后股份的处理进行了规范。允许股份回购的具体情形如下：

1. 减少公司注册资本。本法第59条、第112条分别对有限责任公司股东会、股份有限公司股东会的职权作了规定，公司减少注册资本，属于股东会职权。因此，公司依法经股东会决议决定减少注册资本的，可以回购股份，并应当在回购之日起10日内注销股份，以完成减资程序。

2. 与持有本公司股份的其他公司合并。公司股份可以为其他公司所持有。当公司与拥有本公司股份的其他公司合并时,被合并的其他公司的资产都归属本公司,也包括其他公司所持有的本公司的股份,形成股份回购。按照本法第 59 条、第 112 条的规定,公司合并、分立等也属于股东会职权,应由其决议。公司回购股份后,应当在回购之日起 6 个月内转让或者注销股份。

3. 将股份用于员工持股计划或者股权激励。按照国务院证券监督管理机构的有关规定,员工持股计划是指公司根据员工意愿,通过合法方式使员工获得本公司股票并长期持有,股份权益按约定分配给员工的制度安排,员工持股计划的参加对象为公司员工,包括管理层人员。股权激励是指公司以本公司股票(股权)为标的,对其董事、高级管理人员及其他员工进行的长期性激励,激励对象可以包括董事、高级管理人员、核心技术人员或者核心业务人员等。公司推行员工持股计划或者股权激励,也可以通过发行新股进行,但可能稀释未来股权收益。股份回购不会稀释未来股权收益,也有利于提升股价,既维护了既有股东利益,也有利于对员工的激励。为提高效率,利于公司及时把握市场机会,本条第 2 款对这一情形下的股份回购决策程序进行了简化,即可以按照公司章程或者股东会的授权,经 2/3 以上董事出席的董事会会议决议。回购股份后,可根据公司的具体实际情况适时推行员工持股计划或者股权激励计划,但公司持股最长不得超过 3 年。

4. 股东因对股东会作出的公司合并、分立决议持异议,要求公司收购其股份。为维护异议股东权利,当股东对股东会作出的公司合并、分立决议持异议时,可以要求公司收购其股份,公司回购其股份的,不需要经股东会或者董事会决议。公司回购股份后,应当在回购之日起 6 个月内转让或者注销股份。

5. 将股份用于转换公司发行的可转换为股票的公司债券。可转换为股票的公司债券是以债券形式发行的,在一定时期内依据约定的条件可以转换为股票的债券。依照本法第 202 条、第 203 条的规定，股份有限公司可以发行可转换为股票的公司债券。发行可转换为股票的公司债券的，公司应当按照其转换办法向债券持有人换发股票，因此，为了实现债券持有人转换股票的需求，本条第1款第3项赋予公司回购本公司股份的权利。同时，为提高效率、简化决策程序，此类回购可以依照公司章程的规定或者股东会的授权，经2/3以上董事出席的董事会会议决议。所回购的股份，应当在3年内按照可转债募集办法的规定转换给可转债持有人。

6. 上市公司为维护公司价值及股东权益所必需。为提高效率、简化决策程序，此类回购可以依照公司章程的规定或者股东会的授权，经2/3以上董事出席的董事会会议决议。所回购的股份，应当在3年内转让或者注销。

为防止上市公司滥用股份回购制度进行操纵市场、内幕交易等利益输送行为，本条第4款规定上市公司收购本公司股份的，应当依照《证券法》的规定履行信息披露义务。如果上市公司是因将股份用于员工持股计划或者股权激励、将股份用于转换公司发行的可转换为股票的公司债券、为维护公司价值及股东权益所必需的情形发生股份回购，还应当通过公开的集中交易方式进行。

为了防止公司通过接受本公司股份质押的方式变相回购或持有本公司股份的，本条第5款明确规定，公司不得接受本公司的股份作为质权的标的。

关联法规

《上市公司信息披露管理办法》第22条、第27条；《上市公司收购管理办法》第63条；《上市公司股份回购规则》第2～35条；《上市公司股权激励管理办法》第2～45条

关联案例

1. 新疆盘古大业股权投资有限合伙企业与梓昆科技（中国）股份有限公司、中基国际投资（香港）有限公司、顾某昆与公司有关的纠纷案①

① 参见最高人民法院（2019）最高法民申4797号。

2. 温州标峰建设有限公司与王某年、姜某明、王某标、李某棋、陈某衡抽逃出资纠纷案①

第一百六十三条 【禁止财务资助】公司不得为他人取得本公司或者其母公司的股份提供赠与、借款、担保以及其他财务资助，公司实施员工持股计划的除外。

为公司利益，经股东会决议，或者董事会按照公司章程或者股东会的授权作出决议，公司可以为他人取得本公司或者其母公司的股份提供财务资助，但财务资助的累计总额不得超过已发行股本总额的百分之十。董事会作出决议应当经全体董事的三分之二以上通过。

违反前两款规定，给公司造成损失的，负有责任的董事、监事、高级管理人员应当承担赔偿责任。

条文注释

1. 原则上禁止财务资助。公司参与担保、借贷等资助性质的交易一般为公司法所允许，但公司意在资助相对方取得本公司或者其母公司股份，则被专门称作“财务资助行为”，并被专门规制。

关于财务资助，同世界绝大多数国家公司法一样，我国《公司法》采用了“原则禁止、例外允许”的规制模式。本条第1款前半句规定“公司不得为他人取得本公司或者其母公司的股份提供赠与、借款、担保以及其他财务资助”，原则上禁止公司实施财务资助行为。依据该规定，财务资助的构成要件如下：第一，提供资助主体是公司自身，或者是母公司的子公司。第二，资助对象是取得本公司或者其母公司股份的他人。“取得”的文义射程既包括购买公司已发行股份也包括认购新股。第三，在行为类型上，财务资助不仅指提供赠与、借款、担保等积极方式，也包括公司承担债务、免除他人债务等消极方面的财务

① 参见最高人民法院(2017)最高法民申2729号。

资助。在具体的判定上,可以参考比较法上实质判断标准:提供财务资助不得使公司净资产减少,或者净资产减少部分源自可分配利润,以保护公司债权人利益。第四,行为目的是为他人取得本公司或者其母公司的股份提供财务资助。

禁止财务资助规则诞生于1926年的英国,当时,行为人利用银行过桥贷款收购足以获得公司控制权的股份后更换董事会,由新董事会决议将公司资产借给行为人以偿还过桥贷款。这种收购实质上是公司以自己的资产购买自己的股份,虽不违反英国当时法律的规定,但违反了公司回购股份应先确保债权人债权安全的理念,并造成资产返还给股东的效果。为防范这种不当收购行为,英国格林立法委员会1926年发布的报告中首次出现了禁止财务资助规则。该委员会建议,禁止公司直接或间接为他人购买自己的股份提供借款、保证或其他形式的财务资助,除非借贷公司的正常经营业务或公司员工持股计划及类似事项。此后,1929年《英国公司法》第45条将禁止财务资助规则以成文法的形式确定下来。

2. 例外允许的情形。完全禁止财务资助可能阻碍某些价值增进的交易,而这类交易是有益于公司、股东的。因此,第1款后半句及第2款设置了员工持股计划例外与公司利益例外。

本条第1款后半句将员工持股计划作为具体例外。一般认为,员工持股计划通过员工持有公司股权,有助于实现公司内部股权社会化、经济民主和增强公司竞争力。但员工可能因为薪酬收入较低,难以购买公司股份。为了避免员工对外举债以行权,故允许公司对员工提供财务资助。域外公司法为了防止员工持股计划对债权人利益造成不当损害,通常附有公司净资产要求和财源限制。例如,2006年《英国公司法》第682条要求,为员工持股计划提供财务资助时公司净资产不得减少,或净资产减少部分应源自可分配利润。

第2款规定了"为公司利益"的一般例外。例外允许除为公司利益外,还须同时符合两个条件:一是须经股东会或者董事会决议批准;二是财务资助的累计总额不得超过已发行股本总额的10%。由董事会对符合公司利益的财务资助行为进行决议,还需要两个条件:一是公司章程或者股东会的授权；二是为提醒经营者审慎决策，董事会决议的通过比例为全体董事的2/3以上。

3. 违反禁止财务资助规则的法律后果。本条属于强制性规定，违法提供财务资助的，负有责任的董事、监事、高级管理人员应承担相应民事责任，对此，本条第3款规定，“违反前两款规定，给公司造成损失的，负有责任的董事、监事、高级管理人员应当承担赔偿责任”。由此可见，违法财务资助的行为，本质上属于董事、监事、高级管理人员违反受信义务的行为。对于这种行为，立法上采用了与董事、监事、高级管理人员违反受信义务的其他行为的相同规制思路，即董事、监事、高级管理人员违法提供财务资助的行为构成侵权，应依法承担赔偿责任。

适用要点

第一，注意理顺与公司其他资产流出行为之间的关系。具有财务资助特点的行为，不仅存在于取得本公司股份领域，其他行为也具有这种特点，如利润分配、公司清算中资产分配、减资、股份回购等。这些行为均可能导致公司相关资产流出，但如果这些行为已经在公司法及其他法律法规中有特别立法，则在解释上属于禁止财务资助制度的例外，即理论上所称的无条件例外。这些行为自然应该适用公司法及其他法律法规的特别规定，而不应适用本条的规定。第二，由谁启动追究董事、监事、高级管理人员的赔偿责任。本条第3款规定，违法提供财务资助，给公司造成损失的，负有责任的董事、监事、高级管理人员应当承担赔偿责任。那么，应该由谁启动追究董事、监事、高级管理人员的赔偿责任呢？由于违法提供财务资助给公司造成了损失，因此，毫无疑问，公司当然可以启动追责程序。同时，依照本法第189条规定，当公司利益受损时，股东还可以提起股东代表诉讼，追究董事、监事、高级管理人员的赔偿责任。需注意的是，公司债权人不能依据本条第3款的相关规定启动追责程序。但在符合《民法典》第538条、第539条的情况下，公司债权人可以行使撤销权，撤销违法的财务资助行为。

第一百六十四条　【股票被盗、遗失或者灭失的救济途径】股票被盗、遗失或者灭失，股东可以依照《中华人民共和国民事诉讼法》规定的公示催告程序，请求人民法院宣告该股票失效。人民法院宣告该股票失效后，股东可以向公司申请补发股票。

条文注释

依照本条规定，股票被盗、遗失或者灭失，可以按照公示催告程序进行救济。公示催告程序是我国《民事诉讼法》规定的一种非诉程序，是指在票据持有人丧失票据的情况下，人民法院根据权利人的申请，以公告的方式，告知并催促利害关系人在指定期限内申报权利，到期无人申报权利或申报被驳回，人民法院则根据申请人的申请依法作出宣告票据无效的除权判决程序。公示催告程序包括公示催告和除权判决两个阶段。具体程序如下：

第一，股票被盗、遗失或者灭失后，丧失股票的股东向人民法院递交申请书。申请书应写明股票的主要内容和申请的理由、事实。

第二，人民法院决定受理申请的，应当同时通知公司停止该股票所代表股东权利的行使，并在3日内发出申报权利的公告。公示催告的期间，由人民法院根据情况决定，但不得少于60日。公示催告期间，转让该股票的行为无效。

第三，利害关系人在公示催告期间向人民法院申报权利的，人民法院收到申报后，应当裁定终结公示催告程序，并通知申请人和公司，申请人或者申报人可以向人民法院起诉。利害关系人出示的票据与公示催告的股票不一致的，法院应当裁定驳回利害关系人的申报。

第四，人民法院作出除权判决。公示催告期间届满，如无人申报权利或申报被驳回，人民法院即根据申请人的申请，作出宣告该股票无效的除权判决，该判决应当公告，并通知公司。人民法院通过公示催告程序宣告该股票无效后，股东可以依据本条规定，请求公司向其补发股票。申报人因正当理由不能在判决前向人民法院申报的，自知道或者应当知道判决公告之日起一年内，可以向作出判决的人民法院起诉。

关联法规

《民事诉讼法》第229～234条;《最高人民法院关于适用〈中华人民共和国民事诉讼法〉的解释》第442～459条;《票据法》第15条;《最高人民法院关于审理票据纠纷案件若干问题的规定》第23～38条

关联案例

铁道部第二工程局机械筑路处与广东东阳光科技控股股份有限公司票据纠纷案①

第一百六十五条　【上市公司股票交易】上市公司的股票,依照有关法律、行政法规及证券交易所交易规则上市交易。

条文注释

本法所称的上市公司,是指股票在证券交易所上市交易的股份有限公司。股票的上市交易,是上市公司的股票在证券交易所通过集中竞价方式或者国务院证券监督管理机构批准的其他方式进行交易。股票的上市交易是一种特殊的股份转让方式,除了需符合本法关于股份转让的相关规定外,还必须遵守相关的上市交易规则。这些规则或由《证券法》规定,或由证券监督管理机构规定,或由证券交易所规定。2023年2月17日,全面实行股票发行注册制改革正式启动,中国证监会发布实施57部相应制度规则,证券交易所、全国中小企业股份转让系统有限责任公司、中国证券登记结算有限责任公司、中国证券金融股份有限公司、中国证券业协会配套制度规则同步发布实施。此次改革精简优化了发行上市审核注册机制,保持交易所审核、证监会注册的基本架构不变,进一步明晰交易所和证监会的职责分工,提高审核注册的效率和可预期性。

股票上市相应的规则包括上市条件、上市申请、终止上市等。第一,股票上市条件方面,《证券法》只作原则性的要求,具体的上市条

① 参见广东省韶关市中级人民法院(2019)粤02民终88号。

件交由证券交易所规定，并要求证券交易所上市规则规定的上市条件应当对发行人的经营年限、财务状况、最低公开发行比例和公司治理、诚信记录等提出要求。第二，股票的上市申请方面，《证券法》规定申请股票上市交易，应当向证券交易所提出申请，由证券交易所依法审核同意，并由双方签订上市协议。《首次公开发行股票注册管理办法》规定首次公开发行股票并上市，应当符合发行条件、上市条件以及相关信息披露要求，依法经交易所发行上市审核，并报中国证监会注册。第三，股票的终止上市方面，《证券法》规定，上市交易的股票有证券交易所规定的终止上市情形的，由证券交易所按照业务规则终止其上市交易。此外，《证券法》还规定了禁止的交易行为，即禁止证券交易内幕信息的知情人和非法获取内幕信息的人利用内幕信息从事证券交易活动。

关联法规

《证券法》第 35 ~ 61 条；《证券交易所管理办法》第 61 ~ 69 条

关联案例

皇氏集团股份有限公司与东方证券股份有限公司损害股东利益责任纠纷案①

第一百六十六条　【上市公司信息披露】上市公司应当依照法律、行政法规的规定披露相关信息。

条文注释

信息披露是股票上市交易必须遵守的重要规则之一。2023 年 2 月 17 日，全面实行股票发行注册制正式落地，注册制精简优化发行上市条件，将核准制下的发行条件尽可能转化为信息披露要求，信息披露制度成为注册制改革的核心。目前，我国已逐步形成上市公司信息披露制度规范法律体系。《上市公司治理准则》第 9 章专门

① 参见上海市高级人民法院（2021）沪民终 514 号。

对信息披露进行规定，要求上市公司建立并执行信息披露事务管理制度。2019年修订的《证券法》首次在第5章单独设立“信息披露”章节规定信息披露原则、义务主体、内容、方式、法律责任等。2021年修订的《上市公司信息披露管理办法》对《证券法》规定的年度报告、中期报告、重大事件等事宜进行了细化规定，并且规定上市公司信息披露事务管理的细则。为配合全面注册制的出台，2023年施行的《首次公开发行股票注册管理办法》和《上市公司证券发行注册管理办法》细化了上市公司发行证券的信息披露规则。此外，在刑事规范体系方面，《刑法》设有违规披露、不披露重要信息罪，将依法负有信息披露义务的主体提供虚假的或者隐瞒重要事实的财务会计报告，或者对依法应当披露的其他重要信息不按照规定披露，严重损害股东或者其他人利益，或者有其他严重、特别严重情节的行为认定为犯罪。《最高人民检察院、公安部关于公安机关管辖的刑事案件立案追诉标准的规定(二)》明确了违规披露、不披露重要信息案的立案追诉标准。

上市公司的信息披露义务人包括发行人、上市公司、收购人、上市公司董事、监事、高级管理人员等，还包括对上市公司重大事项有重要影响的控股股东、实际控制人。上市公司信息披露需要遵守真实性、准确性、完整性、及时性、公平性原则。上市公司必须公开披露的信息，包括但不限于：招股说明书、募集说明书、上市公告书、财务会计报告、定期报告(包括年度报告、中期报告)、临时报告(包括重大事件公告和上市公司收购公告)等。

关联法规

《证券法》第78～87条、第197条；《刑法》第161条；《上市公司信息披露管理办法》；《上市公司证券发行注册管理办法》第38～51条；《首次公开发行股票注册管理办法》第34～50条；《最高人民法院关于审理证券市场虚假陈述侵权民事赔偿案件的若干规定》；《最高人民检察院、公安部关于公安机关管辖的刑事案件立案追诉标准的规定(二)》第6条

关联案例

1. 博元投资股份有限公司、余某妮等人违规披露、不披露重要信息案①

2. 马某田等人违规披露、不披露重要信息、操纵证券市场案②

第一百六十七条　【股份有限公司自然人股东的股东资格继承】自然人股东死亡后，其合法继承人可以继承股东资格；但是，股份转让受限的股份有限公司的章程另有规定的除外。

条文注释

依照本条第1款前半句规定，股份有限公司自然人股东的合法继承人可以继承其股东资格。这样规定既考虑到股东身份即股东资格是基于股东的财产权而产生的，也考虑到被继承人作为公司的股东曾对公司作出过贡献，其死后如无遗嘱另作安排，由其法定继承人继承其股东资格具有合理性，符合我国传统。

本条后半句规定了发行股份转让受限类别股的股份有限公司，自然人股东的股东资格继承的除外情形。与有限责任公司更为关注股东之间的“人合性”不同，股份有限公司更注重股份的流动性，因此，除公司章程依据本法第144条第1款第3项规定发行股份转让受限的类别股外，公司章程不得对股东资格继承问题另作限制规定。

适用要点

第一，股份有限公司只有通过章程规定发行类别股的，才能对自然人股东资格继承作出限制，这与有限责任公司可以通过章程对自然人股东资格继承作限制不同。换言之，有限责任公司对自然人股东资格继承的限制不是通过类别股的方式进行，而是由章程直接

---

①　参见最高人民检察院第66号指导性案例。

②　参见2022年最高人民法院、最高人民检察院、公安部、中国证监会《依法从严打击证券犯罪典型案例》。

对继承人范围、资格及数量等进行限制。第二，公司章程在规定转让受限的类别股时，只能限制继承人继承股东资格，不得违反《民法典》继承编的基本原则，剥夺继承人获得与股权价值相适应的财产对价的权利。如果公司没有发行股份转让受限的类别股，则应当按照本条规定的一般原则由继承人继承死亡自然人股东的股东资格。

关联法规

《民法典》第 124 条、第 1119～1163 条

关联案例

1. 曾某 1 与曾某 2、曾某 3 继承纠纷案①

2. 赵某 1、鹤壁佳多科工贸股份有限公司等法定继承纠纷案②

① 参见广东省深圳市龙华区人民法院(2018)粤 0309 民初 6506 号。

② 参见河南省鹤壁市中级人民法院(2021)豫 06 民终 1485 号。

第七章　国家出资公司组织机构的特别规定

第一百六十八条　【国家出资公司】 国家出资公司的组织机构，适用本章规定；本章没有规定的，适用本法其他规定。

本法所称国家出资公司，是指国家出资的国有独资公司、国有资本控股公司，包括国家出资的有限责任公司、股份有限公司。

条文注释

第 1 款明确规定本章为本法其他条文的特别规定。本章与公司法其他部分为特别规定和一般规定的关系。按照特别规定优于一般规定的原则，对于国家出资公司的组织机构，首先必须适用本章的规定，只有本章没有规定的，才能适用《公司法》其他部分的规定。例如，本法第 173 条第 2 款规定“国有独资公司的董事会成员中，应当过半数为外部董事，并应当有公司职工代表”，即国有独资公司的董事会成员中必须有过半数的外部董事，且强制性要求必须有公司职工代表，而不能像普通有限责任公司那样按照本法第 68 条第 1 款规定可以不安排外部董事、不安排职工代表（职工人数 300 人以下）。

第 2 款规定国家出资公司的定义和范畴。国家出资公司是指国家出资的国有独资公司、国有资本控股公司。结合《企业国有资产法》《企业国有资产交易监督管理办法》相关法律法规规定，国有独资公司是指公司的资本金全部为国家所有，由政府部门、机构、事业单位出资设立的公司，其出资人仅有一个，即只有一个股东。国有资本控股公司是指政府部门、机构、事业单位、企业直接或间接合计持股为 100% 的国有全资公司；前述所列单位、企业单独或共同出资，合计拥有产（股）权比例超过 50%，且其中之一为最大股东的公司；前述所列企业对外出资，拥有股权比例超过 50% 的各级子公司；政府部门、机构、事业单位、单一国有及国有控股企业直接或间接持股比例未超过50%，但为第一大股东，并且通过股东协议、公司章程、董事会决议或者其他协议安排能够对其实际支配的公司。国有独资公司、国有资本控股公司均包括有限责任公司、股份有限公司两种公司形态。

适用要点

国有独资公司与国有全资公司的区别。地方国有资产监督管理委员会出资设立的A国有独资公司，A国有独资公司100%出资设立的二级子公司B，B不属于公司法所称的国有独资公司，而应属于国有全资公司。

关联法规

《企业国有资产法》第5条；《企业国有资产交易监督管理办法》第4条

第一百六十九条　【履行国家出资公司出资人职责的主体】国家出资公司，由国务院或者地方人民政府分别代表国家依法履行出资人职责，享有出资人权益。国务院或者地方人民政府可以授权国有资产监督管理机构或者其他部门、机构代表本级人民政府对国家出资公司履行出资人职责。

代表本级人民政府履行出资人职责的机构、部门，以下统称为履行出资人职责的机构。

条文注释

依照《企业国有资产法》第2章的相关规定，对国家出资公司履行出资人职责的机构有以下几类：第一类是国务院国有资产监督管理委员会。根据《国务院关于机构设置的通知》（国发〔2008〕11号）（已失效），设立国务院国有资产监督管理委员会（正部级），为国务院直属特设机构。第二类是地方人民政府按照国务院的规定设立的国有资产监督管理机构（如四川省政府国有资产监督管理委员会、南通市人民政府国有资产监督管理委员会、绵阳市国有资产监督管理委员会等)。根据地方人民政府的授权,代表地方人民政府对国家出资企业履行出资人职责。第三类是国务院和地方人民政府根据需要授权的其他部门、机构。如根据国务院的有关规定,国务院授权财政部对金融行业的国有资产进行监管,授权财政部对中国邮政集团有限公司履行出资人职责等。

履行出资人职责的机构的基本职责有:第一,代表本级人民政府对国家出资企业依法享有资产收益、参与重大决策和选择管理者等出资人权利。第二,依照法律、行政法规的规定,制定或者参与制定国家出资企业的章程。第三,对法律、行政法规和本级人民政府规定须经本级人民政府批准的履行出资人职责的重大的事项,应当报请本级人民政府批准。第四,委派股东代表参加国有资本控股公司召开的股东会会议,按照委派机构的指示提出提案、发表意见、行使表决权,并将其履行职责的情况和结果及时报告委派机构。

履行出资人职责的机构的履职要求主要有:第一,应当依照法律、行政法规以及企业章程履行出资人职责,保障出资人权益,防止企业国有资产损失。第二,维护企业作为市场主体依法享有的权利,除依法履行出资人职责外,不得干预企业经营活动。第三,对本级人民政府负责,向本级人民政府报告履行出资人职责的情况,接受本级人民政府的监督和考核,对企业国有资产的保值增值负责。第四,按照国家有关规定,定期向本级人民政府报告有关企业国有资产总量、结构、变动、收益等汇总分析的情况。

关联法规

《企业国有资产法》第 11 ~ 15 条

第一百七十条　【国家出资公司党组织的领导作用】国家出资公司中中国共产党的组织,按照中国共产党章程的规定发挥领导作用,研究讨论公司重大经营管理事项,支持公司的组织机构依法行使职权。

条文注释

在制度层面,《中国共产党章程》《中国共产党支部工作条例(试行)》《中国共产党国有企业基层组织工作条例(试行)》《关于中央企业在完善公司治理中加强党的领导的意见》等党内法规,规定了国有企业党组织的功能定位,明确了党的领导和公司治理的关系。

党委在企业发挥把方向、管大局、保落实的领导作用。党组织研究讨论是董事会、经理层决策重大问题的前置程序,明确坚持和完善"双向进入、交叉任职"领导体制及有关要求。党组织前置讨论的范围:一是涉及公司经营和发展的"重"和"大"的问题,集中表现为"三重一大"事项(重大事项决策、重要干部任免、重要项目安排、大额资金的使用,必须经集体讨论作出决定),董事会、未设董事会的经理班子研究"三重一大"事项时,应事先与党委沟通,听取党委的意见;二是对公司可能产生较大影响的前沿性、敏感性问题,涉及新业态、新领域的项目,涉及领导干部作风、意识形态和企业文化建设事项,影响企业发展动态和方向;三是与职工切身利益密切相关的问题,涉及职工薪酬福利和劳资问题的事项;四是公司出现的新情况新问题,特别是带有原则性、方向性的问题。党委研究"能不能干",董事会决定"干不干",经理层考虑"怎么干",推动党的建设与董事会决策、公司生产经营深度融合、同频共振。董事会、经理层要自觉维护党委的领导作用,党委更要支持董事会、经理层依法行使职权,将党的领导的独特优势转化为企业的发展优势。

第一百七十一条 【国有独资公司章程制定】国有独资公司章程由履行出资人职责的机构制定。

条文注释

国有独资公司章程,只能由履行出资人职责的机构制定。履行出资人职责的机构包括:国务院国有资产监督管理委员会;地方人民政府按照国务院的规定设立的国有资产监督管理机构;国务院和地方人民政府根据需要授权的其他部门、机构。

关联法规

《企业国有资产法》第12条

第一百七十二条　【国有独资公司重大事项的决定】国有独资公司不设股东会，由履行出资人职责的机构行使股东会职权。履行出资人职责的机构可以授权公司董事会行使股东会的部分职权，但公司章程的制定和修改，公司的合并、分立、解散、申请破产，增加或者减少注册资本，分配利润，应当由履行出资人职责的机构决定。

条文注释

国有独资公司只有一个出资人，即一个股东，不设股东会，依照本法第59条第1款规定的有限责任公司股东会职权由履行出资人职责的机构行使。除"公司章程的制定和修改，公司的合并、分立、解散、申请破产，增加或者减少注册资本，分配利润"以外的职权，履行出资人职责的机构可以授权国有独资公司董事会行使，如对发行公司债券作出决议，决定公司的经营方针和投资计划等，以确保国有独资公司经营管理高效有序。

关联法规

《企业国有资产法》第31条

第一百七十三条　【国有独资公司董事会】国有独资公司的董事会依照本法规定行使职权。

国有独资公司的董事会成员中，应当过半数为外部董事，并应当有公司职工代表。

董事会成员由履行出资人职责的机构委派；但是，董事会成员中的职工代表由公司职工代表大会选举产生。

董事会设董事长一人，可以设副董事长。董事长、副董事长由履行出资人职责的机构从董事会成员中指定。

条文注释

第1款规定董事会为国有独资公司的必设公司治理机构，依照本法规定行使职权，即依照本法第67条第2款、第70条、第72条、第73条等相关规定行使职权，切实履行董事会定战略、作决策、防风险的职责。

第2款是关于外部董事和职工代表的规定。外部董事是指由非公司员工的外部人员担任的董事。外部董事不在公司担任除董事和董事会专门委员会有关职务以外的其他职务。为进一步优化国有独资公司董事会结构，提高董事会决策质效，让国有独资公司充分利用外部董事的专长、专业、行业运营经验等，发挥专家作用，为国有独资公司发展在战略管理、业务拓展、风险控制、商业模式创新等方面提出建议意见。本款吸收国有企业改革经验，规定国有独资公司的董事会成员中应当有外部董事，外部董事人数应当超过董事会全体成员的半数，即"外大于内"。同时，为保障与促进国有独资公司民主管理，国有独资公司董事会成员中还应当有公司职工代表。

第3款规定国有独资公司董事的产生。国有独资公司董事会成员，包括外部董事在内，均由履行出资人职责的机构委派。外部董事一般要求是财会、金融、产业建设、经济管理、法律方面的专家。董事会成员中的职工代表由公司职工代表大会选举产生。职工代表的人数本条未作规定，具体由履行出资人职责的机构在公司章程中规定。

第4款规定董事长、副董事长的设置和产生。国有独资公司董事会设董事长一人，根据公司规模和经营实际情况，可以设副董事长协助董事长工作，具体人数本条未作限制，由履行出资人职责的机构决定。董事长、副董事长由履行出资人职责的机构从董事会成员中指定，一般是在外部董事、董事会成员中职工代表以外的执行公司事务的董事中指定产生。

关联法规

《企业国有资产法》第22条

第一百七十四条　【国有独资公司经理聘任、解聘和兼任】国有独资公司的经理由董事会聘任或者解聘。

经履行出资人职责的机构同意,董事会成员可以兼任经理。

条文注释

第1款规定国有独资公司的经理依法由董事会聘任或者解聘,接受董事会管理和监督,经理对董事会负责。在公司章程或者董事会授权范围内,依法行使管理生产经营、组织实施董事会决议等职权,向董事会报告工作,董事会闭会期间向董事长报告工作。

第2款规定董事会成员兼任经理的,需经履行出资人职责的机构同意。国有独资公司一般规模较大,为保障公司治理机构的稳定有序,确保公司生产经营的发展,保障国有资产保值增值,要求公司治理机构的人员各司其职、各尽其责,避免因董事、高级管理人员之间交叉任职,导致董事会、经理层权责界限不清、边界不明,因此,董事会成员兼任经理需经履行出资人职责的机构同意。

关联法规

《企业国有资产法》第25条

第一百七十五条　【国有独资公司董事、高级管理人员禁止兼职】国有独资公司的董事、高级管理人员,未经履行出资人职责的机构同意,不得在其他有限责任公司、股份有限公司或者其他经济组织兼职。

条文注释

本条规定禁止国有独资公司的董事、高级管理人员在其他有限责任公司、股份有限公司或者其他经济组织兼职,但经履行出资人职责的机构同意的除外。对国有独资公司的董事、高级管理人员实行兼职禁止的专任制度,是为了防止国有独资公司董事、高级管理人员因兼职而疏于对公司的管理,避免因此可能给国有资产造成损害,也更有利于其对公司履行忠实和勤勉义务。但是,国有独资公司根据经营实际需要也可能对外投资,设立子公司,或者与其他经济组织共同投资设立其他公司或经济组织。这种情况下,国有独资公司作为法人股东,需要向被投资公司或其他经济组织派出董事会成员或者经营管理者,参加所投资公司或经济组织的董事会或被任命为高级管理人员,确保对外投资的安全且有回报。这时,经履行出资人职责的机构同意,国有独资公司的董事、高级管理人员可以兼职。

关联法规

《企业国有资产法》第25条

第一百七十六条　【国有独资公司监事会设置例外】国有独资公司在董事会中设置由董事组成的审计委员会行使本法规定的监事会职权的,不设监事会或者监事。

条文注释

结合国有企业改革的实践经验,本条规定了国有独资公司不设监事会或者监事的例外情形,使国有独资公司治理机构更具有弹性。依照本条规定,如果履行出资人职责的机构决定在董事会中设置审计委员会,则不再重复设置监事会或者监事,由审计委员会行使本法第78条规定的监事会的职权。需要特别注意的是,审计委员会的组成人员必须是公司董事,非董事不能成为审计委员会成员,成员多少,由履行出资人职责的机构结合国有独资公司经营实际以及董事会成员数量确定。

第一百七十七条　【国家出资公司合规管理】国家出资公司应当依法建立健全内部监督管理和风险控制制度,加强内部合规管理。

条文注释

合规,是指企业经营管理行为和员工履职行为符合国家法律法规、监管规定、行业准则和国际条约、规则，以及公司章程、相关规章制度等要求。合规管理，是指企业以有效防控合规风险为目的，以提升依法合规经营管理水平为导向，以企业经营管理行为和员工履职行为为对象，开展的包括建立合规制度、完善运行机制、培育合规文化、强化监督问责等有组织、有计划的管理活动。合规风险，是指企业及其员工在经营管理过程中因违规行为引发法律责任、造成经济或者声誉损失以及其他负面影响的可能性。加强国家出资公司合规管理，切实防控风险，是有力保障国有企业深化改革与高质量发展的重要举措。在管理层面，国家出资公司按照规定成立由班子成员组成的合规管理领导小组或者合规管理委员会，并由总法律顾问担任合规管理负责人，承担合规管理的组织领导和统筹协调工作。在执行层面，将合规要求嵌入企业经营管理各领域各环节，落实到企业各部门、各单位和全体员工，建立合规管理“三道防线”。通常业务部门作为“第一道防线”，负责相关领域的日常合规风险管理；“第二道防线”则多由法务部门作为合规管理的专责部门，主要负责合规管理体系的建设，协同企业其他部门负责日常合规工作的开展；内部审计部门和纪检部门通常作为“第三道防线”，对企业合规管理体系进行监督及评估。依法建立健全国家出资公司内部监督管理和风险控制制度，完善合规风险管控的预警机制、整改机制、追责机制、考核机制、培训机制，通过不断强化合规管理提升国家出资公司可持续发展能力，严控合规风险、提升企业核心竞争力。

第八章　公司董事、监事、高级管理人员的资格和义务

第一百七十八条　【董事、监事、高级管理人员消极资格】有下列情形之一的，不得担任公司的董事、监事、高级管理人员：

（一）无民事行为能力或者限制民事行为能力；

（二）因贪污、贿赂、侵占财产、挪用财产或者破坏社会主义市场经济秩序，被判处刑罚，或者因犯罪被剥夺政治权利，执行期满未逾五年，被宣告缓刑的，自缓刑考验期满之日起未逾二年；

（三）担任破产清算的公司、企业的董事或者厂长、经理，对该公司、企业的破产负有个人责任的，自该公司、企业破产清算完结之日起未逾三年；

（四）担任因违法被吊销营业执照、责令关闭的公司、企业的法定代表人，并负有个人责任的，自该公司、企业被吊销营业执照、责令关闭之日起未逾三年；

（五）个人因所负数额较大债务到期未清偿被人民法院列为失信被执行人。

违反前款规定选举、委派董事、监事或者聘任高级管理人员的，该选举、委派或者聘任无效。

董事、监事、高级管理人员在任职期间出现本条第一款所列情形的，公司应当解除其职务。

条文注释

第1款对担任公司董事、监事、高级管理人员的消极资格作出规定。公司董事、监事、高级管理人员属于公司的主要管理人员，对公

司的运营、管理负有重要责任。对存在本款规定情形的五类人员，不得担任公司的董事、监事、高级管理人员。

第2款规定了违反消极资格规定的法律后果。即公司选举、委派上述人员担任董事、监事或者聘任为高级管理人员的，因违反本条有关资格条件的规定，该选举、委派或者聘任无效。

第3款规定了董事、监事、高级管理人员任期内出现消极资格情形的法律后果。公司依法选举、委派或者聘任的董事、监事、高级管理人员，在任职期间出现本条第1款所列情形之一的，公司应当解除其职务。

关联案例

1. 上海红富士家纺有限公司与熊某公司决议效力确认纠纷案①

2. 北京飞腾房地产开发有限公司与李某珍公司决议效力确认纠纷案②

第一百七十九条　【董事、监事、高级管理人员守法义务】董事、监事、高级管理人员应当遵守法律、行政法规和公司章程。

条文注释

公司的董事、监事和高级管理人员由公司选举、委派或者聘任产生，基于公司、股东的信任取得经营管理公司的权利，应当正当行使权利，依法为公司最大利益服务。关于董事、监事和高级管理人员与公司、股东的关系，大陆法系国家一般定义为委托代理关系，英美法系国家一般定义为信托关系。不管是委托代理关系还是信托关系，二者的具体内容基本一致，都是要对公司负忠实义务和勤勉义务。董事、监事、高级管理人员遵守法律、行政法规和公司章程是履行忠实义务和勤勉义务的前提条件和保障。董事、监事、高级管理人员违反法律、行政法规，或者不遵守公司章程，影响公司治理，给公司

① 参见上海市高级人民法院(2020)沪民申296号。

② 参见北京市第三中级人民法院(2019)京03民终4242号。

及股东利益造成损害，必然会违反其对公司的忠实和勤勉义务。

第一百八十条　【董事、监事、高级管理人员忠实和勤勉义务】董事、监事、高级管理人员对公司负有忠实义务，应当采取措施避免自身利益与公司利益冲突，不得利用职权牟取不正当利益。

董事、监事、高级管理人员对公司负有勤勉义务，执行职务应当为公司的最大利益尽到管理者通常应有的合理注意。

公司的控股股东、实际控制人不担任公司董事但实际执行公司事务的，适用前两款规定。

条文注释

董事、监事、高级管理人员掌握着经营管理公司的权利，必须同时肩负起与权利相对应的责任。在学理上，这种责任被称为信义义务，即当事人之间基于信义关系而产生的义务。《公司法》中将信义义务明确规定为董事、监事、高级管理人员等管理者的法定义务。忠实义务和勤勉义务是信义义务的核心内容。

第1款规定了董事、监事、高级管理人员的忠实义务。所谓忠实义务，是指董事、监事、高级管理人员在履行管理公司、经营业务的职责时，自身利益与公司利益发生冲突的，必须以公司利益为重，不得将自身利益置于公司利益之上。忠实义务主要包括两个方面：一方面是避免冲突的义务，需要义务主体“采取措施避免自身利益与公司利益冲突”；另一方面是不得谋取不正当利益的义务，即义务主体不能凭借其地位从任何属于公司的商业机会中谋取个人不正当利益。本法第181条至第184条是对忠实义务的具体化规定。

第2款规定了董事、监事、高级管理人员的勤勉义务。勤勉义务，又称注意义务或善管义务，是指董事、监事、高级管理人员履行职责时，具有一个善良管理人的细心，尽到一个普通谨慎之人的合理注意，以实现公司利益的最大化。勤勉义务主要包括：(1)遵守法律法规和公司章程；(2)不越权履行职务；(3)充分熟悉公司业务以及经营管理状况；(4)按时出席公司董事会、监事会等会议，并以公司的利益最大化为出发点来发表意见和观点;(5)向股东会、利益相关方等如实提供公司资料,披露相关信息;(6)按规定列席股东会,并接受相关质询等。

第3款对事实董事进行了规制。在公司经营过程中,控股股东、实际控制人虽不亲自担任董事,但往往实际掌握着公司的决策权,俗称事实董事。为防止他们滥用控制权,损害公司、中小股东及债权人的利益,本款将“忠实义务”和“勤勉义务”的适用范围扩大至不担任公司董事但实际执行公司事务的控股股东、实际控制人,他们如同董事一样,对公司承担忠实和勤勉义务。

关联法规

《证券法》第142条;《上市公司治理准则》第4条、第21条、第53条

关联案例

1. 斯曼特微显示科技(深圳)有限公司、胡某生等损害公司利益责任纠纷案①

2. 李某与上海利亚德环保科技有限公司损害公司利益责任纠纷案②

第一百八十一条　【董事、监事、高级管理人员的禁止行为】 董事、监事、高级管理人员不得有下列行为:

(一)侵占公司财产、挪用公司资金;

(二)将公司资金以其个人名义或者以其他个人名义开立账户存储;

(三)利用职权贿赂或者收受其他非法收入;

(四)接受他人与公司交易的佣金归为己有;

(五)擅自披露公司秘密;

(六)违反对公司忠实义务的其他行为。

---

① 参见最高人民法院(2018)最高法民再366号。

② 参见上海市第二中级人民法院(2020)沪02民终2326号。

条文注释

根据本条规定，董事、监事、高级管理人员不得有下列行为：

第一，侵占公司财产、挪用公司资金。该行为背弃了公司的托付，将直接对公司的财产利益造成严重损害，严重违反了董事、监事、高级管理人员对公司的忠实义务，应予禁止。

第二，将公司资金以其个人名义或者以其他个人名义开立账户存储。该行为将使公司失去对公司资金的监管权，容易导致公司资金流失，严重影响公司正常的生产经营，违反了董事、监事、高级管理人员对公司的忠实义务，应予禁止。

第三，利用职权贿赂或者收受其他非法收入。该行为将影响董事、监事、高级管理人员行为的廉洁性，直接或者间接对公司、股东的利益造成损害，严重违反了董事、监事、高级管理人员对公司的忠实义务，应予禁止。

第四，接受他人与公司交易的佣金归为己有。该行为将导致公司资金流失，损害公司、股东利益等，影响公司正常的生产经营活动，违反了对公司的忠实义务，应予禁止。

第五，擅自披露公司秘密。董事、监事、高级管理人员是公司的主要管理人员，掌握公司商业秘密。其擅自披露公司商业秘密，将影响公司的正常经营，甚至会对公司利益造成较大损害，违反了对公司的忠实义务，应予禁止。

第六，违反对公司忠实义务的其他行为。这是为防止挂一漏万，作出的兜底性条款。

适用要点

当董事、监事、高级管理人员违反上述义务时，除公司可以依据本法追究其民事责任外，如果情节严重，涉嫌刑事犯罪的，公司还可以依据《刑法》的相关规定追究其刑事责任。

关联法规

《刑法》第 163 条、第 184 条、第 185 条、第 219 条、第 271 条、第 272 条、第 383 ~ 385 条；《劳动合同法》第 23 条

关联案例

1. 中维华信基金管理有限公司与问某损害公司利益责任纠纷案①

2. 郑某、袁某乐等居间合同纠纷案②

3. 上海联橙信息科技有限公司与卢某胜等损害公司利益责任纠纷案③

第一百八十二条　【董事、监事、高级管理人员及其关联人关联交易报告】董事、监事、高级管理人员，直接或者间接与本公司订立合同或者进行交易，应当就与订立合同或者进行交易有关的事项向董事会或者股东会报告，并按照公司章程的规定经董事会或者股东会决议通过。

董事、监事、高级管理人员的近亲属，董事、监事、高级管理人员或者其近亲属直接或者间接控制的企业，以及与董事、监事、高级管理人员有其他关联关系的关联人，与公司订立合同或者进行交易，适用前款规定。

条文注释

关联交易是一种利益冲突交易。各国的公司法历来都将其作为忠实义务制度中最为重要的内容加以规制。由于正常的关联交易，可以稳定公司业务，分散经营风险，有利于公司发展，因此，本条并未简单地禁止关联交易，而是规定进行关联交易应当履行合法程序。根据本条第1款规定，董事、监事、高级管理人员进行关联交易时，应履行下列程序：第一，应当向董事会或者股东会进行报告；第二，由董事会或者股东会通过决议的形式进行批准。

本条第2款扩大了关联交易相关主体的范围，包括董事、监事、

---

① 参见北京市第一中级人民法院(2023)京01民终4363号。

② 参见广东省深圳市中级人民法院(2021)粤03民终18589号。

③ 参见上海市金山区人民法院(2022)沪0116民初4920号。

高级管理人员的近亲属，董事、监事、高级管理人员或者其近亲属直接或者间接控制的企业，与董事、监事、高级管理人员有其他关联关系的关联人。这些主体因为与董事、监事、高级管理人员存在紧密的关系，极容易利用董事、监事、高级管理人员的职务便利，在与公司的交易过程中获取私利，进而损害公司利益。因此，上述人员在与公司进行交易时，也应适用本条第1款规定的报告及批准程序。

适用要点

一方面，法律保护合法有效的关联交易，合法的关联交易应当同时满足交易信息披露充分、交易程序合法和交易对价公允这三个条件；另一方面，公司股东会、董事会审议有关关联交易事项时，关联股东、董事应当回避表决。

关联法规

《民法典》第84条；《上市公司章程指引》第80条

关联案例

1. 谢某诉冷某峰与公司有关的纠纷案①

2. 江苏凤灵乐器文化产业有限公司、江苏凤灵乐器有限公司商标权转让合同纠纷案②

第一百八十三条　【董事、监事、高级管理人员合法谋取商业机会】董事、监事、高级管理人员，不得利用职务便利为自己或者他人谋取属于公司的商业机会。但是，有下列情形之一的除外：

（一）向董事会或者股东会报告，并按照公司章程的规定经董事会或者股东会决议通过；

（二）根据法律、行政法规或者公司章程的规定，公司不能利用该商业机会。

---

① 参见重庆市高级人民法院（2020）渝民终543号。

② 参见江苏省泰州市中级人民法院（2022）苏12民终3894号。

条文注释

公司商业机会是指董事、监事、高级管理人员在执行公司事务过程中获得并且有义务向公司披露的，与公司经营活动密切相关的各种机会。董事、监事、高级管理人员利用职务之便，窃取公司商业机会，显然会引发与公司的利益冲突，因此，本条规定，董事、监事、高级管理人员，不得利用职务便利为自己或者他人谋取属于公司的商业机会。

对董事、监事、高级管理人员能否利用公司商业机会，本条只是严格限制，并不彻底禁止。即当存在下列情形时，董事、监事、高级管理人员可以利用公司商业机会：第一，向董事会或者股东会报告，并按照公司章程的规定经董事会或者股东会决议通过；第二，根据法律、行政法规或者公司章程的规定，公司不能利用该商业机会。

适用要点

第一，董事、监事、高级管理人员在执行公司职务过程中获得的信息和机会很多，但并不意味着这些机会都是公司商业机会，公司商业机会必须是与公司经营活动密切相关并且董事、监事、高级管理人员有义务披露的机会。在衡量某一机会是否与公司经营活动密切相关时，要综合考虑各种相关因素，如某一商业机会是否为公司所需要或者追寻，公司是否曾经就该机会进行过谈判，公司是否为追寻该机会而投入人力、物力和财力等。第二，司法实践中，商业机会的认定标准争议较大，因此，可以在公司章程或公司内部管理规定中明确公司商业机会的判定标准和董事、监事、高级管理人员处置该商业机会的程序要求。

关联案例

1. 林某恩与李某山等损害公司利益纠纷案①

2. 刘某、山东省日照运总交通集团有限公司货运中心等损害公

① 参见最高人民法院(2012)民四终字第15号(《最高人民法院公报》2014年第11期)。

司利益责任纠纷案①

第一百八十四条　【董事、监事、高级管理人员的竞业禁止义务】董事、监事、高级管理人员未向董事会或者股东会报告，并按照公司章程的规定经董事会或者股东会决议通过，不得自营或者为他人经营与其任职公司同类的业务。

条文注释

竞业禁止义务是指董事、监事、高级管理人员不得经营与其所任职公司具有竞争性质的业务。竞业禁止是法定义务，是对公司董事、监事、高级管理人员忠实义务的进一步的具体化。董事、监事、高级管理人员利用职务之便，自营或者为他人经营与其任职公司同类的业务，显然会引发与公司的利益冲突，因此，本条规定，未向董事会或者股东会报告，并按照公司章程的规定经董事会或者股东会决议通过，董事、监事、高级管理人员不得自营或者为他人经营与其任职公司同类的业务。

适用要点

第一，董事、监事、高级管理人员的竞业禁止义务与普通员工的竞业限制义务存在区别。首先，竞业禁止是法定义务，不能约定解除；竞业限制是约定义务，企业违反竞业限制协议承诺未支付竞业限制补偿金，经催告后仍不支付补偿的，劳动者可以行使对竞业限制协议的合同解除权，免除相应的竞业限制义务。其次，竞业禁止针对的仅是公司董事、监事、高级管理人员；竞业限制针对的是负有保密义务的劳动者，也可以包括董事、监事、高级管理人员。再次，竞业禁止针对的是在职人员；竞业限制针对的是离职两年以内的员工。最后，竞业禁止义务的违反，侵犯的是公司、股东利益，侵权人应承担侵权责任；竞业限制义务属于典型的合同义务，双方违反约定应承担违约责任。第二，为避免竞业禁止义务的扩张，董事、监事、高级管

① 参见山东省日照市中级人民法院(2023)鲁11民终794号。

理人员承担竞业禁止义务的期间，应自任职之时起，自离职之时止。第三，股东作为公司的出资人，除非兼任公司董事、监事、高级管理人员等职务，一般不负责对公司进行日常经营管理，故法律未禁止股东从事同类业务。公司若为其股东设定竞业禁止义务，实际上等同于限制并损害了股东投资同类业务的财产权、经营投资权、收益权等合法权益。故，股东会通过多数决议的方式为股东设定竞业禁止义务，除非经该股东同意，否则无效。

关联法规

《合伙企业法》第 32 条

关联案例

1. 北京翔云智慧教育科技有限公司等与李某红公司决议纠纷案①

2. 哈尔滨麻雀装饰工程设计有限公司与汪某损害公司利益责任纠纷案②

第一百八十五条　【董事关联交易回避制度】董事会对本法第一百八十二条至第一百八十四条规定的事项决议时，关联董事不得参与表决，其表决权不计入表决权总数。出席董事会会议的无关联关系董事人数不足三人的，应当将该事项提交股东会审议。

条文注释

参照本法第 139 条规定，关联董事是指该董事与董事会会议决议事项所涉及的企业或者个人有关联关系。依照本法第 265 条第 4 项规定："关联关系，是指公司控股股东、实际控制人、董事、监事、高级管理人员与其直接或者间接控制的企业之间的关系，以及可能导致公司利益转移的其他关系。但是，国家控股的企业之间不仅因为同受国家控股而具有关联关系。"

---

① 参见北京市第三中级人民法院(2022)京 03 民终 17496 号。

② 参见黑龙江省高级人民法院(2021)黑民终 77 号。

公司董事对公司负有忠实和勤勉的义务，当公司董事与董事会会议决议事项所涉及的企业存在关联关系时，公司将与董事会会议决议事项所涉及的企业存在利益冲突。从维护公司整体利益的角度出发，有必要对与董事会会议决议事项所涉及的企业有关联关系的公司董事的表决权进行限制，即在涉及关联交易（本法第182条）、公司商业机会（本法第183条）和竞业禁止（本法第184条）的场合，关联董事需回避表决。

董事会会议的举行和决议的通过一般采用简单多数的方式，但当出席董事会会议的无关联关系董事人数不足3人时，董事会会议已无法进行表决。由于董事是由公司股东会选举产生出来的，对股东会负责，此时，公司董事会应将该事项提交公司股东会审议。

关联法规

《上市公司章程指引》第119条

第一百八十六条 【公司归入权】 董事、监事、高级管理人员违反本法第一百八十一条至第一百八十四条规定所得的收入应当归公司所有。

条文注释

公司归入权是指公司将公司董事等特定人员违反法律所规定的忠实义务而获取的利益收归自己所有的法定权利。公司归入权是《公司法》赋予公司在公司董事等特定人员违反忠实义务时，维护公司自身利益的一项特别救济手段。第一，公司归入权的行使条件。董事、监事、高级管理人员违反本法第181条至第184条规定，且已获得相应的收益。第二，公司归入权的行使主体。公司可直接提起归入权诉讼，如果公司不提起，则股东可依据本法第189条规定提起代表诉讼。

适用要点

关于公司归入数额的认定。实务中，关于公司归入数额的证明是公司归入权行使的重要问题。由于公司归入权的范围是违背忠实义务的董事、监事、高级管理人员的个人所得，而在董事、监事、高级管理人员违背特定忠实义务(如为他人篡夺公司商业机会)的情况下,公司往往很难获知董事、监事、高级管理人员的个人所得,取证存在困难。那么,公司对董事、监事、高级管理人员违背忠实义务所得的收入举证不能的,其后果如何?实践中,如能证明公司利益因董事、监事、高级管理人员违背忠实义务受损的,法院一般并不因此免除董事、监事、高级管理人员的赔偿责任,而是结合其他因素酌情推定董事、监事、高级管理人员所得的收入。

关联案例

1. 李某、深圳市华佗在线网络有限公司等损害公司利益责任纠纷案①

2. 刘某、山东省日照运总交通集团有限公司货运中心等损害公司利益责任纠纷案②

第一百八十七条　【董事、监事、高级管理人员列席股东会并接受股东质询】股东会要求董事、监事、高级管理人员列席会议的,董事、监事、高级管理人员应当列席并接受股东的质询。

条文注释

本法第59条第1款、第2款对有限责任公司的股东会的职权作了规定,本法第112条规定,股份有限公司股东会的职权,也适用上述规定。股东会职权范围涉及的事项一般都属于公司的重大事项,为使股东充分了解董事、监事、高级管理人员的履职情况,以及提案的背景、详细内容、目的等有关情况,为股东决策提供评判依据,尊重和维护股东权益,本条规定,股东会要求董事、监事、高级管理人员列席会议的,董事、监事、高级管理人员应当列席并接受股东的质询。同时,本法第4条第2款规定,股东依法享有参与公司重大决策和选择管理者等权利。股东在股东会会议上对列席会议的董事、监事、高级

---

① 参见最高人民法院(2021)最高法民申1686号。

② 参见山东省日照市中级人民法院(2023)鲁11民终794号。

管理人员提出质询，是股东行使权利、维护自身合法权益的需要。董事、监事、高级管理人员应当接受质询，认真答复股东所提出的质询。

关联法规

《上市公司股东大会规则》第 29 条、第 41 条

关联案例

贺某与东莞市瑞立达玻璃盖板科技股份有限公司股东知情权纠纷案①

第一百八十八条　【董事、监事、高级管理人员对公司的赔偿责任】董事、监事、高级管理人员执行职务违反法律、行政法规或者公司章程的规定，给公司造成损失的，应当承担赔偿责任。

条文注释

本法第 179 条规定，董事、监事、高级管理人员应当遵守法律、行政法规和公司章程。第 180 条第 1 款、第 2 款规定，董事、监事、高级管理人员对公司负有忠实义务和勤勉义务。董事、监事、高级管理人员执行公司职务时，应当履行对公司的受托人义务，忠实、勤勉地行使公司赋予的职权，特别是不能违反法律、行政法规或者公司章程的规定。董事、监事、高级管理人员违反受托人义务，因执行职务违法或违反公司章程，给公司造成损失的，应当承担对公司的赔偿责任，赔偿公司相应的财产损失。根据本条规定，董事、监事、高级管理人员承担赔偿责任，应当具备以下条件：(1)在主观上，对违反法律、行政法规或者公司章程存在过错；(2)在行为上，属于执行公司职务行为，与公司职务无关的行为不在此限；(3)在行为后果上，给公司造成损失；(4)相关行为与对公司的损害之间存在因果关系。

适用要点

董事、监事、高级管理人员违背忠实、勤勉义务可能导致同时违

① 参见广东省东莞市中级人民法院(2019)粤 19 民终 12298 号。

反本法第186条和本条的规定，此时，公司归入权与损害赔偿请求权可以同时主张。

关联案例

上海泰琪房地产有限公司与迈某等损害公司利益责任纠纷案①

第一百八十九条 【股东代表诉讼】董事、高级管理人员有前条规定的情形的，有限责任公司的股东、股份有限公司连续一百八十日以上单独或者合计持有公司百分之一以上股份的股东，可以书面请求监事会向人民法院提起诉讼；监事有前条规定的情形的，前述股东可以书面请求董事会向人民法院提起诉讼。

监事会或者董事会收到前款规定的股东书面请求后拒绝提起诉讼，或者自收到请求之日起三十日内未提起诉讼，或者情况紧急、不立即提起诉讼将会使公司利益受到难以弥补的损害的，前款规定的股东有权为公司利益以自己的名义直接向人民法院提起诉讼。

他人侵犯公司合法权益，给公司造成损失的，本条第一款规定的股东可以依照前两款的规定向人民法院提起诉讼。

公司全资子公司的董事、监事、高级管理人员有前条规定情形，或者他人侵犯公司全资子公司合法权益造成损失的，有限责任公司的股东、股份有限公司连续一百八十日以上单独或者合计持有公司百分之一以上股份的股东，可以依照前三款规定书面请求全资子公司的监事会、董事会向人民法院提起诉讼或者以自己的名义直接向人民法院提起诉讼。

条文注释

股东代表诉讼，理论上也有学者将其称为“股东派生诉讼”，是指公司利益受到损害，公司不提起诉讼或怠于提起诉讼时，股东作

① 参见上海市第二中级人民法院(2019)沪02民终11661号。

为公司投资人,依法享有为公司的利益而提起诉讼的权利。提起股东代表诉讼应符合以下法定要件:

第一,提起股东代表诉讼的股东资格。为防止出现个别股东随意行使此项诉讼权利,导致董事、监事、高级管理人员疲于应付诉讼,难以专注于公司事务的管理和监督,影响公司正常的生产经营活动,有必要对提起股东代表诉讼的股东资格作出限制。根据本条规定,对于有限责任公司股东的持股期限、数额等没有任何限制;对于股份有限公司股东,则对持股期限和持股数额提出了要求,即连续180日以上单独或者合计持有公司1%以上股份的股东才是适格股东。《全国法院民商事审判工作会议纪要》第24条则进一步明确了取得股权不管是在不法行为发生前还是不法行为发生后均不影响提起股东代表诉讼的主体资格。

第二,提起股东代表诉讼的前置条件。股东代表诉讼的前置程序又称先诉请求,是股东代表诉讼"穷尽内部救济原则"的体现,是指股东自行提起股东代表诉讼之前,必须先书面请求公司监事会或者董事会向法院提起诉讼。此前置程序可过滤无价值诉讼,避免扰乱公司正常的经营活动。依照本条第1款规定,监事会或者董事会是法定的公司机构,依法代表公司行使权利,有权代表公司提起诉讼。当出现董事、监事、高级管理人员违反法定义务,损害公司利益的情形时,股东应当依法先向上述有关公司机构提出请求,请求有关公司机构向人民法院提起诉讼。如果有关公司机构拒绝履行职责或者怠于履行职责,则股东为维护公司利益可以向人民法院提起股东代表诉讼。但在以下两种特定情况下,可以豁免股东履行前置程序的义务:其一,在紧急情况下可以豁免前置程序。即本条第2款规定的"情况紧急、不立即提起诉讼将会使公司利益受到难以弥补的损害的",如不立即提起诉讼,对方可能转移财产、毁灭证据等。其二,在公司治理失灵的情况下可以豁免前置程序。即《全国法院民商事审判工作会议纪要》第25条规定的豁免情形,如果查明的相关事实表明,根本不存在公司有关机构向人民法院提起诉讼的可能性时,人民法院不应当以原告未履行前置程序为由驳回起诉。

第三，诉讼事由。股东代表诉讼主要是针对董事、监事、高级管理人员违反对公司的忠实和勤勉义务，给公司造成损害的行为提起的诉讼。对于公司董事、监事、高级管理人员以外的其他人侵犯公司合法权益，给公司造成损害的，根据本条第3款规定，股东也可以代表公司向人民法院提起诉讼。

本条第4款规定了双重股东代表诉讼制度。双重股东代表诉讼是指由母公司的股东提起的诉讼，代表母公司的全资子公司，行使属于该子公司的诉讼权利。正常来说，该诉讼只有母公司作为股东来行使。然而，母公司的董事会或者股东会可能基于某种利益关系，不作出对子公司的董事、监事、高级管理人员或者他人主张权利的决议，有意、无意放任子公司董事、监事、高级管理人员或者他人损害子公司的行为，导致间接损害母公司股东的利益。因此，本款规定，母公司的股东，可以依照前三款规定书面请求全资子公司的监事会、董事会向人民法院提起诉讼或者以自己的名义直接向人民法院提起诉讼。该制度作为股东代表诉讼的延伸，有利于处理企业集团内部不同主体之间的矛盾，维护母公司中小股东的利益。

适用要点

第一，公司是股东代表诉讼的最终受益人，为避免出现原告股东与被告通过调解损害公司利益的情形，人民法院应当审查调解协议是否为公司的真实意思。只有在调解协议经公司股东会、董事会决议通过后，人民法院才能出具调解书予以确认。至于具体决议机构，取决于公司章程的规定。公司章程没有规定的，人民法院应当认定公司股东会为决议机构。第二，股东代表诉讼的胜诉利益归属于公司，而非提起股东代表诉讼的股东。第三，股东代表诉讼中原告为公司利益而支付的诉讼费用，仅在原告诉讼请求全部或部分得到支持的情形下，才由公司承担，以实现保障股东诉权和防止滥诉并重。第四，双重股东代表诉讼仅限于公司全资子公司，不包括公司控股、参股、间接持股的公司。

关联法规

《公司法解释一》第4条；《公司法解释四》第23～26条；《全国

法院民商事审判工作会议纪要》第 24～27 条

关联案例

1. 周某春与庄士中国投资有限公司、李某慰、彭某傑及第三人湖南汉业房地产开发有限公司损害公司利益责任纠纷案①

2. 上海中科英华科技发展有限公司与郑州投资控股有限公司等公司关联交易损害责任纠纷案②

3. 南京兆润投资发展有限公司诉王某斌等损害公司利益责任纠纷案③

第一百九十条　【股东直接诉讼】董事、高级管理人员违反法律、行政法规或者公司章程的规定，损害股东利益的，股东可以向人民法院提起诉讼。

条文注释

本条明确规定股东有权提起直接诉讼。所谓股东直接诉讼，是指股东为了自己的利益，以自己的名义对侵害其权利的董事、高级管理人员提起诉讼。通常认为，除本法第 189 条规定的股东代表诉讼以外的股东诉讼均为直接诉讼。

本法第 4 条第 2 款规定，公司股东对公司依法享有资产收益、参与重大决策和选择管理者等权利。股东作为公司的出资人，有权维护自己在公司的合法权益。对于公司的董事、高级管理人员违反法律、行政法规或者公司章程的规定，损害股东合法权益的行为，股东可以依照本法和《民事诉讼法》的规定，向人民法院提起民事诉讼，维护自己的合法权益。本条对以下内容进行了规定：第一，股东提起诉讼的事由，是公司董事、高级管理人员违反法律、行政法规或者公司章程的规定，且损害了股

① 参见最高人民法院（2019）最高法民终 1679 号（《最高人民法院公报》2020 年第 6 期）。

② 参见河南省高级人民法院（2020）豫民终 799 号。

③ 参见江苏省南京市中级人民法院（2017）苏 01 民终 7525 号。

东的利益。第二，因上述行为导致利益受损的任何股东，都可以提起诉讼，没有对提起诉讼的股东资格条件、前置程序等作出限制。第三，股东依法向人民法院提起诉讼，适用《民事诉讼法》的相关规定。

适用要点

第一，只有当董事、高级管理人员损害股东利益时，股东才可以提起诉讼，监事并不在此范围内。第二，股东利益受损必须是由董事、高级管理人员的行为直接导致的股东本身的利益受损，而非是公司利益受损而间接导致的股东利益受损。因此，提起诉讼的股东需要举证证明自己的直接利益受损。

关联案例

1. 香港科技创业股份有限公司诉金某损害公司利益责任纠纷案①

2. 马某鹏、陇南市嘉威斯房地产开发有限责任公司损害公司利益责任纠纷案②

第一百九十一条　【董事、高级管理人员致人损害的赔偿责任】董事、高级管理人员执行职务，给他人造成损害的，公司应当承担赔偿责任；董事、高级管理人员存在故意或者重大过失的，也应当承担赔偿责任。

条文注释

《民法典》第1191条对用人单位工作人员职务侵权行为法律后果的承担进行了规定。本法第11条第3款对法定代表人职务侵权行为法律后果的承担进行了规定。本条前半句对董事、高级管理人员职务侵权行为法律后果的承担主体进行了规定，即董事、高级管理人员因执行职务造成他人损害的，属于职务侵权，公司应当承担赔偿责任。董事、高级管理人员的职务侵权行为的成立应该同时满足以下两个条件：一是董事、高级管理人员的行为构成对第三人的

① 参见云南省高级人民法院(2019)云民终425号。

② 参见陕西省渭南市中级人民法院(2023)陕05民终1130号。

侵权,包括对第三人人身权和财产权的侵害;二是该侵权行为应为董事、高级管理人员执行职务的行为。

本法第188条规定了董事、监事、高级管理人员执行职务时,对公司造成损失的赔偿责任,但并未对给第三人造成损害的赔偿责任作出规定。为解决实践中发生的公司董事、高级管理人员故意或者重大过失导致第三人权益损害,但依然由公司承担赔偿责任,间接由股东对董事、高级管理人员故意或重大过失行为埋单的现象,本条后半句新增董事、高级管理人员对第三人承担责任的规定,以此强化公司董事、高级管理人员责任,提升公司治理水平。本条后半句规定的董事、高级管理人员对第三人承担的赔偿责任,其本质属于侵权责任。董事、高级管理人员的行为应符合侵权责任的构成要件:第一,应是董事、高级管理人员执行职务的行为;第二,主观上为故意或重大过失;第三,损害包含直接损害和间接损害;第四,执行职务的行为和损害后果之间存在因果关系。

适用要点

第一,董事、高级管理人员的行为后果并非一概由公司承担,如果行为是由董事、高级管理人员以自己的名义作出的,与执行公司职务无关,则公司不应承担相应的法律后果。第二,董事、高级管理人员对第三人承担的赔偿责任,是与公司一起承担连带责任,还是承担补充赔偿责任,本条并未明确,有待司法解释进一步明确,或者在个案中根据实际情况判断。

关联法规

《民法典》第1191条;《最高人民法院关于适用〈中华人民共和国民法典〉合同编通则若干问题的解释》第20条、第21条、第23条

第一百九十二条　【控股股东、实际控制人的连带责任】公司的控股股东、实际控制人指示董事、高级管理人员从事损害公司或者股东利益的行为的,与该董事、高级管理人员承担连带责任。

条文注释

控股股东、实际控制人通过层层嵌套的方式，隐藏在董事、高级管理人员背后，实际掌握着公司的人事任免等重大权利（俗称“影子董事”），决定着公司的经营运作。根据本法第180条第3款的规定，公司的控股股东、实际控制人不担任公司董事但实际执行公司事务的，应像董事一样，对公司承担忠实与勤勉义务。本条进一步明确了公司的控股股东、实际控制人的责任承担方式。

新增本条的目的在于规范控股股东、实际控制人的行为，防止其为追求自身利益而对董事、高级管理人员施加影响，进而损害公司和中小股东利益。本条基本沿用了民法中共同侵权的逻辑，按照《民法典》第1169条第1款的规定，教唆、帮助他人实施侵权行为的，应与行为人承担连带责任。控股股东、实际控制人指示董事、高级管理人员损害公司或者股东利益的行为，属于其与受操纵董事、高级管理人员具有共同意思联络的共同侵权行为，因此，两者应承担连带责任。

适用要点

公司的控股股东、实际控制人指示董事、高级管理人员实施损害公司利益的行为导致公司利益受到损害，公司股东作为间接受害主体可以依照本法第189条的规定提起股东代表诉讼；如果公司的控股股东、实际控制人指示董事、高级管理人员实施损害股东利益的行为，导致股东利益直接受到损害，股东可以依照本法第190条的规定提起直接诉讼。

关联法规

《民法典》第1169条

第一百九十三条　【董事责任保险】公司可以在董事任职期间为董事因执行公司职务承担的赔偿责任投保责任保险。

公司为董事投保责任保险或者续保后，董事会应当向股东会报告责任保险的投保金额、承保范围及保险费率等内容。

条文注释

董事责任保险是指当公司董事在履职的过程中，因为不当行为而导致第三人遭受经济损失，被追究责任时，由保险公司代替董事进行赔偿的保险。在我国，最早关于董事责任保险的规定见于中国证券监督管理委员会在2001年发布的《关于在上市公司建立独立董事制度的指导意见》（已失效），该意见第7条第6款提出“上市公司可以建立必要的独立董事责任保险制度”。《中国上市公司董责险市场报告（2023）》显示，2022年共有337家A股上市公司发布购买董事责任保险的公告信息，投保公司数量同比上升36%。2021年投保公司为248家，2020年则为119家。在强化董事、监事、高级管理人员责任的修法背景下，为鼓励董事积极履职，降低董事履职风险，本法首次引入董事责任保险制度。根据本条第1款规定，公司可以为董事的履职行为投保责任保险，同时，为规范公司的投保或者续保行为，公司董事会应当向股东会报告董事责任保险的投保金额、承保范围及保险费率等内容，以便公司股东能充分知悉公司投保董事责任保险的行为、支出成本、风险等也更有利于保护中小股东的合法权益。

适用要点

第一，即便公司为董事投保了董事责任保险，也不一定意味着就能获得理赔。因为董事责任保险针对的是工作疏忽或行为不当的情形，而不是针对故意或存在违法犯罪行为的情形，如果因董事故意或实施违法犯罪行为导致侵害的发生，则可能不能获得理赔。第二，实务中，保险公司的责任保险被保险主体还包括公司监事、高级管理人员等，公司也可以在监事、高级管理人员任职期间为监事、高级管理人员因执行公司职务承担的赔偿责任投保责任保险，同时，董事会也应当向股东会报告为监事、高级管理人员责任保险的投保金额、承保范围及保险费率等内容。

关联法规

《上市公司治理准则》第24条

第九章　公 司 债 券

第一百九十四条　【公司债券】本法所称公司债券，是指公司发行的约定按期还本付息的有价证券。

公司债券可以公开发行，也可以非公开发行。

公司债券的发行和交易应当符合《中华人民共和国证券法》等法律、行政法规的规定。

条文注释

公司债券，是指公司发行的约定按期还本付息的有价证券。不同于公司股票，公司债券可以约定期限，到期后公司应当对债券持有人还本付息。公司债券的持有人不是公司股东，而是公司债权人。公司债券具有以下四个特点：第一，公司债券是公司向债券持有人出具的债务凭证。第二，公司债券是一种要式证券。公司债券必须依法记载一定事项。第三，公司债券具有可转让性。第四，公司债券具有可回赎性。

公司债券既可以公开发行，也可以非公开发行。在中华人民共和国境内，公开发行公司债券并在证券交易所、全国中小企业股份转让系统交易，非公开发行公司债券并在证券交易所、全国中小企业股份转让系统、证券公司柜台转让的，需要遵守《公司法》《证券法》《公司债券发行与交易管理办法》等法律法规和部门规章的相关规定。非公开发行的公司债券应当向专业投资者发行，不得采用广告、公开劝诱和变相公开方式，每次发行对象不得超过200人。

由于2018年《公司法》仅对公开发行的公司债券作了规定，因此，在法律适用上规定公司债券的发行适用《证券法》的规定。本条已经明确规定公司债券分为公开发行与非公开发行两种，因此，在债券发行与交易的法律适用上即不应再限于《证券法》的规定，还包括《公司法》等法律以及行政法规的规定。

关联法规

《证券法》第2条；《公司债券发行与交易管理办法》第2条、第3条、第34条

关联案例

张某敏与春和集团有限公司其他证券纠纷案①

第一百九十五条　【公司债券募集办法的公告及应载明事项】公开发行公司债券，应当经国务院证券监督管理机构注册，公告公司债券募集办法。

公司债券募集办法应当载明下列主要事项：

（一）公司名称；

（二）债券募集资金的用途；

（三）债券总额和债券的票面金额；

（四）债券利率的确定方式；

（五）还本付息的期限和方式；

（六）债券担保情况；

（七）债券的发行价格、发行的起止日期；

（八）公司净资产额；

（九）已发行的尚未到期的公司债券总额；

（十）公司债券的承销机构。

条文注释

《证券法》第9条第1款规定："公开发行证券，必须符合法律、行政法规规定的条件，并依法报经国务院证券监督管理机构或者国务院授权的部门注册。未经依法注册，任何单位和个人不得公开发

① 参见上海金融法院（2022）沪74民再1号。

行证券。证券发行注册制的具体范围、实施步骤，由国务院规定。”对此，为保持和《证券法》相关规定的一致性，避免法律规定之间的冲突，2023年《公司法》修订，对公司债券发行制度进行修改，由核准制修改为注册制。

公司债券募集办法是公司为了募集公司债券而制定的载有法定内容的书面文件。公司债券募集办法具有以下功能及意义：一是公司为筹集资金向非特定的公司债券认购人发出的一种要约，表明公司将以何种条件发行公司债券，以期同意该条件的社会公众在自愿的情况下认购。二是通过公司债券募集办法如实披露公司的资产和负债状况，向社会公众提供与发行公司债券有关的公司的最基本情况，使该债券发行贯彻公开、公正、公平的原则，避免欺诈行为。三是便于社会公众和政府有关部门对公司债券发行行为进行监督。依照本条第1款规定，公司公告公司债券募集办法前应当向国务院证券监督管理机构注册，只有成功注册后，方能公告公司债券募集办法。

第2款规定公司债券募集办法应载明的法定事项：第一，公司名称；第二，债券募集资金的用途；第三，债券总额和债券的票面金额；第四，债券利率的确定方式；第五，还本付息的期限和方式；第六，债券担保情况；第七，债券的发行价格、发行的起止日期；第八，公司净资产额；第九，已发行的尚未到期的公司债券总额；第十，公司债券的承销机构。

关联法规

《证券法》第9条第1款、第16条第1款；《公司债券发行与交易管理办法》第8条

第一百九十六条　【纸面债券票面法定载明事项】公司以纸面形式发行公司债券的，应当在债券上载明公司名称、债券票面金额、利率、偿还期限等事项，并由法定代表人签名，公司盖章。

条文注释

公司债券按照债券形态,可以分为纸面形式债券、凭证式债券和记账式债券。纸面形式的债券就是一种具有标准格式实物券面的债券,其应对公司与债券持有人之间债权债务关系的内容,做出清楚明确的记载。对此,本条规定,纸面形式的债券应当记载以下主要事项:公司名称,债券的票面金额和利率,偿还期限等。上述各项记载于债券上,对公司债券发行人具有法律约束力。同时,票面上的内容,应当依据公司所作出的有关决议载明,并且应同公司债券募集办法、公司债券持有人名册所记载事项的内容保持一致。发行债券上除应记载法定事项外,还应当有公司法定代表人的签名,并加盖公司的印章。

第一百九十七条 【记名债券】公司债券应当为记名债券。

条文注释

为维护债券市场的交易安全,保障投资者的合法权益,本条删除《公司法》(2018 年)第 156 条中允许公司发行无记名债券,仅允许公司发行记名债券。

记名债券是指券面上记载有公司债券持有人的姓名或者名称的债券。相应地,在公司债券的持有人名册上也应载明记名债券持有人的姓名或名称、住所、取得债券的日期及其债券编号。记名债券与公司债券持有人名册上记载的债券持有人应当一致。当记名债券和公司债券持有人名册上记载的债券持有人相同时,该持有人是该债券的合法权利人,可以依法享有和行使债权人的权利。如果债券持有人将该债券转让,应当依法变更记名债券上和公司债券持有人名册上的持有人姓名或名称、住所,否则该转让不发生对抗公司的效力。此外,记名债券灭失或损毁时,可以获得挂失、公示催告等法律救济。

第一百九十八条　【债券持有人名册的置备及应载明事项】公司发行公司债券应当置备公司债券持有人名册。

发行公司债券的，应当在公司债券持有人名册上载明下列事项：

（一）债券持有人的姓名或者名称及住所；

（二）债券持有人取得债券的日期及债券的编号；

（三）债券总额，债券的票面金额、利率、还本付息的期限和方式；

（四）债券的发行日期。

条文注释

公司债券持有人名册是指依法记载债券持有人及债券有关事项的名册。公司债券持有人名册具有以下功能：(1)确保公司发行公司债券行为的真实性和证据力，公司必须承诺按照约定履行偿债义务，有利于保障广大债券持有人的合法权益；(2)债券持有人转让债券时，具有变更债权人名义的职能；(3)对债券持有人发出通知书或催告书的依据；(4)债券设定质权等权利负担时，具有记载该债券法律状态的职能。因此，本条第1款规定，公司发行公司债券应当置备公司债券持有人名册。

由于公司债券持有人名册具有上述功能，因此，其内容应当符合本条第2款的规定。依照第2款规定，公司债券持有人名册应当载明以下事项：第一，债券持有人的姓名或者名称及住所；第二，债券持有人取得债券的日期及债券的编号；第三，债券总额，债券的票面金额、利率、还本付息的期限和方式；第四，债券的发行日期。

第一百九十九条　【公司债券登记结算机构的制度要求】公司债券的登记结算机构应当建立债券登记、存管、付息、兑付等相关制度。

条文注释

证券登记结算机构是为证券交易提供集中登记、存管与结算服务，不以营利为目的的法人。证券登记结算机构的设立和解散，必须经中国证券监督管理委员会批准。证券登记结算机构履行以下职能：(1)证券账户、结算账户的设立和管理；(2)证券的存管和过户；(3)证券持有人名册登记及权益登记；(4)证券和资金的清算交收及相关管理；(5)受证券发行人的委托办理派发证券权益等业务；(6)依法提供与证券登记结算业务有关的查询、信息、咨询和培训服务；(7)依法担任存托凭证存托人；(8)中国证监会批准的其他业务。为了保证公司债券的登记结算业务的正常进行，保障投资人的合法权益，证券登记结算机构应当具有必备的服务设备和完善的数据安全保护措施，建立债券登记、存管、付息、兑付等相关制度。按照《证券登记结算管理办法》第 13 条规定，"证券登记结算机构应当妥善保存登记、存管和结算的原始凭证及有关文件和资料。其保存期限不得少于 20 年"。

关联法规

《证券法》第 145～159 条；《证券登记结算管理办法》第 4 条、第 9 条、第 11 条、第 13 条、第 41 条

第二百条 【公司债券转让】公司债券可以转让，转让价格由转让人与受让人约定。

公司债券的转让应当符合法律、行政法规的规定。

条文注释

公司债券是一种有价证券，其特点之一就是具有流通性，所以本条第 1 款规定了公司债券可以转让。关于"转让价格由转让人与受让人约定"，"转让价格"即公司债券买卖的交易价格。该价格的形成不同于公司发行公司债券时的发行价格，债券发行时的价格一般按事先确定的债券票面金额确定，而发行后的债券再转让时，则要根据证券市场对该种债券的需求情况确定。公司债券的需求价

格受该债券的发行公司经营情况和财产状况的影响，当该公司的偿债能力出现问题时，对该债券的需求必然下降，交易价格也会下跌；反之，需求上升，交易价格也会上涨。

本法及《证券法》等法律法规对公司债券的转让均有相关规定，因此，公司债券转让时应符合这些法律法规的规定。比如，公开发行的债券，应当在证券交易场所交易。非公开发行的公司债券仅限在专业投资者范围内转让。转让后，持有同次发行债券的投资者合计不得超过二百人。

关联法规

《证券法》第 35 ~ 59 条；《公司债券发行与交易管理办法》第 31 ~ 38 条

第二百零一条　【公司债券转让方式】公司债券由债券持有人以背书方式或者法律、行政法规规定的其他方式转让；转让后由公司将受让人的姓名或者名称及住所记载于公司债券持有人名册。

条文注释

公司债券可以通过以下两种方式转让：一是记名债券由债券持有人以背书方式转让。因此，债券持有人在转让记名债券时，应当在该债券上写明受让人的姓名或者名称。写明了受让人姓名或者名称的转让才是有效的转让。债券转让后，债券持有人就发生了变化。所以，记名债券的转让，还需要由公司将受让人的姓名或者名称及住所记载于公司债券持有人名册，以确保公司债券持有人名册记载的准确性。二是法律、行政法规规定的其他方式。按照《证券法》第 38 条规定，证券在证券交易所上市交易，应当采用公开的集中交易方式或者国务院证券监督管理机构批准的其他方式。

关联法规

《公司债券发行与交易管理办法》第 31 ~ 33 条、第 37 条、第 38 条

第二百零二条　【可转换债券的发行及载明事项】股份有限公司经股东会决议,或者经公司章程、股东会授权由董事会决议,可以发行可转换为股票的公司债券,并规定具体的转换办法。上市公司发行可转换为股票的公司债券,应当经国务院证券监督管理机构注册。

发行可转换为股票的公司债券,应当在债券上标明可转换公司债券字样,并在公司债券持有人名册上载明可转换公司债券的数额。

条文注释

可转换债券,是一种特殊的公司债券。与普通的公司债券的区别是,普通的公司债券在约定的债券期限届满时,发行债券的公司必须兑现债券,向债权人还本付息,解除债务关系。可转换债券,债券持有人可以选择行使转换权,在一定期限内依据约定的条件将该债券转换为公司的股份;也可以选择不行使转换权,和普通债券一样,在约定的债券期限届满时要求公司还本付息。

发行可转换债券的法定要求包括:(1)满足发行主体要求。依照本条第1款的规定,股份有限公司可以发行可转换债券。(2)经股东会决议,或者经公司章程、股东会授权由董事会作出决议。该决议至少应包括发行规模、转股价格的确定及调整原则、债券利率、转股期、还本付息的期限和方式、赎回条款及回售条款、向原股东配售的安排、募集资金用途等事项。(3)公司债券募集办法中应规定转换办法。一般来说,转换办法应当包括以下内容:第一,转换比率或转换价额。所谓转换比率是指以多少公司债券转换多少股票,如公司债券金额一百元转换五股;所谓转换价额是指公司债券金额与股票市值之比,以此来折换股份,但需事先确定股票市值的基准日。第二,转换为何种股份。在公司发行多种股票的情况下,需要明确债券在期限届满时能够转换为何种股份。第三,转换期限。确定转换期限是为了明确债券持有人行使其转换权的期间。在此期间内,债券持有人可随时请求公司换发股票。(4)必须具备法定条件。上市公司发行可转换债券，应当经国务院证券监督管理机构注册。(5)必须标明可转换债券字样。依照本条第2款规定，发行可转换债券时，应当在该类债券的票面上标明可转换债券的字样，并在公司债券持有人名册上载明可转换债券的数额。

关联法规

《证券法》第15条；《公司债券发行与交易管理办法》第11条；《可转换公司债券管理办法》

第二百零三条　【债券持有人对可转换债券享有选择权】发行可转换为股票的公司债券的，公司应当按照其转换办法向债券持有人换发股票，但债券持有人对转换股票或者不转换股票有选择权。法律、行政法规另有规定的除外。

条文注释

公司发行可转换债券，即承担了按照约定条件向债券持有人换发股票的义务，而债券持有人则享有按照约定条件向公司要求将其持有的公司债券换发为股票的权利。可转换债券转换为股票应在债券持有人提出转换请求时进行并产生转换效力，可转换债券转换股票后，债券持有人丧失债权人的地位，成为公司股东。

可转换债券为债券持有人提供的是由债权人转变为股东的选择权，债券持有人可以根据自己的意愿选择处分自己的民事权利，公司不能强迫债券持有人将其持有的公司债券转换为股票。如果债券持有人在债券期限届满时不行使转换权，则可以要求公司按照公司债券募集办法的规定还本付息。但是，如果法律、行政法规对债券持有人转换股票或者不转换股票的选择权另有规定的，则按照法律、行政法规的规定执行。

关联法规

《可转换公司债券管理办法》第8~11条

第二百零四条　【债券持有人会议】公开发行公司债券的，应当为同期债券持有人设立债券持有人会议，并在债券募集办法中对债券持有人会议的召集程序、会议规则和其他重要事项作出规定。债券持有人会议可以对与债券持有人有利害关系的事项作出决议。

除公司债券募集办法另有约定外，债券持有人会议决议对同期全体债券持有人发生效力。

条文注释

债券持有人会议，是由全体债券持有人组成，按照一定的规则和程序召开，为全体持有人的整体利益而集体行使权利的决议机构。发行人应当在债券募集办法中规定债券持有人会议的召集程序、会议规则和其他重要事项，如债券持有人会议行使权利的范围、召集、通知、主持、召开程序及适用情形、决策机制、决议通过比例等。债券持有人会议可以对与债券持有人有利害关系的事项作出决议。通常来说，债券持有人会议行使权利范围有：(1)就发行人变更募集说明书的约定作出决议；(2)应发行人提议或在担保人责任能力发生重大变化的情况下，决定变更担保方式；(3)在发行人发生减资、合并、分立、解散时，决定如何行使债券持有人享有的权利；(4)在发行人不能偿还本期公司债券本息时，授权债券受托管理人参与相应的法律救济程序；(5)变更债券受托管理人；等等。

债券持有人会议通过的决议，一般而言对同期全体债券持有人均发生约束力。即债券持有人会议决议是根据债券募集办法规定的决议范围、议事方式和表决程序作出时，除非存在法定无效事由，一般情况下应当认定为合法有效。

适用要点

第一，债券持有人会议的召集，应在公司债券募集办法中明确规定。一般情况下，债券受托管理人作为召开债券持有人会议的主体。第二，现行法律法规并未明确列举债券持有人会议决议无效或可撤销的情形，参照《全国法院审理债券纠纷案件座谈会纪要》第15

条第1款规定，债券持有人会议根据债券募集文件规定的决议范围、议事方式和表决程序所作出的决议，除非存在法定无效事由，人民法院应当认定为合法有效。但是，《全国法院审理债券纠纷案件座谈会纪要》并未进一步规定若出现效力瑕疵时如何救济，是否可参照股东有权请求撤销股东会或董事会决议或请求确认决议无效等方式予以救济，仍有待后续法律法规或司法解释予以明确。

关联法规

《证券法》第92条第1款；《公司债券发行与交易管理办法》第62条、第63条；《全国法院审理债券纠纷案件座谈会纪要》；《上海证券交易所公司债券存续期业务指南第1号——公司债券持有人会议规则(参考文本)》

关联案例

中山证券有限责任公司与亿阳集团股份有限公司公司债券交易纠纷案①

第二百零五条 【债券受托管理人的聘请和管理职权】公开发行公司债券的，发行人应当为债券持有人聘请债券受托管理人，由其为债券持有人办理受领清偿、债权保全、与债券相关的诉讼以及参与债务人破产程序等事项。

条文注释

债券受托管理人是根据债券受托管理协议而设立的维护债券持有人利益的机构。在债券存续期限内，由债券受托管理人依照规则规定和协议约定维护债券持有人的利益。依照本条规定，公开发行公司债券的，发行人应当为债券持有人聘请债券受托管理人。债券受托管理人受债券持有人委托管理债券事务，本来应当由债券持有人聘请，但是由于公开发行公司债券时，还没有债券持有人，所以债券受托管理人只能由发行人代为聘请。对债券受托管理人的委

① 参见北京市高级人民法院(2018)京民初106号。

托事项，主要包括办理受领清偿、债权保全、与债券相关的诉讼以及参与债务人破产程序等事项。

适用要点

《全国法院审理债券纠纷案件座谈会纪要》第5条第1款明确了在有募集文件、债券持有人会议决议或债券受托管理协议授权时，债券受托管理人以自身名义代债券持有人参与诉讼的诉讼主体地位，也是申请破产和申报债权的适格主体。但是，除非提前获得债券持有人会议特别授权，《全国法院审理债券纠纷案件座谈会纪要》第16条也保留了债券持有人对重大事项的决定权，如在破产程序中就发行人重整计划草案、和解协议进行表决等事项，此类可能减损、让渡债券持有人利益的行为，应当事先征求债券持有人的意见或者由债券持有人自行决定。

关联法规

《证券法》第92条第2款、第3款；《公司债券发行与交易管理办法》第57～61条；《全国法院审理债券纠纷案件座谈会纪要》

关联案例

太合汇投资管理（昆山）有限公司、绍兴众富控股有限公司买卖合同纠纷案①

第二百零六条　【债券受托管理人义务、变更及损害赔偿责任】债券受托管理人应当勤勉尽责，公正履行受托管理职责，不得损害债券持有人利益。

受托管理人与债券持有人存在利益冲突可能损害债券持有人利益的，债券持有人会议可以决议变更债券受托管理人。

债券受托管理人违反法律、行政法规或者债券持有人会议决议，损害债券持有人利益的，应当承担赔偿责任。

---

①　参见最高人民法院（2019）最高法民终1502号。

条文注释

第 1 款规定债券受托管理人的勤勉义务。债券持有人与受托管理人之间存在委托关系，受托管理人作为独立于发行人与持有人的第三方专业机构，为全体债券持有人的最大利益管理债券，对债券持有人承担信义义务。此种信义义务可分为勤勉与忠实义务。第 1 款规定，债券受托管理人应当勤勉尽责，公正履行受托管理职责，不得损害债券持有人的利益。

第 2 款规定债券受托管理人违反忠实义务时，债券持有人会议有权变更债券受托管理人。当债券受托管理人与债券持有人利益发生冲突时，应以债券持有人利益优先，这是债券受托管理人遵守忠实义务的必然要求。当债券受托管理人违反忠实义务，可能损害债券持有人利益时，根据第 2 款的规定，债券持有人会议可以决议变更债券受托管理人。

第 3 款规定债券受托管理人违反忠实与勤勉义务时的赔偿责任。第 3 款规定的债券受托管理人的赔偿责任，本质上属于侵权责任。在追究债券受托管理人责任时，应符合侵权责任的构成要件：第一，应符合责任主体是债券受托管理人；第二，债券受托管理人违反法律、行政法规或者债券持有人会议决议，即存在过错行为；第三，给债券持有人造成经济损失；第四，债券受托管理人的过错行为与经济损失之间具有因果关系。

关联法规

《证券法》第 92 条第 2 款；《公司债券发行与交易管理办法》第 58 条；《全国法院审理债券纠纷案件座谈会纪要》第 25 条

关联案例

王某与五洋建设集团股份有限公司、陈某樟证券虚假陈述责任纠纷案①

① 参见浙江省杭州市中级人民法院（2020）浙 01 民初 1691 号。

第十章　公司财务、会计

第二百零七条　【公司建立财务、会计制度的依据】公司应当依照法律、行政法规和国务院财政部门的规定建立本公司的财务、会计制度。

条文注释

公司财务、会计制度是指以货币为主要计量形式，对公司的整个财务活动和经营状况进行记账、算账、报账，为公司管理者和其他利害关系人定期提供公司财务信息而形成的制度。其中，财务制度是指财务工作应遵循的规则、方法、程序和标准等的总称，内容包括公司的一切财务收支活动的规则和文件等；会计制度是关于会计核算、会计监督、会计机构和会计人员以及会计工作管理等的规定，是关于对商业交易和财务往来在账簿中进行分类、登录、归总，并进行分析、核实和上报结果的制度。公司的财务、会计制度必须依照“法律、行政法规和国务院财政部门的规定”建立，这些规定主要是《会计法》《企业财务会计报告条例》《会计档案管理办法》《会计基础工作规范》《企业会计准则——基本准则》及各类具体准则和应用指南等。公司财务会计人员通过对公司生产经营活动中大量的、日常的业务数据进行记录、分类和汇总，定期编制和披露反映公司在一定期间内的经营成果和财务状况的报表，如资产负债表、损益表、现金流量表等，为有关利益主体提供公司的财务经营信息。公司财务会计的服务对象主要是公司自身及其他利害关系人，包括股东、债权人、潜在投资者、潜在的交易对方、政府财税机关等。

关联法规

《会计法》第2条；《企业财务会计报告条例》第2条、第17条

第二百零八条　【财务会计报告编制要求】公司应当在每一会计年度终了时编制财务会计报告，并依法经会计师事务所审计。

财务会计报告应当依照法律、行政法规和国务院财政部门的规定制作。

条文注释

公司财务会计报告，是指公司对外提供的反映公司某一特定时期财务状况和某一会计期间经营成果、现金流量的文件。按照《企业财务会计报告条例》第6条的规定，财务会计报告分为年度、半年度、季度和月度财务会计报告。年度、半年度财务会计报告应当包括会计报表、会计报表附注、财务情况说明书。会计报表应当包括资产负债表、利润表、现金流量表及相关附表。本法对公司的财务会计报告要求有：第一，在每一会计年度终了时编制。依照《会计法》相关规定，会计年度自公历1月1日起至12月31日止。第二，依法经会计师事务所审计。这一规定目的是确保财务会计报告的真实性、准确性和可信度。这里所讲"法"是一个广泛的概念，包括法律、行政法规和国务院财政等部门的规定。第三，依法制作。应依照《会计法》《企业财务会计报告条例》等法律、行政法规、部门规章的规定制作。如按照《会计法》第21条规定，财务会计报告应当由单位负责人和主管会计工作的负责人、会计机构负责人（会计主管人员）签名并盖章；设置总会计师的单位，还须由总会计师签名并盖章。单位负责人应当保证财务会计报告真实、完整。

关联法规

《会计法》第9条、第20条；《企业财务会计报告条例》第16条、第20条

关联案例

叶某与周某损害股东利益责任纠纷案①

① 参见上海市第一中级人民法院(2020)沪01民终3550号。

第二百零九条　【财务会计报告送交股东及公告】有限责任公司应当按照公司章程规定的期限将财务会计报告送交各股东。

股份有限公司的财务会计报告应当在召开股东会年会的二十日前置备于本公司，供股东查阅；公开发行股份的股份有限公司应当公告其财务会计报告。

条文注释

第1款规定有限责任公司应向股东报送财务会计报告。本法第57条规定了有限责任公司股东的知情权，明确股东有权查阅、复制财务会计报告以及查阅会计账簿、会计凭证等财务资料。本款明确，不仅股东有权主动查阅财务会计报告，公司也应主动在章程规定的期限内将财务会计报告送交给各股东。

第2款规定股份有限公司财务会计报告的公示方式。本法第109条规定，股份有限公司应将包括财务会计报告在内的材料置备于本公司。第2款在时间层面强调应在召开股东会年会的20日前进行置备。公开发行股票的股份有限公司，由于涉及广大公众投资者的利益，其财务状况更应为公众知悉，同时，还需符合监管机构规定的信息披露要求。因此，公开发行股票的股份有限公司不仅要将财务会计报告置备于本公司，而且还要公告其财务会计报告，以尽可能地使广大股东和其他投资者知悉公司的财务会计报告。

适用要点

对于有限责任公司向股东报送财务会计报告的送交期限，本条未作规定，只要求按照公司章程的规定执行。据此，有限责任公司的章程对此不应疏漏，应明确规定一个时间段，或者是具体送交时间。比如，可以规定财务会计报告制定后多少日，或者规定股东会召开前多少日内等，充分保障股东的知情权。

关联法规

《证券法》第79条；《企业财务会计报告条例》第32条、第35条

关联案例

北京盛世德科贸有限公司与北京红都集团公司股东知情权纠纷案①

第二百一十条　【公司税后利润分配】公司分配当年税后利润时，应当提取利润的百分之十列入公司法定公积金。公司法定公积金累计额为公司注册资本的百分之五十以上的，可以不再提取。

公司的法定公积金不足以弥补以前年度亏损的，在依照前款规定提取法定公积金之前，应当先用当年利润弥补亏损。

公司从税后利润中提取法定公积金后，经股东会决议，还可以从税后利润中提取任意公积金。

公司弥补亏损和提取公积金后所余税后利润，有限责任公司按照股东实缴的出资比例分配利润，全体股东约定不按照出资比例分配利润的除外；股份有限公司按照股东所持有的股份比例分配利润，公司章程另有规定的除外。

公司持有的本公司股份不得分配利润。

条文注释

公司利润是指公司在一定会计期间的经营成果。在利润表上，利润应当按照营业利润和净利润等利润的构成分类分项列示。本条对公司税后利润分配有以下要求：

第一，提取法定公积金和弥补亏损。公积金又称储备金，是公司为了巩固自身的财产基础，提高公司的信用和预防经营风险，依照法律和公司章程的规定，在公司资本以外积存的资金。公积金包括法定公积金、任意公积金和资本公积金。依据公积金提取的来源，分为盈余公积金和资本公积金；依据公积金的提取是否基于法律的强

① 参见北京市第二中级人民法院(2017)京02民终5124号。

制性规定，分为法定公积金和任意（盈余）公积金。从学理角度划分，本法所称的法定公积金是指法定盈余公积金，即从公司盈余中必须提取的公积金。依照本条第1款规定，公司在缴纳税款后分配利润前，应当提取利润的10%列入公司法定公积金。当法定公积金累计额达公司注册资本的50%以上时，可不再提取。需要说明的是，依照本条第2款规定，公司的法定公积金不足以弥补以前年度公司亏损的，在依照规定提取法定公积金之前，应当先用当年利润弥补亏损。为了增加公司的公积金储备，增强公司抗风险能力，依照本条第3款规定，公司在从税后利润中提取法定公积金后，经股东会决议，还可以从税后利润中提取任意公积金。

第二，利润分配。由于公司形式不同，其分配方式也不完全相同。公司弥补亏损和提取公积金后所余税后利润，有限责任公司按照股东的实缴出资比例分配利润，股份有限公司按照股东持有的股份比例分配利润。但是，有限责任公司股东一致同意不按出资比例分配的，股份有限公司章程规定不按持股比例分配的除外。也就是说，利润分配，可通过有限责任公司全体股东一致同意或者股份有限公司章程作出与本条第4款不同的分配比例要求。如果有限责任公司的全体股东没有一致同意或者股份有限公司章程没有作出例外规定时，应按第4款前段规定执行。

第三，公司持有的本公司的股份不得分配利润。一是持有自己股份的公司参与利润分配，实质就是公司把自己的利润再分给自己；二是公司作为股东参与分配利润后，还是需要把自己分配到的利润再分配给公司其他的股东，如此循环不经济；等等。

适用要点

第一，一般将本条规范称为抽象的利润分配请求权，而将股东会作出利润分配决议后，股东所享有的能够实际向公司主张分配利润的权利称为具体的利润分配请求权。是否分配利润属于股东会的职权，一般情况下司法不会干预。因此，《公司法解释四》第15条规定，股东未提交载明具体分配方案的股东会决议，请求公司分配利润的，人民法院应当驳回其诉讼请求，但违反法律规定滥用股东权利导致公司不分配利润，给其他股东造成损失的除外。第二，结合《公司法解释四》第14条规定，股东提交载明具体分配方案的股东会的有效决议，请求公司分配利润，公司拒绝分配利润且其关于无法执行决议的抗辩理由不成立的，人民法院应当判决公司按照决议载明的具体分配方案向股东分配利润。

关联法规

《公司法解释四》第13～15条；《公司法解释五》第4条

关联案例

1. 甘肃居立门业有限责任公司与庆阳市太一热力有限公司、李某军公司盈余分配纠纷案①

2. 湖南省中强房地产开发有限公司、严某针公司盈余分配纠纷案②

3. 金安桥水电站有限公司、云南省能源投资集团有限公司公司盈余分配纠纷案③

第二百一十一条　【违法分配利润的处理】公司违反本法规定向股东分配利润的，股东应当将违反规定分配的利润退还公司；给公司造成损失的，股东及负有责任的董事、监事、高级管理人员应当承担赔偿责任。

条文注释

在弥补亏损和提取法定公积金之前，公司向股东分配利润，损害公司的财产权益，依照本条前半句规定，股东应当将违反规定分配的利润退还公司。依照本法第179条、第180条第1款、第2款的规定，董事、监事、高级管理人员应当遵守法律、行政法规和公司章

① 参见最高人民法院(2016)最高法民终528号(《最高人民法院公报》2018年第8期)。

② 参见最高人民法院(2019)最高法民再88号。

③ 参见最高人民法院(2022)最高法民申111号。

程,对公司负有忠实和勤勉义务。违法向股东分配利润,可能涉及公司董事、监事、高级管理人员履职过程中违反法律、行政法规或公司章程,违反忠实和勤勉义务的情形,如给公司造成损失的,董事、监事、高级管理人员理应承担赔偿责任。此外,如果违法分配利润由股东造成,如股东会会议违反法律法规和公司章程的规定形成利润分配决议等,那么,负有责任的股东也应当承担赔偿责任,赔偿由此给公司造成的损失。

关联案例

谢某、刘某祥诉安徽兴达化工有限责任公司公司决议效力确认纠纷案①

第二百一十二条 【公司利润分配时间】股东会作出分配利润的决议的,董事会应当在股东会决议作出之日起六个月内进行分配。

条文注释

实践中,股东会作出决议后,由于没有载明分配时间,导致股东不能及时获得所分配的利润,阻碍了股东收益权的实现。为此,本条规定,股东会作出分配利润的决议的,董事会作为股东会决议的执行机构,应当在股东会决议作出之日起6个月内进行分配。

关联法规

《公司法解释五》第4条

关联案例

湖南高创新能源有限公司、南通腾泰电工器材有限公司公司盈余分配纠纷案②

① 参见安徽省合肥市中级人民法院(2014)合民二终字第00036号。
② 参见湖南省高级人民法院(2021)湘民申269号。

第二百一十三条　【公司资本公积金构成】公司以超过股票票面金额的发行价格发行股份所得的溢价款、发行无面额股所得股款未计入注册资本的金额以及国务院财政部门规定列入资本公积金的其他项目，应当列为公司资本公积金。

条文注释

资本公积金不是通过在利润中计提而产生的，而是公司投入资本本身所引起的各种增值，这种增值一般不是由于公司的生产经营活动产生的，与公司的生产经营活动没有直接关系，它包括资本（或股本）溢价、接受现金捐赠、拨款转入等。资本公积金是与公司经营收益无关，而与资本相关的权益。依照本条规定，资本公积金的构成包括：第一，股票溢价款。公司以超过股票票面价格而发行股票时，其超过部分为股票溢价。这一部分不属于股票持有人所有，因为股票持有人的股票的价格为票面金额，其超过部分在股票上没有反映，按照本条规定，应将这一部分列入资本公积金。第二，本法第142条第3款规定，采用无面额股的，应当将发行股份所得股款的1/2以上计入注册资本。未计入注册资本的金额应当列为公司资本公积金。第三，国务院财政部门规定的其他项目，如按照财政部发布的《企业财务通则》第55条第2款规定，企业合并后，净资产超出注册资本的部分应列入资本公积金。资本公积金的增加同样会增加所有者权益，股东同样获得权益的增加。

适用要点

本条规定的项目列入资本公积金后，则属于公司资产，基于资本维持原则，股东不得请求公司返还。

关联法规

《企业财务通则》第17条、第20条、第55条

关联案例

浙江新湖集团股份有限公司与浙江玻璃股份有限公司、董某

华、冯某珍及青海碱业有限公司公司增资纠纷案①

第二百一十四条 【公积金用途】公司的公积金用于弥补公司的亏损、扩大公司生产经营或者转为增加公司注册资本。

公积金弥补公司亏损，应当先使用任意公积金和法定公积金；仍不能弥补的，可以按照规定使用资本公积金。

法定公积金转为增加注册资本时，所留存的该项公积金不得少于转增前公司注册资本的百分之二十五。

条文注释

本条规定了公积金的三种用途：第一，弥补公司亏损。公司经营出现亏损，必须弥补以后，才能维持公司正常的生产经营活动和稳定健康的发展。公积金的用途之一是弥补亏损。对于公积金弥补亏损的顺序，第2款规定，应当先使用任意公积金和法定公积金；仍不能弥补的，可以按照规定使用资本公积金。第二，扩大公司生产经营。公司要发展就需要不断增加流动资金，扩大经营范围和规模，在不增加公司资本的前提下，用公司的公积金追加投资、扩大经营，是一条重要的途径。第三，增加公司的注册资本。公司可以通过股东会会议的特别决议或者全体股东的决定将公积金的一部分转增公司的注册资本。需要说明的是，法定公积金转为增加注册资本时，所留存的该项公积金不得少于转增前公司注册资本的25%，该限制适用于有限责任公司和股份有限公司。

关联法规

《企业财务通则》第8条、第32条

关联案例

1. 南通中南房地产开发有限公司、南通邦豪置业有限公司合同纠纷案②

① 参见最高人民法院(2013)民申字第326号。

② 参见最高人民法院(2020)最高法民申6465号。

2. 银基烯碳新材料集团股份有限公司、连云港市丽港稀土实业有限公司公司增资纠纷案①

第二百一十五条　【公司聘用、解聘会计师事务所】公司聘用、解聘承办公司审计业务的会计师事务所，按照公司章程的规定，由股东会、董事会或者监事会决定。

公司股东会、董事会或者监事会就解聘会计师事务所进行表决时，应当允许会计师事务所陈述意见。

条文注释

依照第1款的规定，聘请或者解聘会计师事务所的权限归股东会、董事会或者监事会所有，公司经理或其他高级管理人员不得自行决定聘用或者解聘承办公司审计业务的会计师事务所。具体由哪一主体聘用或者解聘，由公司章程规定。此外，本条对审计业务之外的业务机构（如律师事务所等）的聘请权限没有规定，具体也可以由公司章程规定。第2款规定，在对解聘会计师事务所进行表决时，应当允许会计师事务所陈述意见。此处的会计师事务所，应为已经聘请的从事审计业务的会计师事务所。允许会计师事务所向股东会、董事会或者监事会进行情况说明，陈述意见，可以让会计师事务所有一个发表辩解意见的机会，让股东会、董事会或者监事会在听取其陈述意见后再综合决定是否解聘，最终也是为了使公司和股东的利益最大化。

第二百一十六条　【公司对会计师事务所的诚实义务】公司应当向聘用的会计师事务所提供真实、完整的会计凭证、会计账簿、财务会计报告及其他会计资料，不得拒绝、隐匿、谎报。

---

① 参见最高人民法院（2018）最高法民终393号。

条文注释

依照本条规定，公司应当向聘用的会计师事务所如实提供以下材料：会计凭证、会计账簿、财务会计报告及其他会计资料。公司向会计师事务所提交上述资料的要求为：第一，提供真实、完整的资料。该项要求是对公司提供会计资料的正面要求，依据《会计法》的相关规定，公司必须依法设置会计账簿，并保证其真实、完整。单位负责人对本单位的会计工作和会计资料的真实性、完整性负责。第二，不得拒绝、隐匿、谎报。该项要求是对公司提供会计资料的反面要求，公司必须按照会计师事务所的要求提供相关的会计资料，不得故意拒绝、隐匿、谎报，否则需依法承担相应的法律责任。

关联法规

《会计法》第 3 条、第 17 条、第 43 ~ 45 条

第二百一十七条 【会计账簿和开立账户的禁止性规定】公司除法定的会计账簿外，不得另立会计账簿。

对公司资金，不得以任何个人名义开立账户存储。

条文注释

第 1 款规定公司禁止另立会计账簿。会计账簿是指记载和反映公司财产状况和营业状况的各种账簿、文书的总称。在法定会计账簿之外另立会计账簿，就是私设会计账簿，违反了《会计法》等相关法律法规规定。会计账簿不仅是公司管理者准确掌握经营情况的重要工具，而且是股东、债权人和利益相关方了解公司财产和经营状况的主要工具，在国家税收管理和诉讼程序中还是决定税额的主要依据和重要的诉讼证据。私自设立会计账簿，不仅会损害公司、股东、债权人和利益相关方的利益，还会损害国家和社会公众的利益，是一种严重的违法行为。

将公司资金以个人名义存储于金融机构，不仅逃避了有关机关对公司经济往来的监管，而且给相关人员侵吞公司财产提供了机会。为了维护国家经济管理秩序，保护公司财产、股东权益和债权人

利益不受侵害，第2款明确规定，对公司资金，不得以任何个人名义开立账户存储。

关联法规

《会计法》第42条；《商业银行法》第48条、第79条

关联案例

牛某文与扬州中久百货商贸有限公司损害公司利益责任纠纷案①

① 参见江苏省扬州市中级人民法院（2019）苏10民终1396号。

第十一章　公司合并、分立、增资、减资

第二百一十八条　【公司合并形式】公司合并可以采取吸收合并或者新设合并。

一个公司吸收其他公司为吸收合并，被吸收的公司解散。两个以上公司合并设立一个新的公司为新设合并，合并各方解散。

条文注释

公司合并是指两个以上的公司订立合并协议，依照法定程序归并为一个公司的法律行为。公司合并是一种合同行为，合并的基础是合并协议；公司合并是两个或者两个以上的公司合而为一的法人人格合并；公司合并会影响利害关系人的利益，因此，公司合并必须严格遵守法律规定的条件和程序。

本条规定了两种公司合并形式，即吸收合并和新设合并。吸收合并是指一个公司吸收其他公司，被吸收的公司解散。参与合并的公司中只有一个公司存续，其余的公司解散注销，存续的公司获得解散的公司的全部财产并承担其全部债务。新设合并是指两个以上的公司合并为一个新的公司，参与合并的公司全部解散注销，新设公司获得解散公司的全部财产，并承担解散公司的全部债务。新设合并是一种新公司设立的特别程序。

公司合并完成后，可能会产生以下法律效果：第一，公司消灭。公司合并必然导致一个或者一个以上的公司解散、注销。在吸收合并中，被吸收的公司解散、注销；在新设合并中，参与合并的公司全部解散、注销。第二，公司变更。在吸收合并中，存续的公司发生变更，如股东和资产发生变动。第三，公司设立。新设合并中，新公司因合并而设立。第四，股东发生变更。合并各方的股东要么丧失股东身

份,要么成为另一公司的股东。第五,债权、债务由合并后存续的公司或者新设的公司承继。

适用要点

公司合并是法律行为,应当严格依照法律规定的条件和程序进行,如果违反法律规定的条件和程序,合并各方将承担相应法律责任。

关联法规

《民法典》第 67 条

关联案例

中材(北京)建筑节能科技有限公司等与九易庄宸科技(集团)股份有限公司公司合并纠纷案①

第二百一十九条　【公司合并无须股东会决议的情形】公司与其持股百分之九十以上的公司合并,被合并的公司不需经股东会决议,但应当通知其他股东,其他股东有权请求公司按照合理的价格收购其股权或者股份。

公司合并支付的价款不超过本公司净资产百分之十的,可以不经股东会决议;但是,公司章程另有规定的除外。

公司依照前两款规定合并不经股东会决议的,应当经董事会决议。

条文注释

第 1 款规定简易合并。简易合并是指当一个母公司对一个子公司的持股份额超过 90% 以上时,可以不需经过母公司和子公司的股东会决议,母公司就可以直接把该子公司合并的形式。相对于子公司,如果母公司的持股比例超过 90%,那么子公司的其他股东是不可能在股东会会议上行使否决权来阻止二者合并,而相对于母公

① 参见北京市第一中级人民法院(2021)京 01 民终 11073 号。

司，因其持股子公司比例超过90%，某种程度上对子公司已经存在绝对控制关系，子公司的经营好坏与母公司利益直接相关，再由母公司股东会对合并进行决议反而会影响合并效率。但是，为保障子公司其他股东的合法权益，避免因简易合并损害子公司其他股东的利益，简易合并虽然可以不经股东会决议，但应当经母公司和子公司董事会决议，并通知子公司其他股东，其他股东有权请求公司按照合理的价格收购其股权或者股份。

第2款规定小规模合并。小规模合并是指被合并的公司规模很小，合并公司支付的价款不超过本公司净资产10%的合并形式。小规模合并一般适用于合并的公司之间规模不对称，合并存续的公司规模很大，被兼并的公司规模很小的情况。在合并程序上，由于小规模合并涉及交易金额不大，因此，可以不经合并公司股东会决议，但该合并会影响被合并公司所有股东的权益，因此，仍然需要经被合并公司的股东会决议通过。此外，公司章程可以对小规模合并的决议程序作出例外规定，如公司章程规定小规模合并仍需合并公司股东会决议的，从其规定。

根据本条第3款的规定，无论是简易合并，还是小规模合并，公司尽管可以依照前述两款规定不经过股东会决议，但应当经过董事会决议。此时，董事会可以依据合理的商业判断，对是否同意简易合并或小规模合并作出决议。

适用要点

第一，简易合并仅适用于高度控股（控股90%以上）的母公司和子公司之间的合并；小规模合并仅适用于合并公司支付的合并款项不超过其净资产10%的公司之间的合并。其他的合并情形不适用本条的规定。第二，简易合并程序中，异议股东享有评估权，即合并时少数股东虽然无表决权，但可以行使评估权，要求公司对其股权进行评估并以公平价格回购，从而较好地兼顾了小股东权益与合并效率之间的关系，避免因无意义的事项影响合并的效率。

第二百二十条　【公司合并程序和债权人异议权】公司合并，应当由合并各方签订合并协议，并编制资产负债表及财产清单。公司应当自作出合并决议之日起十日内通知债权人，并于三十日内在报纸上或者国家企业信用信息公示系统公告。债权人自接到通知之日起三十日内，未接到通知的自公告之日起四十五日内，可以要求公司清偿债务或者提供相应的担保。

条文注释

一、关于公司合并的程序

（一）合并的决议

根据不同的情形，公司合并由相应机构决策：

(1)一般的公司合并由股东会决议，决议需经股东会代表2/3以上表决权的股东通过。本法第59条规定，“股东会行使下列职权：……（七）对公司合并、分立、解散、清算或者变更公司形式作出决议”；第66条第3款中规定，“公司合并、分立、解散或者变更公司形式的决议，应当经代表三分之二以上表决权的股东通过”。由此可见，合并是公司重大事项，由股东会决议，并经代表2/3以上表决权的股东通过。

(2)依照本法第219条第3款规定，简易合并中被合并的公司和小规模合并中合并小公司的公司，可以不经股东会决议，但应当经董事会决议。

(3)依照本法第172条规定，国有独资公司的合并，由履行出资人职责的机构决定。

（二）订立合并协议

公司合并的决议通过后，合并各方应当签订合并协议。合并协议由合并的公司签订，而不是由合并公司的股东签订。合并各方是指合并的公司，而不是指合并公司的股东。本条规定了合并各方应当签订合并协议，但未规定合并协议的内容。实务中，合并协议的条款一般包括：合并各方当事人；合并后公司的注册资本，合并的形式，合并各方的资产及债权、债务的承继方案，职工的安置方案等内容。

合并协议的本质是合同，因此，应当按照《民法典》相关规定认定合并协议的效力。依照《民法典》第143条等相关规定，合并协议生效要件为：各方意思表示真实；具有相应的民事行为能力；不违反法律、行政法规的强制性规定，不违背公序良俗。合并协议签署并生效后，对合并各方当事人具有约束力，各方应按约履行协议，不得随意解除。

（三）编制资产负债表和财产清单

资产负债表应当载明公司的资产和负债情况；财产清单应当载明公司的全部不动产、动产、债权、债务、其他资产。编制资产负债表和财产清单可以供股东、债权人查询。

（四）通知、公告债权人及债权人异议

本条规定"公司应当自作出合并决议之日起十日内通知债权人，并于三十日内在报纸上或者国家企业信用信息公示系统公告。债权人自接到通知之日起三十日内，未接到通知的自公告之日起四十五日内，可以要求公司清偿债务或者提供相应的担保"。若债权人在规定期间没有提出异议，视为承认公司的合并。

（五）资本合并和财产转移

债权人的异议得到满足或者债权人未提出异议的，合并各方可以按照合并协议的约定进行资本合并和财产转移。

（六）向公司登记机关申请登记

完成上述合并程序后，公司应当在法定期限内办理登记手续。合并存续的公司，应当办理公司变更登记；因合并而解散的公司，应当办理公司注销登记；因合并而新设立的公司，应当办理公司设立登记。办理登记后，公司合并完成。

二、合并程序中，利益相关方的保护

（一）保护债权人的利益

通知和公告债权人，债权人享有对公司合并的知情权，本条规定了合并各方告知债权人的义务，但没有规定具体的告知内容。债权人收到通知后，应当在规定期限内要求公司提供相应的担保或者提前清偿债务。公司合并后合并各方的债务由合并后存续的公司或者新设的公司承担。

（二）保护小股东的利益

小股东可以参加公司合并的表决，但由于小股东持有的表决权比例较低，很难阻止公司合并程序，因此，本法规定了小股东在此情形下的异议评估权，即对公司合并、分立的决议持有异议的股东，可以要求公司以公平的价格回购自己的股份（本法第89条第1款、第162条第1款）。

（三）保护职工的利益

本法第17条第3款规定，“公司研究决定改制、解散、申请破产以及经营方面的重大问题、制定重要的规章制度时，应当听取公司工会的意见，并通过职工代表大会或者其他形式听取职工的意见和建议”。公司的合并、分立属于改制以及经营方面的重大问题，因此，应当听取工会及职工的意见。此外，《劳动合同法》第34条规定：“用人单位发生合并或者分立等情况，原劳动合同继续有效，劳动合同由承继其权利和义务的用人单位继续履行。”

适用要点

第一，公司应依法进行合并，合并中公司董事未尽忠实勤勉义务，给公司造成损失的，应当依法向公司承担赔偿责任；第二，债权人是否提出异议及异议是否成立，不影响公司合并的正常进行。

关联案例

上海致达科技集团有限公司、中国第十三冶金建设有限公司股东损害公司债权人利益责任纠纷案①

第二百二十一条　【公司合并时各方的债权、债务承继】公司合并时，合并各方的债权、债务，应当由合并后存续的公司或者新设的公司承继。

① 参见最高人民法院（2018）最高法民申282号。

条文注释

债权、债务的承继是指合并后存续的公司或者新设立的公司，必须无条件地接受合并前各公司的债权与债务。不管公司的合并是两个公司合并为一个新公司，还是将一个公司并入另一个公司，至少有一个公司法人人格消灭，且存续的或者新设立的公司也与以前的公司不同，但只要原负有债务、享有债权的公司被合并，其所负的债务和享有的债权就应当由合并后存续的公司或者新设立的公司承继。

根据主体的承继性原则，公司合并前各方的债权债务，由存续的公司或者新设的公司概括承受，不得附加任何的先决条件，也不需要对方债权人或者债务人的同意，但债权人可以依照本法第220条规定，要求公司清偿债务或者提供相应的担保。合并后的公司承继债权债务后成为新债权人或者债务人，有权对其承继的债权进行清收，同时，对于承继的债务应当对债权人进行清偿。

关联法规

《民法典》第67条

关联案例

中融国际信托有限公司、贵州鑫盛源能源投资(集团)有限公司金融借款合同纠纷案①

第二百二十二条 【公司分立时财产分割和分立程序】公司分立，其财产作相应的分割。

公司分立，应当编制资产负债表及财产清单。公司应当自作出分立决议之日起十日内通知债权人，并于三十日内在报纸上或者国家企业信用信息公示系统公告。

条文注释

公司分立是指一个公司通过分立决议，分立为两个或者两个以

① 参见最高人民法院(2019)最高法民终1448号。

上公司的法律行为。公司分立应当依照法律规定的条件和程序进行。

一、公司分立的形式

公司分立有新设分立和派生分立两种形式:

1. 新设分立,又称解散分立,是指一个公司将其全部财产分割,解散原公司,并分别归入两个或两个以上新公司的法律行为。在新设分立中,对原公司的财产和债权债务进行重新分配组合。同时原公司解散,办理公司登记注销手续,其财产和债权债务由新设立的公司分别承受并承担连带清偿责任。新设分立,是以原有公司的法人资格消灭为前提,成立新公司。新公司应当办理公司设立登记手续。

2. 派生分立,又称存续分立,是指公司以其部分财产另设一个或数个新的公司法律行为。原来的公司应当进行变更登记;分出去成立新公司的部分要进行设立登记。公司分立前的债务由分立后的公司承担连带责任;公司分立前的债权由分立后的公司按约定享有;公司在分立前与债权人就债务清偿达成书面协议,协议另有约定的,按约定处理。

二、分立的程序

(一)作出分立决议

根据不同的情形,公司分立由相应机构进行决策:

(1)一般的公司分立由股东会决议,决议需经股东会代表2/3以上表决权的股东通过。本法第59条第1款规定,“股东会行使下列职权:……(七)对公司合并、分立、解散、清算或者变更公司形式作出决议……”;第66条第3款规定,公司合并、分立、解散或者变更公司形式的决议,应当经代表2/3以上表决权的股东通过。由此可见,分立是公司重大事项,由股东会决议,并经代表2/3以上表决权的股东通过。

(2)依照本法第172条规定,国有独资公司的分立,由履行出资人职责的机构决定。

(二)订立分立协议

签订分立协议的各方当事人一般是原公司的股东,也是分立后各公司的股东,或者由分立存续的公司和拟分立新设的公司签订。若公司分立成功的,分立协议对股东和分立后的公司具有约束力;若分立不成的,分立行为的责任由签订分立协议的各方当事人承担。关于分立协议的内容,一般包括以下内容:分立的当事人,分立的形式,各方对拟分立公司的财产分割方案,各方对拟分立公司债权、债务的承继方案,职工安置方案等。

(三)编制资产负债表和财产清单

公司分立,应对公司财产作相应的分割,应当编制资产负债表和财产清单。

(四)通知、公告债权人

公司应当自作出分立决议之日起10日内通知债权人,并于30日内在报纸上或者国家企业信用信息公示系统公告。

(五)向公司登记机关申请办理登记手续

派生分立中,应为原公司的登记事项办理变更登记,为分立出来的新公司办理设立登记;新设分立的,原公司解散,办理注销登记,分立出来的新公司应办理设立登记。

三、公司分立的法律效果

1. 公司主体变更。派生分立的,原公司发生变更,新公司设立;新设分立的,原公司解散、注销,新公司设立。

2. 股东和股权发生变更。派生分立的,原公司的股东发生变更,原公司股东可能会成为新公司的股东;新设分立的,原公司的股东成为新公司的股东。

适用要点

第一,公司分立前的债务由分立后的公司承担连带责任,债权人有权要求公司在分立前清偿债务或者提供相应的担保,但不能对公司分立产生实质影响。第二,原公司在分立时,可以与债权人就分立前的债务订立债务清偿协议。该协议达成后,即对分立后的公司和债权人具有约束力,债务的处理按协议执行。

关联法规

《民法典》第69条

关联案例

常州长兴诺廷山房地产开发有限公司、常州长兴集团房地产开发有限公司公司分立纠纷案①

第二百二十三条 【公司分立前的债务承担】公司分立前的债务由分立后的公司承担连带责任。但是,公司在分立前与债权人就债务清偿达成的书面协议另有约定的除外。

条文注释

公司分立的,分立前的债务一般由分立后的公司承担连带责任,但公司分立前与债权人另有约定的从其约定。依照本条规定,公司分立前债务的承担方式:(1)有约定的,按约定。债权人与公司就公司分立前的债务清偿达成协议的,按协议的约定处理。《公司法》允许债权人与公司就公司分立前的债务承担进行约定,若达成书面协议的,则应当按照协议的约定履行。公司分立的债务承担原则,充分体现了当事人意思自治原则。(2)没约定的,按法定。债权人与公司未能就公司分立前的债务清偿达成协议的,分立后的公司对公司分立前的债务承担连带责任。

适用要点

公司分立时,未经债权人同意,公司股东之间对债务承担的划分对债权人不产生法律效力,应当按照法律的规定由分立后的公司对公司分立前的债务承担连带责任。

关联法规

《民法典》第67条;《最高人民法院关于审理与企业改制相关的民事纠纷案件若干问题的规定》第12条、第13条

关联案例

1. 海拉尔农垦(集团)有限责任公司、中冶京诚工程技术有限公

---

① 参见最高人民法院(2017)最高法民终368号。

司建设工程施工合同纠纷案①

2. 湖南中车环境工程有限公司、蓝途汽车有限公司等合同纠纷案②

第二百二十四条 【普通减资程序】公司减少注册资本,应当编制资产负债表及财产清单。

公司应当自股东会作出减少注册资本决议之日起十日内通知债权人,并于三十日内在报纸上或者国家企业信用信息公示系统公告。债权人自接到通知之日起三十日内,未接到通知的自公告之日起四十五日内,有权要求公司清偿债务或者提供相应的担保。

公司减少注册资本,应当按照股东出资或者持有股份的比例相应减少出资额或者股份,法律另有规定、有限责任公司全体股东另有约定或者股份有限公司章程另有规定的除外。

条文注释

注册资本减少是指公司依法对已经注册的资本通过一定的程序进行削减的法律行为,简称减资。本条第1款、第2款系对公司减少注册资本的程序性规定,具体要求如下:

第一,编制资产负债表和财产清单。公司减资无论是对公司股东还是公司债权人均有重大影响。本法赋予了股东和债权人在公司减资过程中进行自我保护的方法。但无论是股东进行决议,还是公司债权人要求公司清偿债务或者提供担保,前提均是要对公司的经营状况尤其是财务状况有清楚的了解,因此,本条第1款规定,公司减少注册资本,应当编制资产负债表及财产清单。

第二,股东会作出减资决议。股东以认缴出资额为限享有权利,也以相同条件为限承担责任。减资代表着股东利益的调整。为了保证公司减资能够体现绝大多数股东的意志,根据本法第66条第3

① 参见最高人民法院(2019)最高法民申3600号。

② 参见江西省上饶市中级人民法院(2021)赣11民终983号。

款、第116条第3款及第172条规定，减资决议，属于特别事项，对于有限责任公司，应当经代表2/3以上表决权的股东通过；对于股份有限公司，应当经出席会议的股东所持表决权的2/3以上通过；对于国有独资公司，应当由履行出资人职责的机构决定。

第三，通知债权人和公告。债权人基于公司资本运营状态与公司发生债权债务关系，公司减资对债权人的影响甚巨。公司的实质性减资，导致公司净资产减少，等同于股东优先于债权人回收所投入的资本；公司的形式性减资，也会减少应当保留在公司的财产数额，同样会导致公司责任财产的减少。为保护债权人利益，公司应当及时采取有效的方式通知债权人并发布公告，使债权人有机会在公司责任财产减少之前作出选择。因此，本条第2款规定，债权人自接到通知之日起30日内，未接到通知的自公告之日起45日内，有权要求公司清偿债务或者提供相应的担保。债权人超过规定期间未主张，该异议权利消灭。

第四，减资登记。公司减资以后，应当到登记机关办理变更登记手续，公司减资只有进行变更登记后，才能完成法律意义上的减资。

为了防止大股东利用控制地位，进行不同比例减资，损害中小股东的合法权益，本条第3款规定，除法律另有规定、有限责任公司全体股东另有约定或者股份有限公司章程另有规定以外，公司减少注册资本，应当按照股东出资或者持有股份的比例相应减少出资额或者股份，即同比例减少注册资本。

适用要点

公司减少注册资本，必须按照上述程序书面通知已知债权人，否则可能因减资程序瑕疵而被认定为抽逃出资。减资股东应在减资范围内对公司不能清偿的债务承担补充赔偿责任，其他协助减资主体可能对此承担连带责任。

关联法规

《公司法解释三》第14条；《市场主体登记管理条例实施细则》第36条

关联案例

1. 江苏万丰光伏有限公司与上海广力投资管理有限公司、丁某焜等买卖合同纠纷案①

2. 中国航发动力控制股份有限公司与镇江恒驰科技有限公司、黄某梅第三人撤销之诉纠纷案②

第二百二十五条　【简易减资程序】公司依照本法第二百一十四条第二款的规定弥补亏损后，仍有亏损的，可以减少注册资本弥补亏损。减少注册资本弥补亏损的，公司不得向股东分配，也不得免除股东缴纳出资或者股款的义务。

依照前款规定减少注册资本的，不适用前条第二款的规定，但应当自股东会作出减少注册资本决议之日起三十日内在报纸上或者国家企业信用信息公示系统公告。

公司依照前两款的规定减少注册资本后，在法定公积金和任意公积金累计额达到公司注册资本百分之五十前，不得分配利润。

条文注释

与本法第224条规定的减资程序不同，简易减资程序规定仅需在报纸上或者国家企业信用信息公示系统公告，不再需要通知债权人，债权人也无权要求公司清偿债务或者提供相应的担保。依照本条第1款规定，简易减资需满足以下三个前提条件：第一，任意公积金、法定公积金、资本公积金均无法弥补公司亏损；第二，不得向股东进行分配，即不存在减资款由公司流向股东的情形；第三，不免除股东缴纳出资或股款的义务。

简易减资虽然不会直接损害债权人利益，但是可能被公司当作扫清分红障碍的手段，使股东间接优先于债权人获得分配。因此，本

---

① 参见江苏省高级人民法院(2015)苏商终字第00140号(《最高人民法院公报》2018年第12期)。

② 参见江苏省镇江市中级人民法院(2020)苏11民终2864号。

条第3款规定，简易减资后，在法定公积金和任意公积金累计额达到公司注册资本50%前，不得分配利润。如果公司违反本款规定向股东分配利润，则构成违法分配。依照本法第211条规定，股东应当将违反规定分配的利润退还公司；给公司造成损失的，股东及负有责任的董事、监事、高级管理人员应当承担赔偿责任。

关联案例

1. 丰汇世通(北京)投资有限公司与黑龙江省农业生产资料公司案外人执行异议之诉纠纷案①

2. 文某明与敖某、重庆市双桥区兴双混凝土有限责任公司公司减资纠纷案②

第二百二十六条　【违法减少注册资本的法律责任】违反本法规定减少注册资本的，股东应当退还其收到的资金，减免股东出资的应当恢复原状；给公司造成损失的，股东及负有责任的董事、监事、高级管理人员应当承担赔偿责任。

条文注释

注册资本是公司运营资金或财产的基础来源，如果公司未经法定程序，随意减少注册资本，股东也借此取回出资，不但会影响到公司的正常运营，还可能损害债权人的利益。为避免违法减资行为的发生，本条明确规定了股东及董事、监事、高级管理人员违法减资的民事责任。

本条从两个方面追究违法减资的民事责任。第一，不符合程序的减资，减损了公司的财产，股东非法获益，因此，股东应当退还其收到的资金。如果存在减免股东出资的情形，还应当恢复原状，使公司的注册资本恢复至减资前的状态。第二，违反法定程序的减资，如果给公司造成损失的，股东及负有责任的董事、监事、高级管理人员应

① 参见最高人民法院(2019)最高法民再144号。

② 参见重庆市第一中级人民法院(2019)渝01民终1341号。

当承担赔偿责任。这里的“赔偿责任”在本质上是一种侵权责任，因此，在追究股东、董事、监事及高级管理人员的责任时，应符合侵权责任的构成要件。

关联法规

《民法典》第1165条；《公司法解释三》第12条、第14条

关联案例

上海德力西集团有限公司与江苏博恩世通高科有限公司、冯某、上海博恩世通光电股份有限公司买卖合同纠纷案①

第二百二十七条　【股东优先认购权】有限责任公司增加注册资本时，股东在同等条件下有权优先按照实缴的出资比例认缴出资。但是，全体股东约定不按照出资比例优先认缴出资的除外。

股份有限公司为增加注册资本发行新股时，股东不享有优先认购权，公司章程另有规定或者股东会决议决定股东享有优先认购权的除外。

条文注释

有限责任公司决定增加注册资本时，原股东相对于将要加入公司的新股东，有权优先认缴公司新增注册资本。公司设立后，可能会因经营业务发展的需要而增加公司注册资本。由于有限责任公司更具有人合性质，股东之间相互信赖、关系比较紧密。因此，在公司增加注册资本时，应当由本公司的股东首先认缴，以防新增股东打破公司原有股东之间的紧密关系，此即为股东的优先认缴出资权。只有在原股东不认缴时，其他投资者才可认缴，成为公司新的股东。当然，全体股东也可以约定不按照出资比例优先认缴出资，这是全体股东意思自治的体现，应得到尊重。

股份有限公司为增加注册资本发行新股时，股东是否享有优先

① 参见上海市第二中级人民法院(2016)沪02民终10330号(《最高人民法院公报》2017年第11期)。

认购权，历来存在争议。为避免争议，本条第2款规定，除非公司章程另有规定或者股东会决议决定的，股东原则上不享有优先认购权。换言之，股份有限公司股东是否享有优先认购权，尊重公司意思自治。在公司章程没有规定或者股东会决议没有赋予股东优先认购权时，股份有限公司股东不享有优先认购权。

适用要点

第一，本条第1款规定的股东优先认缴的比例限于股东原来实缴的出资比例，超过此比例外的新增注册资本，原股东不享有优先认缴出资权。第二，无论是原股东还是其他投资者认缴（购）公司新增注册资本，都必须遵守法律规定，如实履行足额缴付出资的义务，并依法向公司登记机关办理变更登记。

关联法规

《市场主体登记管理条例实施细则》第36条

关联案例

绵阳市红日实业有限公司、蒋某诉绵阳高新区科创实业有限公司股东会决议效力及公司增资纠纷案①

第二百二十八条　【公司增加注册资本】有限责任公司增加注册资本时，股东认缴新增资本的出资，依照本法设立有限责任公司缴纳出资的有关规定执行。

股份有限公司为增加注册资本发行新股时，股东认购新股，依照本法设立股份有限公司缴纳股款的有关规定执行。

条文注释

有限责任公司股东认缴新增资本的出资，依照本法设立有限责任公司缴纳出资的有关规定执行。依照本法第49条第2款规定，股

① 参见最高人民法院（2010）民提字第48号（《最高人民法院公报》2011年第3期）。

东以货币出资的,应当依法定要求存入公司账户;以非货币财产出资的,应当依法办理其财产权的转移手续。第42条规定,如果有限责任公司增加注册资本时吸收新的股东加入,则新股东加入后的公司股东人数之和不能超过50人的上限规定。同时,增加注册资本后公司还需及时修改公司章程并进行公司变更登记。

股份有限公司增加注册资本的,应当依照本法设立股份有限公司缴纳股款的有关规定执行。认购新增股份的股东,仍然需要依照本法第49条第2款的规定缴纳出资。如果向社会募集新股,还应当依照本法第100条的规定公告招股说明书、制作认股书,认股人应按照所认股份足额缴纳股款等。同样,股份有限公司增加注册资本,也必须相应修改公司章程并依法办理变更登记。

关联法规

《市场主体登记管理条例实施细则》第36条

关联案例

1. 深圳市盛康达投资有限公司、天津隆侨商贸有限公司侵权责任纠纷案①

2. 唐某与上海澳仪国际贸易有限公司公司增资纠纷案②

---

① 参见最高人民法院(2018)最高法民终281号。

② 参见上海市第一中级人民法院(2018)沪01民终2769号。

第十二章　公司解散和清算

第二百二十九条　【公司解散原因及事由公示】公司因下列原因解散：

（一）公司章程规定的营业期限届满或者公司章程规定的其他解散事由出现；

（二）股东会决议解散；

（三）因公司合并或者分立需要解散；

（四）依法被吊销营业执照、责令关闭或者被撤销；

（五）人民法院依照本法第二百三十一条的规定予以解散。

公司出现前款规定的解散事由，应当在十日内将解散事由通过国家企业信用信息公示系统予以公示。

条文注释

公司解散是指已成立的公司因法律或公司章程规定的原因停止经营活动，并开始进行清算以消灭公司法人资格的行为。根据公司解散自愿与否，可以分为自行解散和强制解散两种情形。自行解散，也称自愿解散，是指根据公司章程或股东会决议自行解散的情况。此种解散与外部因素无关，完全取决于公司股东的意愿，股东可以选择解散或不解散公司。强制解散是指因政府相关机关的决定或法院判决而发生的解散。

依照本条第1款规定，公司解散的法定事由包括：

第一，公司章程规定的营业期限届满或者公司章程规定的其他解散事由出现。公司须向登记机关备案经营期限，如果经营期限届满且股东会未作出延长决议，则公司进入解散程序。除经营期限外，股东还可在公司章程中规定其他解散事由，该等解散事由发生后，除通过修改公司章程或经股东会决议使公司继续存续外，公司应当解散。

第二，股东会决议解散。股东会是公司的权力机构，有权对公司的解散事项作出决议。有限责任公司通过代表2/3以上表决权的股东通过，股份有限公司通过出席股东会的股东持有表决权的2/3以上通过，可以决议解散公司。

第三，因公司合并或者分立需要解散。公司合并是指两个或两个以上的公司依照本法规定的条件和程序，通过订立合并协议，共同组成一个公司的行为。公司合并可以采取吸收合并或者新设合并的方式。当公司吸收合并时，吸收方继续存在，被吸收方解散；当公司新设合并时，合并各方均解散。公司分立是指一个公司依据法律、法规的规定，分成两个或者两个以上的公司的法律行为。当公司分立时，如果原公司继续存在，则无须解散。如果原公司分立后不再存在，则原公司应解散。公司的合并、分立应由股东会作出特别决议。

第四，依法被吊销营业执照、责令关闭或者被撤销。所谓吊销营业执照，是一种行政处罚，通过剥夺公司的营业执照使该公司无法继续从事生产和经营。所谓责令关闭，指行政机关依法对违反行政管理秩序的公司作出的责令停止全部生产经营活动的行政处罚。所谓撤销，指的是行政机关作出撤销行为，使原本具有效力瑕疵的公司登记失去效力。

第五，人民法院依照本法第231条的规定予以解散。公司经营管理发生严重困难，继续存续会使股东利益受到重大损失，通过其他途径不能解决的，人民法院可以根据持有公司10%以上表决权的股东的请求解散公司。关于"公司经营管理发生严重困难"的认定，《公司法解释二》第1条第1款规定了几种具体的判断情形：(1)公司持续两年以上无法召开股东会或者股东大会，公司经营管理发生严重困难；(2)股东表决时无法达到法定或者公司章程规定的比例，持续两年以上不能做出有效的股东会或者股东大会决议，公司经营管理发生严重困难；(3)公司董事长期冲突，且无法通过股东会或者股东大会解决，公司经营管理发生严重困难；(4)经营管理发生其他严重困难，公司继续存续会使股东利益受到重大损失的情形。

第2款规定，公司应当在10日内将解散事由通过国家企业信用信息公示系统予以公示。该款规定将“公司的解散事由”纳入本法第40条第1款第4项“法律、行政法规规定的其他信息”的范畴，顺应了电子化和信息化的时代要求。

适用要点

公司解散是历经时间的过程行为。虽然公司解散会导致公司法人资格的消灭，但其法人资格的最终消灭还需要经历一定的法律期间。在这一期间内，公司作为法人的资格并没有消灭，从法律上被视作进行清算而存在的公司。此时，公司行为能力受到限制，只能进行与清算有关的活动，不得开展与清算无关的经营活动。

关联法规

《民法典》第69条；《公司法解释二》第1条；《企业信息公示暂行条例》第10条

关联案例

韶关市乘风汽车贸易有限公司、廖某平公司解散纠纷案①

第二百三十条　【使公司存续的表决规则】公司有前条第一款第一项、第二项情形，且尚未向股东分配财产的，可以通过修改公司章程或者经股东会决议而存续。

依照前款规定修改公司章程或者经股东会决议，有限责任公司须经持有三分之二以上表决权的股东通过，股份有限公司须经出席股东会会议的股东所持表决权的三分之二以上通过。

条文注释

依照本法第229条第1款第1项、第2项的规定，公司章程规定的营业期限届满、公司章程规定的其他解散事由出现或股东会决议

① 参见广东省高级人民法院(2018)粤民终1528号。

解散,则公司应当停止生产或者经营活动。但是,如果公司认为可以延续生产经营的,可以修改公司章程或通过股东会决议,使公司继续存在。由于修改公司章程或通过股东会决议使公司存续属于公司特别重大的事务,因此,有限责任公司必须经持有2/3以上表决权的股东通过,股份有限公司必须经过出席股东会会议的股东所持表决权的2/3以上通过。

第二百三十一条 【强制解散】公司经营管理发生严重困难,继续存续会使股东利益受到重大损失,通过其他途径不能解决的,持有公司百分之十以上表决权的股东,可以请求人民法院解散公司。

条文注释

依照本条规定,股东请求法院解散公司,需满足以下四个构成要件:第一,公司经营管理发生严重困难;第二,继续存续会使股东利益受到重大损失;第三,通过其他途径不能解决;第四,持有公司10%以上表决权的股东向人民法院请求。

第一,公司经营管理发生严重困难。该要件是指因股东之间或者公司董事会、经理层成员之间的利益冲突和矛盾导致公司无法有效运行,公司事务陷入瘫痪状态。《公司法解释二》第1条第1款规定了四种"公司经营管理发生严重困难"的具体判断情形:(1)公司持续两年以上无法召开股东会;(2)股东表决时无法达到法定或者公司章程规定的比例,持续两年以上不能做出有效的股东会决议;(3)公司董事长期冲突,且无法通过股东会解决;(4)经营管理发生其他严重困难,公司继续存续会使股东利益受到重大损失的情形。

第二,继续存续会使股东利益受到重大损失。该要件是指如果公司治理失灵的状态存续下去会导致股东利益严重受损。通常而言,股东权利可以分为管理控制权和投资收益权,如果股东的这两类权利受到损害,可认定为股东利益受到损失,具体可从公司盈亏情况、资本充实情况、股东是否能够取得分红、股东能否正常参与公司经营管理等方面综合判断。至于"重大损失"的认定,并无统一的量化标准,需在个案中交由裁判者综合认定。

第三,通过其他途径不能解决。该要件是指原告在起诉前已尝试多种方案仍无法化解公司矛盾。"其他途径"一般包括内部途径和外部途径两个方面:内部途径,如申请召开股东会、行使股东知情权、协商股权转让、请求公司收购股权等;外部途径,如请求行业协会或行政部门等第三方进行调解、股东提起知情权之诉或股东权益受损责任之诉等。该要件并不要求股东在诉讼前穷尽全部救济途径,否则将因欠缺现实可操作性而在客观上废止公司解散之诉。法院认定股东已通过其他多种途径仍不能解决公司僵局状态且符合其他法定要件的,经组织调解无果后应及时依法作出判决。

第四,单独或合计持有公司10%以上表决权的股东向人民法院请求。该要件是指依据本条请求解散公司的股东应单独或者合计持有10%以上公司表决权。人民法院一旦作出解散公司的判决,则对公司全体股东发生效力。如果公司经营管理一出现困难,任何股东都可以申请公司解散,公司经营将极度不稳定,不利于公司的发展和相关利益主体的利益。为了避免出现此种情况,本条规定,有权依据本条请求解散公司的应当是单独或者合并持有公司10%以上表决权的股东。同时,人民法院审理解散公司的诉讼案件时应注重调解。当事人协商同意由公司或者股东收购股份,或者以减资等方式使公司存续,且不违反法律、行政法规强制性规定的,人民法院应予支持。当事人不能协商一致使公司存续的,人民法院应当及时判决。

适用要点

第一,本条规定的"公司经营管理发生严重困难,继续存续会使股东利益受到重大损失",不仅是人民法院受理股东请求解散公司诉讼时形式审查的法律依据,也是人民法院对股东请求解散公司诉讼进行实体审查的法律依据。第二,判断公司经营管理是否出现严重困难,应当侧重于判断公司股东会、董事会、监事会能否正常履行职责,而不是公司是否处于盈利状态。此外,结合《公司法解释二》

第1条第2款，公司经营管理发生严重困难也有排除性规定："股东以知情权、利润分配请求权等权益受到损害，或者公司亏损、财产不足以偿还全部债务，以及公司被吊销企业法人营业执照未进行清算等为由，提起解散公司诉讼的，人民法院不予受理。"第三，在有限责任公司股东重大分歧纠纷案件中，为引导股东协商解决分歧，恢复公司正常经营，避免公司解散，结合《公司法解释五》第5条规定，如果当事人协商一致，通过公司回购股份、其他主体受让股份、公司减资、公司分立等方式解决股东分歧，且不违反法律、行政法规的强制性规定的，人民法院应当予以支持。第四，在公司解散之诉中，人民法院只对股东所持股份事实进行形式审查，只要股东能够依工商登记、股东名册等资料证明其所持股份情况即可，该股东没有实际出资到位或未实际支付受让股权的转让款，不影响其具有提起解散公司诉讼的主体资格。人民法院受理了股东请求解散公司诉讼之后，在案件审理的过程中，如果股东的持股比例发生了变化，如原告丧失股东资格或实际享有的表决权达不到公司全部股东表决权10%的，人民法院应裁定驳回起诉。由于有限责任公司股东的表决权并不必然与登记的股权比例一致，因此，应注意审查股东名册、公司章程及其他相关文件，以确定股东持有的表决权比例。

关联法规

《公司法解释二》第1～6条、第24条；《公司法解释五》第5条；《关于审理公司强制清算案件工作座谈会纪要》

关联案例

1. 林某清与常熟市凯莱实业有限公司、戴某明公司解散纠纷案①

2. 吉林省金融控股集团股份有限公司与吉林省金融资产管理有限公司、宏运集团有限公司公司解散纠纷案②

① 参见江苏省高级人民法院(2010)苏商终字第0043号。

② 参见最高人民法院(2019)最高法民申1474号(《最高人民法院公报》2021年第1期)。

3. 陕西博鑫体育文化传播有限公司与陈某等公司解散纠纷案①

第二百三十二条　【清算义务人及其责任】公司因本法第二百二十九条第一款第一项、第二项、第四项、第五项规定而解散的，应当清算。董事为公司清算义务人，应当在解散事由出现之日起十五日内组成清算组进行清算。

清算组由董事组成，但是公司章程另有规定或者股东会决议另选他人的除外。

清算义务人未及时履行清算义务，给公司或者债权人造成损失的，应当承担赔偿责任。

条文注释

第1款规定董事是公司清算义务人。公司清算是指公司解散后，依照法定程序了结公司事务，清理公司债权、债务，处分公司剩余财产，使公司归于终止的法律程序和行为。清算义务人是指在公司解散时，因其与公司存在特定的法律关系而负有对公司依法组织清算的义务，若因公司未及时清算而造成相关权利人损害的，依法应当承担相应民事责任的民事主体。2018年《公司法》第183条没有明确规定清算义务人，仅规定有限责任公司的清算组由股东组成，股份有限公司的清算组由董事或者股东大会确定的人员组成。《公司法解释二》第18条规定有限责任公司的股东、股份有限公司的董事和控股股东有义务在法定期限内成立清算组开始清算。《民法总则》（已失效）第70条第2款规定："法人的董事、理事等执行机构或者决策机构的成员为清算义务人。法律、行政法规另有规定的，依照其规定。"《民法典》第70条第2款沿用了《民法总则》的前述规定。2023年修订《公司法》，为与《民法典》对清算义务人的规定保持一致，结合董事的职责，第1款明确规定，董事作为公司解散后的清算义务人。

① 参见最高人民法院（2021）最高法民申6453号（《最高人民法院公报》2023年第1期）。

第 2 款规定了清算组的组成。清算组是公司解散后接管公司，负责公司财产的保管、清理、变价、处理分配等事务的专门机构。清算义务人与清算组(即清算人)职责不一样。清算义务人的职责是组织清算组启动公司清算并协助清算组的清算工作;清算组的职责是执行清算事务。由于董事熟悉公司经营情况,原则上清算组由董事组成,但是公司章程另有规定或者股东会决议另选他人的除外。比如,为顺利推进清算,公司章程规定或者股东会决议可由懂财务的会计师参与清算。

本条还明确和强化了清算义务人的义务和责任。董事应当在公司解散事由出现之日起 15 日内组成清算组进行清算。公司解散后,清算义务人应及时组织清算,这是清算义务人的一种作为义务,如果义务人不作为给公司或债权人造成损失的应当承担赔偿责任。比如,清算义务人虽然成立清算组,但是怠于履行清算义务或故意拖延清算,导致公司主要财产、账册、重要文件等灭失,无法进行清算;违法清算,以虚假的清算报告骗取公司登记机关办理法人注销登记等。

适用要点

清算义务人怠于履行清算职责的责任,在本质上属于侵权责任,因此,应符合构成侵权责任的要件:第一,清算义务人存在违反法律规定,怠于履行清算义务的行为,即清算义务人在公司解散后未在法定时间内开展清算事务;第二,主观上存在不作为或者不适当执行清算事务的过错;第三,清算义务人的行为造成了公司、债权人的财产损失;第四,清算义务人怠于履行清算义务的行为与公司或债权人的财产损失之间存在法律上的因果关系。

关联法规

《民法典》第 70 条;《公司法解释二》第 18 条、第 19 条

关联案例

1. 余某智、陈某利清算责任纠纷案①

---

① 参见最高人民法院(2021)最高法民申 1166 号。

2. 鹰潭金蝉君汇投资有限合伙企业与高某卿等股东损害公司债权人利益责任纠纷案①

第二百三十三条　【向法院申请指定清算组】公司依照前条第一款的规定应当清算，逾期不成立清算组进行清算或者成立清算组后不清算的，利害关系人可以申请人民法院指定有关人员组成清算组进行清算。人民法院应当受理该申请，并及时组织清算组进行清算。

公司因本法第二百二十九条第一款第四项的规定而解散的，作出吊销营业执照、责令关闭或者撤销决定的部门或者公司登记机关，可以申请人民法院指定有关人员组成清算组进行清算。

条文注释

公司清算，是指解散事由出现后，公司依法定程序了结事务，清理债权、债务，分配剩余财产，终止公司的活动。公司清算分为破产清算与非破产清算。破产清算，是指公司被宣告破产时，依破产程序进行的清算。破产清算应依据《企业破产法》进行。非破产清算，又称解散清算，是指公司非因破产原因解散，按照《公司法》规定的程序进行的清算。非破产清算的主要依据的规定是《公司法》以及《公司法解释二》。非破产清算又可以分为自行清算和强制清算。自行清算由公司股东或管理层自行组织。强制清算则是因自行清算不能或难以启动，而由公司债权人、股东、董事等利害关系人或行政机关申请人民法院启动并监管的清算。

本条第 1 款规定，当清算义务人逾期不成立清算组进行清算或成立清算组后不进行清算的，股东、债权人等利害关系人可以作为申请人，申请人民法院指定有关人员组成清算组进行清算。人民法院应当受理该申请，并及时组织清算组进行清算。

① 参见北京市第三中级人民法院(2020)京 03 民终 2374 号。

为尽快组成清算组启动清算程序，保障利益相关者的利益，及时清理被吊销营业执照、责令关闭或者被撤销企业，本条第2款规定，当公司被依法吊销营业执照、责令关闭或者被撤销的，作出决定的部门或公司登记机关可以作为申请人，申请人民法院指定有关人员组成清算组进行清算。

适用要点

在性质上，强制清算案件属于非诉案件。在新的司法解释出台前，在不与本法冲突的情况下，关于强制清算案件可参照适用《公司法解释二》及《关于审理公司强制清算案件工作座谈会纪要》的相关规定。

关联法规

《民法典》第70条；《公司法解释二》第7条；《关于审理公司强制清算案件工作座谈会纪要》

关联案例

1. 何某文、彭水县长江石粉厂等申请公司清算案①
2. 陈某胜与上海上器集团新能源科技有限公司申请公司清算案②

第二百三十四条 【清算组的职权】清算组在清算期间行使下列职权：

（一）清理公司财产，分别编制资产负债表和财产清单；

（二）通知、公告债权人；

（三）处理与清算有关的公司未了结的业务；

（四）清缴所欠税款以及清算过程中产生的税款；

（五）清理债权、债务；

（六）分配公司清偿债务后的剩余财产；

（七）代表公司参与民事诉讼活动。

---

① 参见最高人民法院（2021）最高法民申7223号。

② 参见上海市高级人民法院（2019）沪清终1号。

条文注释

清算组是指公司解散后执行清算事务并代表公司行使职权的执行机构，负责公司清算期间的一切事宜。清算组在清算程序中，对内执行清算业务，对外代表公司。清算组成立后，应当全面接管公司，公司原法定代表人及经营管理人员包括董事、经理、财务负责人等应当暂停原来工作，全面移交公司管理权，并配合清算组的工作。为了保证清算的各项工作顺利进行，提高清算效率，减少清算损失，维护债权人、股东及其他利益相关人的合法权益，赋予清算组必要的职权是应当的。根据本条规定，清算组成立后，行使下列职权：

第一，清理公司财产，分别编制资产负债表和财产清单。清算组接管公司财产及管理权后，对公司财产进行全面清查，编制资产负债表和财产清单。清算组可以聘请有资质的专业机构对公司财产进行专项审计和评估。专业机构对财产专项的审计和评估报告作为清算组调查财产状况和制作公司财产状况报告的财务依据。

第二，通知、公告债权人。本法第 235 条第 1 款规定："清算组应当自成立之日起十日内通知债权人，并于六十日内在报纸上或者国家企业信用信息公示系统公告。债权人应当自接到通知之日起三十日内，未接到通知的自公告之日起四十五日内，向清算组申报其债权。"其中，通知及公告的内容至少包括公司解散并进入清算的公告、债权人申报债权的内容、债权申报方式、期限等基本事项。

第三，处理与清算有关的公司未了结的业务。所谓与清算有关的公司未了结的业务，主要是指公司解散之前已经订立的，但是目前尚未履行的有关合同的事项；拖欠公司职工的工资、劳动保险费用；未结算的债权、债务及有关的纳税事宜；等等。清算组在处理公司未了结的业务时，有权根据清算工作的需要决定进行或者停止进行一些公司业务。清算组决定不进行未了结的公司业务给对方造成损失的，应当从公司的财产中给予赔偿。清算组处理与清算有关的公司未了结的业务，应当遵守法律、行政法规的规定，并应当有利于保护公司债权人的合法权益，有利于尽快结束公司的业务，有利于减少股东的损失。

第四，清缴所欠税款以及清算过程中产生的税款。清算组应当核定公司所欠的税款以及在清算过程中产生的税款。清算组可书面通知公司所属的税务机关，致函税务机关要求税务机关确认公司是否欠缴税款并申报债权。

第五，清理债权、债务。公司解散清算前和为清算而产生的各项债权、债务关系均由清算组予以清理。清算组接管公司后应立即着手清理公司依法享有的债权和承担的债务，包括按照合同的约定产生的债权、债务和依照法律的规定产生的债权、债务。如公司对某一当事人既享有债权又负有债务的，其债权和债务可以请求相互抵销。

第六，分配公司清偿债务后的剩余财产。公司清偿债务后的剩余财产是指公司的财产在支付清算费用，支付职工工资、劳动保险费用和法定补偿金，清缴税款，清偿所欠债务后公司剩余的财产。这部分的财产是属于股东的权益，有限责任公司应按照股东的出资比例分配，股份有限公司应按照股东持有的股份比例分配。同时，如果在清算的过程中发现公司财产不足以清偿债务时，清算组应及时向人民法院申请宣告破产，在公司经人民法院裁定宣告破产后，清算组应当将清算事务移交给人民法院指定的破产管理人，进入破产清算程序。

第七，代表公司参与民事诉讼活动。公司依法清算结束并办理注销登记前，有关公司的民事诉讼，应当以公司的名义进行。公司成立清算组的，由清算组负责人代表公司参加诉讼；尚未成立清算组的，由原法定代表人代表公司参加诉讼。

适用要点

第一，公司解散时，股东尚未缴纳的出资应作为清算财产。股东尚未缴纳的出资，包括到期应缴未缴的出资，以及依照本法规定分期缴纳但缴纳期限尚未届满的出资。第二，公司清算时尚未履行完毕的合同，由清算组根据公司的具体情况决定是否继续履行。

关联法规

《民法典》第 71 条、第 72 条；《公司法解释二》第 22 条

关联案例

1. 成峰(河北)药业有限公司、成功(中国)药业有限公司国有资产行政管理纠纷案①

2. 云南新大农业开发有限公司租赁合同纠纷案②

第二百三十五条　【清算期间的债权申报】清算组应当自成立之日起十日内通知债权人,并于六十日内在报纸上或者国家企业信用信息公示系统公告。债权人应当自接到通知之日起三十日内,未接到通知的自公告之日起四十五日内,向清算组申报其债权。

债权人申报债权,应当说明债权的有关事项,并提供证明材料。清算组应当对债权进行登记。

在申报债权期间,清算组不得对债权人进行清偿。

条文注释

第1款规定清算组通知、公告债权人。公司在解散清算时,清算组应当告知各债权人尽快申报债权,以便及时审核和清偿债务。清算组的告知方式为:通知和公告。告知的期限:自清算组成立之日起10日内通知债权人,清算组成立之日起60日内在报纸上或者国家企业信用信息公示系统公告。申报债权的期限:债权人应当自接到通知之日起30日内,未接到通知的自公告之日起45日内,向清算组申报其债权。参照《公司法解释二》第11条规定,公司清算时,清算组应当将公司解散清算事宜书面通知全体已知债权人,并根据公司规模和营业地域范围在全国或者公司注册登记地省级有影响的报纸上进行公告。清算组未按照前述规定履行通知和公告义务,导致债权人未及时申报债权而未获清偿,债权人主张清算组成员对因此造成的损失承担赔偿责任的,人民法院应依法予以支持。

第2款规定债权申报及登记。债权人申报债权应当提交债权证

---

① 参见最高人民法院(2018)最高法行申5716号。

② 参见最高人民法院(2020)最高法民申2504号。

明和合法有效的身份证明;代理申报人应当提交委托人的有效身份证明、授权委托书和债权证明。申报的债权有财产担保的,应当提交证明财产担保的证据。清算组在登记申报的债权时,应当记载债权人名称、住所、开户银行、申报债权数额、申报债权的证据、财产担保情况、申报时间、联系方式以及其他必要的事项。参照《公司法解释二》第 13 条第 1 款规定,债权人在规定的期限内未申报债权,在公司清算程序终结前补充申报的,清算组应予登记。公司清算时,债权人对清算组核定的债权有异议的,可以要求清算组重新核定。清算组不予重新核定,或者债权人对重新核定的债权仍有异议的,债权人可以向人民法院提起诉讼请求确认债权,债权人以公司为被告向人民法院提起诉讼请求确认的,人民法院应予受理。

第 3 款规定禁止个别清偿。在申报债权期间,清算组不得对债权人进行清偿。清算期间,债务人对个别债权人的债务清偿无效,自始就不具有法律效力。公司解散和清算程序的目的就是防止债务人损害其他债权人的公平受偿权利,避免债务人区别对待债权人,从而通过法定程序保障公司全体债权人的债权公平受偿。此外,本法禁止清算组在申报债权期间对债权人进行个别清偿,还可以防止债务人转移或转让公司的财产。

适用要点

第一,清算组通知或者公告债权人的内容包括:公司名称、住址,清算依据,清算开始日期,申报债权的期限,清算组的组成人员、通信地址及其他应予通知和公告的内容。第二,清算组为方便债权人申报,可以制作债权申报须知、债权申报表、债权人地址及联系方式确认书、债权申报文件清单等文件模板供债权人申报债权使用。

关联法规

《公司法解释二》第 11 条、第 13 条;《市场主体登记管理条例》第 32 条

关联案例

王某森、青海昆源矿业有限公司清算责任纠纷案[①]

第二百三十六条　【制订清算方案及处分公司财产】清算组在清理公司财产、编制资产负债表和财产清单后,应当制订清算方案,并报股东会或者人民法院确认。

公司财产在分别支付清算费用、职工的工资、社会保险费用和法定补偿金,缴纳所欠税款,清偿公司债务后的剩余财产,有限责任公司按照股东的出资比例分配,股份有限公司按照股东持有的股份比例分配。

清算期间,公司存续,但不得开展与清算无关的经营活动。公司财产在未依照前款规定清偿前,不得分配给股东。

条文注释

一、清算方案的制订和确认

清算方案指公司解散时由清算组制订的清算工作计划。清算方案是清算组处理公司清算事务,了结公司债权、债务的法定文件。清算方案由清算组制订和实施,由股东会或者人民法院确认。清算方案的主要内容包括:(1)清算事由和法律依据;(2)清算组的组成;(3)清算组的工作情况;(4)清算基准日的财产清单和资产负债表;(5)审计、评估情况;(6)债权申报和债权确认情况;(7)清算组参加诉讼的情况和未完结的事项;(8)财产处置变现方案;(9)债务处理办法;(10)债权清偿顺序和剩余财产分配办法;(11)清算费用;(12)清算结论;等等。为防止造成损失,清算组应严格遵守有关公司解散、清算的法律规定,及时制订清算方案,并报股东会或者人民法院确认后执行。未经股东会或者人民法院确认的清算方案不得执行。

① 参见最高人民法院(2020)最高法民申5085号。

二、财产分配的原则和顺序

（一）先债权后股权的分配原则

本条第3款规定清算组不得在清偿公司债务前向股东分配公司的财产。清算组必须按照第2款规定的顺序，用清偿公司的全部债务后的剩余财产向股东进行分配。债权请求权是债权人要求公司清偿到期债权本息的权利；所有者权益是所有者要求分配公司利润的权利。债权人的债权是以公司的全部资产为请求对象；股东作为公司的所有者，其权益是对公司的全部资产减去全部负债后的净资产的所有权，是对公司剩余财产分配权。因此，在公司的解散清算过程中，债权人的债权优先于股东剩余财产分配权。

（二）公司财产分配顺序

第一，支付清算费用。清算费用包括清算组成员执行职务的费用、报酬及聘用工作人员的费用，以及为完成清算工作而支付的评估费、审计费、诉讼费、仲裁费、公告费、管理变价和分配财产的费用等。第二，支付职工的工资、社会保险费用和法定补偿金。主要包括：职工的工资，医疗、伤残补助、抚恤费用，职工的基本养老保险、基本医疗保险费用，以及法律、行政法规规定应当支付给职工的补偿金。第三，支付所欠的各项税款。包括企业所得税、增值税等各项税款。第四，清偿公司其他的债务。包括公司的借款、应付账款、预收款项、未付款的采购合同等债务。第五，公司的剩余财产分配。有限责任公司按照股东的出资比例分配，股份有限公司按照股东持有的股份比例分配。本条没有规定公司章程可以自行约定股东的剩余财产分配方式，因此，应当按照法律规定的方式向股东分配剩余财产。

三、清算期间公司的行为能力

公司进入清算程序以后，主要的任务是清产核资，清偿债权和分配剩余财产，因此，第3款规定“清算期间，公司存续，但不得开展与清算无关的经营活动”。由此可见，本款确认清算期间法人人格存续，但公司行为能力的范围限于与清算活动有关的活动。

适用要点

公司自行清算的，清算方案应当报股东会决议确认；人民法院组织清算的,清算方案应当报人民法院确认。未经确认的清算方案,清算组不得执行。执行未经确认的清算方案给公司或者债权人造成损失,公司、股东或者债权人主张清算组成员承担赔偿责任的,人民法院应依法予以支持。

关联法规

《民法典》第71条、第72条

关联案例

莫某红、邓某等股东损害公司债权人利益责任纠纷案①

第二百三十七条 【解散清算转化为破产清算的情形】清算组在清理公司财产、编制资产负债表和财产清单后,发现公司财产不足清偿债务的,应当依法向人民法院申请破产清算。

人民法院受理破产申请后,清算组应当将清算事务移交给人民法院指定的破产管理人。

条文注释

公司解散时,应当收取各种债权,清偿各种债务。当公司的财产多于公司的债务时,公司债权人的利益能够得到保障,清算组应当继续进行清算工作。然而,公司解散时,公司的财产并不总是多于公司的债务,也有可能少于公司的债务。当公司的财产少于公司的债务时,公司的全部财产不足以清偿公司的债务,公司资不抵债。又由于公司在清算期限内的行为能力受到限制,无法开展与清算无关的经营活动。事实上,此时的公司已经不能清偿到期债务。也就是说,此时的公司已经达到破产的条件,应当申请破产。

清算组在清理公司财产、编制资产负债表和财产清单后,能清楚地认识到公司是否能够清偿债务。如果公司能够清偿债务,清算组可以继续进行清算工作;如果公司全部财产不能清偿全部债务,

① 参见广东省广州市中级人民法院(2022)粤01民终4897号。

那么公司已经处于破产状态。此时,依照本条第 1 款规定,清算组应当依法向人民法院申请破产清算。人民法院受理破产申请后,由人民法院依照有关破产法的规定指定破产管理人进行破产清算,清算组应当将清算事务移交给人民法院指定的破产管理人。

适用要点

在新的司法解释出台之前,对于清算中发现公司资不抵债的情形,可参照《公司法解释二》第 17 条的规定进行处理:人民法院指定的清算组在清理公司财产、编制资产负债表和财产清单时,发现公司财产不足清偿债务的,可以与债权人协商制作有关债务清偿方案。债务清偿方案经全体债权人确认且不损害其他利害关系人利益的,人民法院可依清算组的申请裁定予以认可。清算组依据该清偿方案清偿债务后,应当向人民法院申请裁定终结清算程序。债权人对债务清偿方案不予确认或者人民法院不予认可的,清算组应当依法向人民法院申请宣告破产。

关联法规

《企业破产法》第 2 条;《关于审理公司强制清算案件工作座谈会纪要》

关联案例

徐州中矿大能源化工有限公司清算组、江苏省徐州中矿大能源化工有限公司强制清算转破产清算案①

第二百三十八条 【清算组成员的义务和责任】清算组成员履行清算职责,负有忠实义务和勤勉义务。

清算组成员怠于履行清算职责,给公司造成损失的,应当承担赔偿责任;因故意或者重大过失给债权人造成损失的,应当承担赔偿责任。

---

① 参见江苏省徐州市中级人民法院(2022)苏 03 破申 4 号。

条文注释

第1款规定了清算组成员的忠实义务和勤勉义务。清算组在清算期间应履行相应的义务,以保证清算工作的顺利进行。清算组成员作为公司的执行机关,其负有与公司董事相同的诚信义务,包括忠实义务和勤勉义务。清算组成员的忠实义务,是指清算组成员执行清算事务时,应当忠于职守,竭尽忠诚地履行职务,保护股东、债权人及公司的利益。清算组成员的勤勉义务,又称注意义务,是指清算组成员遵守诚信原则,以一个合理谨慎的人在相似情形下应具备的谨慎、勤勉和技能,为保护股东、债权人及公司的利益而努力工作。

第2款规定了清算组成员的赔偿责任。清算组成员在执行清算事务期间与公司之间的关系属于委任契约关系。清算组成员属于受托人,受公司的委托,对公司、股东和债权人负有诚信义务。因此,清算组成员怠于履行清算职责,给公司造成损失的,应当承担赔偿责任;因故意或者重大过失给债权人造成损失的,应当承担赔偿责任。所谓故意,是指清算组成员明知自己的行为会产生损害债权人利益的后果,而希望或者放任这种结果的发生。所谓重大过失,是指清算组成员处理清算事务时,法律作出了要求其特别注意的规定,但是清算组成员因为疏忽大意,没有注意该法律规定,或虽然注意了,却轻信可以避免,以致发生了不应该发生的法律后果。比如,未依法履行通知和公告债权人的义务,导致债权人未及时申报债权而未获清偿;清算组执行未经确认的清算方案给公司、债权人造成损失;等等。

适用要点

第一,清算组成员的义务。清算组成员应当按照法律规定积极履行职责,审慎处理清算事务,切实维护股东、债权人及公司的利益,切不可疏忽大意,否则,可能要承担赔偿责任。第二,公司清算期间的股东代表诉讼。参照《公司法解释二》第23条第2款的规定,有限责任公司的股东、股份有限公司连续180日以上单独或者合计持有公司1%以上股份的股东,依据2018年《公司法》第151条第3款的规定,以清算组成员有《公司法解释二》第23条第1款规定的行为为由向人民法院提起诉讼的,人民法院应予受理。此外,需要注意的是，公司股东可以直接向人民法院提起诉讼，无须遵守书面请求公司董事会起诉的前置程序。第三，公司注销后对股东代表诉讼的参照。参照《公司法解释二》第23条第3款的规定，公司已经清算完毕注销，上述股东参照2018年《公司法》第151条第3款的规定，直接以清算组成员为被告、其他股东为第三人向人民法院提起诉讼的，人民法院应予受理。

关联法规

《民法典》第70条；《公司法解释二》第23条

关联案例

1. 周某雷与孙某德、曹某义等清算责任纠纷案①

2. 平安银行股份有限公司上海分行与杨某俊等清算责任纠纷案②

第二百三十九条 【清算报告和注销公司登记】公司清算结束后，清算组应当制作清算报告，报股东会或者人民法院确认，并报送公司登记机关，申请注销公司登记。

条文注释

公司终止法人资格，需要经过解散、清算和注销登记三个程序。本条是关于公司终止的最后一个程序即公司注销程序的规定。清算组执行完毕清算方案，应当制作清算报告，整理清算期间收支报表及财务账簿。清算报告报股东会或人民法院确认后生效。清算组将经确认的清算报告报送公司登记机关，申请注销公司登记，并进行公告。至此，公司清算工作结束，公司注销登记后的法律效力是公司法人人格消灭。其中，清算报告是清算组对清算工作的总结和汇报，内容包括清算组对公司资产的认定，对解散事由出现前未了事务的处理，债权债务的结算，剩余财产的分配情况等。股东会和人民

① 参见江苏省徐州市中级人民法院（2020）苏03民终7735号。

② 参见上海市第二中级人民法院（2022）沪02民终3822号。

法院接到清算报告后，应当认真审核。经审查认为清算报告内容属实、合法的，应当予以确认；经审查发现清算过程中存在问题，有权要求清算组作出解释。如果因清算组成员故意或者重大过失造成他人损失的，清算组成员应当承担赔偿责任。

适用要点

在新司法解释出台之前，出现未经清算、未经依法清算即办理注销登记的，可参照《公司法解释二》第20条规定进行处理；公司解散应当在依法清算完毕后，申请办理注销登记。公司未经清算即办理注销登记，导致公司无法进行清算，债权人主张有限责任公司的股东、股份有限公司的董事和控股股东，以及公司的实际控制人对公司债务承担清偿责任的，人民法院应依法予以支持。公司未经依法清算即办理注销登记，股东或者第三人在公司登记机关办理注销登记时承诺对公司债务承担责任，债权人主张其对公司债务承担相应民事责任的，人民法院应依法予以支持。

关联法规

《市场主体登记管理条例》第40条、第44条；《公司法解释二》第20条、第21条；《关于审理公司强制清算案件工作座谈会纪要》；《企业注销指引》（2023年修订）

关联案例

1. 刘某、桂某玲等清算责任纠纷二审民事案①
2. 阮某军与湖北薄利电器有限公司案外人执行异议之诉案②

第二百四十条　【公司简易注销】公司在存续期间未产生债务，或者已清偿全部债务的，经全体股东承诺，可以按照规定通过简易程序注销公司登记。

① 参见四川省成都市中级人民法院（2022）川01民终490号。

② 参见湖北省汉江中级人民法院（2019）鄂96民终1137号。

通过简易程序注销公司登记，应当通过国家企业信用信息公示系统予以公告，公告期限不少于二十日。公告期限届满后，未有异议的，公司可以在二十日内向公司登记机关申请注销公司登记。

公司通过简易程序注销公司登记，股东对本条第一款规定的内容承诺不实的，应当对注销登记前的债务承担连带责任。

条文注释

简易注销登记已在全国推行数年，从2016年原国家工商行政管理总局向全国推行企业简易注销登记改革，到2022年3月1日正式施行的《市场主体登记管理条例》，对简易注销登记进行了较为系统明确的规定。简易注销制度提高了市场主体的退出效率，降低了市场主体退出成本。为与《市场主体登记管理条例》等行政法规保持一致，2023年《公司法》修订，将简易注销登记纳入本法，强化了简易注销登记的法律依据。

第1款规定简易注销的适用条件。第一，公司无对外负债，即公司在存续期间未产生债务，或者已清偿全部债务；第二，全体股东对公司注销登记前的债务完结情况等进行承诺。本款规定的简易注销条件与《市场主体登记管理条例》第33条第1款的规定基本保持一致，即“市场主体未发生债权债务或者已将债权债务清偿完结，未发生或者已结清清偿费用、职工工资、社会保险费用、法定补偿金、应缴纳税款（滞纳金、罚款），并由全体投资人书面承诺对上述情况的真实性承担法律责任的，可以按照简易程序办理注销登记”。

第2款规定简易注销的程序。第一，公司应当通过国家企业信用信息公示系统对简易注销予以公告，公告期限不少于20日。第二，公告期限届满后，未有异议的，公司可以在20日内向公司登记机关申请注销公司登记。

第3款规定虚假承诺的法律责任。简易注销程序不经过清算程序就可以完成注销，极大地简化了程序，缩短了时间。但为防止股东通过简易注销程序逃避公司债务，侵害债权人利益，本款规定：“公司通过简易程序注销公司登记，股东对本条第一款规定的内容承诺不实的,应当对注销登记前的债务承担连带责任。”

关联法规

《市场主体登记管理条例》第33条;《企业注销指引》(2023年修订);《工商总局关于全面推进企业简易注销登记改革的指导意见》;《市场监管总局、国家税务总局关于进一步完善简易注销登记便捷中小微企业市场退出的通知》

关联案例

湖北省现代科技创业服务中心管理有限公司、王某等民间借贷纠纷案①

第二百四十一条　【强制注销】公司被吊销营业执照、责令关闭或者被撤销,满三年未向公司登记机关申请注销公司登记的,公司登记机关可以通过国家企业信用信息公示系统予以公告,公告期限不少于六十日。公告期限届满后,未有异议的,公司登记机关可以注销公司登记。

依照前款规定注销公司登记的,原公司股东、清算义务人的责任不受影响。

条文注释

第1款规定强制注销的条件和程序。强制注销应符合以下两个条件:第一,公司被吊销营业执照、责令关闭或者被撤销。第二,满3年未向公司登记机关申请注销公司登记的。强制注销的程序是:第一,公司登记机关可以通过国家企业信用信息公示系统予以公告,且公告期限不少于60日。第二,公告期限届满后,未有异议的,公司登记机关可以注销公司登记。强制注销程序完成后,公司的法人人格消灭。

第2款规定原公司股东、清算义务人的责任。由于强制注销的

① 参见湖北省高级人民法院(2021)鄂民终1290号。

行为主体是公司登记机关,即市场监督管理部门,而非清算组;强制注销无须对公司进行清算,也无须申请人申请,由公司登记机关直接启动强制注销程序,属于登记机关主动履职。因此,本款规定,公司登记机关强制注销公司后,不免除原公司股东和清算义务人的责任,债权人可以依法向原公司股东或者清算义务人追究赔偿责任。

关联法规

《上海市浦东新区市场主体退出若干规定》第2条、第6~10条;《深圳经济特区商事登记若干规定》第27~33条;《海南自由贸易港市场主体注销条例》第12~17条

第二百四十二条 【破产清算的法律依据】公司被依法宣告破产的,依照有关企业破产的法律实施破产清算。

条文注释

公司破产是指公司不能清偿到期债务时,为保护债权人的利益,依法定程序,将公司的财产依法在全体债权人之间按比例公平分配的制度。公司因不能清偿到期债务被宣告破产,其破产清算的具体操作程序不属于《公司法》调整的内容,应依照《企业破产法》的规定进行破产清算。

公司被宣告破产后,应当按照法律规定的程序即破产清算程序进行清算,以了结债务人与债权人之间的财产关系。在破产清算程序中,主要包括两方面的内容:(1)破产管理人在收集管理破产财产的基础上,对破产财产进行估价和处理;(2)用变卖破产财产的价款支付破产费用,清偿优先受偿权人,然后将剩余金额在所有破产债权人之间进行分配。

适用要点

破产清算,主要适用《企业破产法》及其相关法律法规的规定,由法院指定破产管理人负责破产清算,公司丧失清算自主权。

关联法规

《民法典》第73条

关联案例

深圳市怡富数控设备有限公司、周某松等股东损害公司债权人利益责任纠纷案①

① 参见广东省深圳市中级人民法院(2021)粤03民终37864号。

第十三章　外国公司的分支机构

第二百四十三条　【外国公司】本法所称外国公司，是指依照外国法律在中华人民共和国境外设立的公司。

条文注释

确定一个公司是否属于外国公司，主要是依据该公司的国籍。确定公司国籍的标准为公司设立时依据的法律，即公司是根据哪一个国家的法律规定设立的，就属于哪国公司。依照本条规定，本法所称外国公司，是指依照外国法律在中国境外设立的公司。因该种公司是境外登记成立的公司，故其种类可能与我国公司不同，包括有限责任公司、股份有限公司、无限公司、两合公司等法定责任形式的公司，但无论采用何种公司形式，均被我国认为是外国公司。

第二百四十四条　【外国公司在中国境内设立分支机构的程序】外国公司在中华人民共和国境内设立分支机构，应当向中国主管机关提出申请，并提交其公司章程、所属国的公司登记证书等有关文件，经批准后，向公司登记机关依法办理登记，领取营业执照。

外国公司分支机构的审批办法由国务院另行规定。

条文注释

外国公司的分支机构，是指依照外国法律设立的公司，依照本法的规定在中国境内设立的从事生产经营等业务活动的场所或者办事机构。外国公司的分支机构具有以下主要特点：(1)以存在外国公司法人为前提。(2)依照中国法律，经中国主管机关批准，在中国境内设立,并受中国法律的保护和管辖。(3)不具有中国企业法人资格,只能领取营业执照,不能领取公司法人营业执照。

依照本条规定,外国公司在中国境内设立分支机构,应当符合以下程序:第一,应当向中国主管机关提出申请。申请书一般包括:外国公司名称、种类及国籍;外国公司从事的生产经营业务及其准备在我国设立的分支机构要在我国从事的主要生产经营活动;外国公司所在地及其准备在我国设立的分支机构的所在地;外国公司董事及其他负责人的姓名、国籍、住所等。第二,需提交公司章程、所属国的公司登记证书、该外国公司开户银行出具的资信证明、该外国公司法人代表签署的分支机构代表人或者代理人的简历和身份证明、分支机构在我国从事经营活动的业务计划书、公司股东会或者董事会对于请求批准的议事记录以及审批机关要求的其他材料。由于本条第2款授权国务院另行规定外国公司在中国境内设立分支机构的审批办法,因此,外国公司和有关人员需在中国境内设立分支机构的,除了要了解本法的规定外,还需了解国务院的有关规定。第三,需经过中国政府相关主管部门批准,并领取非法人营业执照。外国公司的分支机构领取营业执照后,方可开始营业,登记机关签发营业执照的日期即为分支机构成立的日期。

第二百四十五条　【外国公司在中国境内设立分支机构的条件】外国公司在中华人民共和国境内设立分支机构,应当在中华人民共和国境内指定负责该分支机构的代表人或者代理人,并向该分支机构拨付与其所从事的经营活动相适应的资金。

对外国公司分支机构的经营资金需要规定最低限额的,由国务院另行规定。

条文注释

依照本条规定,外国公司在我国设立分支机构需满足以下三个条件:第一,外国公司在其本国已合法成立,并已经开始了生产经营活动。即外国公司要在中国境内设立分支机构,必须先取得其所在国的公司法人资格。未取得法人资格的,无权到中国境内申请设立分支机构。第二,外国公司应当在中国境内指定负责该分支机构的代表人或者代理人。代表人或者代理人作为分支机构事务的具体执行人,可以直接代表公司对外签订合同、到法院起诉或者应诉,其在合法权限内代表外国公司的分支机构进行民事活动,其行为的法律后果由外国公司承担。第三,外国公司应当向该分支机构拨付与其所从事的经营活动相适应的资金。经营资金的多少,不仅反映了外国公司分支机构的规模和经营能力,还是外国公司分支机构承担法律责任的经济基础。

第二百四十六条　【外国公司分支机构的名称和章程置备】 外国公司的分支机构应当在其名称中标明该外国公司的国籍及责任形式。

外国公司的分支机构应当在本机构中置备该外国公司章程。

条文注释

公司名称是公司用以经营并区别于其他公司或者企业的标志。外国公司的分支机构也应当有自己的名称,这是外国公司分支机构进行活动,与其他主体发生各种法律关系的重要条件。因此,外国公司分支机构的名称对于保障与其交往的第三人的合法权益、维护市场经济秩序有重要意义。

第1款规定,外国公司分支机构名称中应当包含以下内容:第一,应当标明外国公司的国籍,即标明其归属的外国公司的国籍。分支机构归属于哪一个外国公司就标明哪个外国公司的国籍,不允许外国公司分支机构名称所标明的国籍不同于设立它的外国公司的国籍。第二,标明外国公司的责任形式,即标明设立该分支机构的外国公司的组织形式。本法规定的我国的公司形式分为有限责任公司或者股份有限公司,但其他国家对公司组织形式的规定可能与我国不同,如有的大陆法系国家还有无限公司和两合公司的公司形式,英美法系一般将公司分为闭锁公司和开放公司,这些公司采取的形式不同,导致公司的责任形式也不同。为了保护与该分支机构交易的第三方的利益,本款要求外国公司分支机构名称中应当标明外国公司的责任形式。

第2款规定,外国公司的分支机构应当在本机构中置备该外国公司章程。公司章程作为规范公司的组织与行为,规定公司与股东之间、股东与股东之间的权利义务关系的公司基本法律文件,是公司组织和活动的基本准则。要求外国公司的分支机构将外国公司的章程置备于本机构中,有利于社会公众对该分支机构所属的外国公司进行必要的了解,也有利于我国有关部门对外国公司的分支机构进行监督和管理。

第二百四十七条　【外国公司分支机构的法律地位】外国公司在中华人民共和国境内设立的分支机构不具有中国法人资格。

外国公司对其分支机构在中华人民共和国境内进行经营活动承担民事责任。

条文注释

法人分支机构是法人的组成部分,直属于设立它的法人,不具有独立法人资格。外国公司分支机构虽然在中国设立,但其只是外国公司在中国设立的派出机构,是所属外国公司的组成部分,而不是外国公司依据中国法律在中国境内单独登记注册成立的子公司法人,因此,它不是中国法人,真正具备法人资格的是该外国公司。外国公司分支机构没有独立的财产,不进行独立核算,不具有独立公司法人的内部组织机构,不使用与其总公司相区别的独立的名称。分支机构在中国境内从事经营活动是以设立该分支机构的外国公司的名义进行的,产生的权利和义务均归属于该外国公司,民事责任也由该外国公司来承担。因外国公司应当向其在中国境内设立的分支机构拨付一定的资金,实践中考虑到债务履行或者执行的方便,分支机构发生的债务一般先由分支机构的财产进行清偿,当分支机构的财产不能清偿债务时，再由所属外国公司的财产进行清偿。当然，也可以请求所属外国公司直接承担清偿责任。

第二百四十八条 【外国公司分支机构在中国境内的活动原则】经批准设立的外国公司分支机构，在中华人民共和国境内从事业务活动，应当遵守中国的法律，不得损害中国的社会公共利益，其合法权益受中国法律保护。

条文注释

外国公司的分支机构经过中国主管机关批准在中国境内合法设立后，可以在中国境内从事业务活动，但应当遵守以下原则：第一，遵守中国法律。任何单位和个人只要在中国境内从事有关的活动，就必须遵守中国的法律。外国公司在中国设立分支机构从事经营活动属于法律规范的对象，同中国的单位和个人一样必须遵守中国的法律，这里的法律包括本法在内的所有现行有效的中国法律。第二，不得损害中国的社会公共利益。社会公共利益是全体社会成员的利益，法律保护社会公共利益，实质是保护全体社会成员的利益。维护社会公共利益是我国《宪法》和相关法律规定的一项基本原则。这项原则不仅对中国的单位和个人具有约束力，对于在中国境内的外国公司分支机构和个人也具有约束力，即外国公司在中国境内设立的分支机构应当遵守该项原则，不得损害中国的社会公共利益。第三，外国公司的分支机构的合法权益受中国法律保护。外国公司在中国境内设立的分支机构的行为受中国法律的约束，同时，其合法权益也受中国法律的保护。

第二百四十九条 【在中国境内的外国公司分支机构撤销清算】外国公司撤销其在中华人民共和国境内的分支机构时，应当依法清偿债务，依照本法有关公司清算程序的规定进行清算。未清偿债务之前，不得将其分支机构的财产转移至中华人民共和国境外。

条文注释

外国公司的分支机构是依照中国的法律规定设立的，其撤销与清算自然也应当依照中国的法律规定进行。外国公司分支机构清算时，应当依法清偿债务，并按照本法有关公司清算程序的规定进行清算。本法第12章对公司清算作出相关规定，根据该章规定，公司清算主要包括成立清算组，通知和公告债权人，清理财产和债权债务并制订清算方案，进行债务清偿，依法办理注销登记等程序。在中国境内的外国公司分支机构的债务，实质上是该外国公司的债务，因此，用于清偿分支机构债务的财产不限于该分支机构的现有财产，如果分支机构的现有财产不足以清偿所欠债务，债权人有权向该分支机构所属的外国公司请求偿还。

外国公司在中国境内设立的分支机构的财产，在依照本法分别支付清算费用、职工的工资、社会保险费用和法定补偿金，缴纳所欠税款，清偿公司债务前，不得将其分支机构的财产移至中国境外，否则，要依法追究有关责任人员的法律责任。

第十四章 法律责任

第二百五十条 【欺诈取得公司登记违法行为的法律责任】 违反本法规定，虚报注册资本、提交虚假材料或者采取其他欺诈手段隐瞒重要事实取得公司登记的，由公司登记机关责令改正，对虚报注册资本的公司，处以虚报注册资本金额百分之五以上百分之十五以下的罚款；对提交虚假材料或者采取其他欺诈手段隐瞒重要事实的公司，处以五万元以上二百万元以下的罚款；情节严重的，吊销营业执照；对直接负责的主管人员和其他直接责任人员处以三万元以上三十万元以下的罚款。

条文注释

本条所涉及的违法行为，实质是一种欺诈行为，即当事人在办理公司登记时，故意隐瞒有关的重要事实、制造假象、掩盖真相，使公司登记机关受蒙骗、发生错误认识而取得公司登记。其主要表现为：第一，虚报注册资本。这里的“虚报”主要是指为骗取公司登记而故意夸大资本数额，实际上根本就没有出资或者没有全部出资。此处的“公司登记”，不仅包括设立登记，还包括变更登记、注销登记以及设立分公司的登记等。第二，提交虚假材料。这里的“虚假材料”主要是指设立（变更、注销）登记申请书、公司章程、验资证明等文件，以及从事法律、行政法规规定须经有关部门批准的行业，其所提交的有关部门的批准文件是虚假的。如设立申请书中股东出资额的验资证明是虚假的，或者从事特种行业所提交的有关部门的批准文件是伪造的，等等。第三，采取其他欺诈手段隐瞒重要事实。这里的“其他欺诈手段”主要是指采用其他隐瞒事实真相的方法欺骗公司登记机关的行为。本条对违法取得公司登记行为的法律责任追究的方式，包括责令改正、罚款、吊销营业执照。

关联法规

《民法典》第148条；《市场主体登记管理条例》第17条、第40条

第二百五十一条　【未按规定公示信息或不如实公示信息的法律责任】公司未依照本法第四十条规定公示有关信息或者不如实公示有关信息的，由公司登记机关责令改正，可以处以一万元以上五万元以下的罚款。情节严重的，处以五万元以上二十万元以下的罚款；对直接负责的主管人员和其他直接责任人员处以一万元以上十万元以下的罚款。

条文注释

公司公示信息，一方面对于保障公平竞争、促进企业诚信自律、维护交易安全、扩大社会监督具有十分重要的意义；另一方面也是提供政府公共服务和市场监管方式的创新，建立宽进严管机制、强化事中事后监管的重要举措，促进政府进一步转变职能，建设法治政府、创新政府、廉洁政府和服务型政府的内在要求。本法第40条第1款明确了公司应当按照规定通过国家企业信用信息公示系统向社会公示的事项，同时该条第2款规定公司应当确保公示信息真实、准确、完整。公示信息的真实、准确、完整，有助于提高信用监管效能，提升诚实守信的市场环境，实现守法诚信经营受益的预期目的。相反，如果公司未依照本法第40条规定公示有关信息或者不如实公示有关信息，则可能对社会公众获取和运用公示信息带来负面影响，有碍诚信经营社会环境的健康发展。本条对公司未公示或不如实公示有关信息行为法律责任的追究，包括责令改正、罚款。

第二百五十二条　【虚假出资的法律责任】公司的发起人、股东虚假出资，未交付或者未按期交付作为出资的货币或者非货币

财产的，由公司登记机关责令改正，可以处以五万元以上二十万元以下的罚款；情节严重的，处以虚假出资或者未出资金额百分之五以上百分之十五以下的罚款；对直接负责的主管人员和其他直接责任人员处以一万元以上十万元以下的罚款。

条文注释

具备一定的资金是一个公司存在及开展经营活动的必要条件，而公司最初的资金来源于股东或者发起人的出资。根据本法的规定，公司的发起人、股东在签订设立公司的协议，制订公司章程，确立公司名称、住所等相关事宜后，需要根据法律的规定及各方达成的协议，在公司成立时或者成立之后按期足额缴纳各自认缴的出资额，以保证公司的正常运行。因此，公司的发起人、股东的出资是否真实，是否按照约定或者法律规定按期足额缴纳至关重要。如果公司发起人、股东虚假出资，既影响到其他发起人或者股东的利益，又危及到公司参与的市场交易的稳定性。因此，本法要求公司的发起人、股东必须足额、按期缴纳出资，保证出资的真实性。公司的发起人、股东故意违反本法关于出资缴纳的规定虚假出资，未交付或者未按期交付作为出资的货币或者非货币财产而假装已经出资的，即构成虚假出资行为，应当承担相应的法律责任。本条对虚假出资行为法律责任追究的方式，包括责令改正、罚款。

关联法规

《市场主体登记管理条例》第45条

第二百五十三条　【公司发起人、股东抽逃出资的法律责任】 公司的发起人、股东在公司成立后，抽逃其出资的，由公司登记机关责令改正，处以所抽逃出资金额百分之五以上百分之十五以下的罚款；对直接负责的主管人员和其他直接责任人员处以三万元以上三十万元以下的罚款。

条文注释

公司发起人、股东出资构成的注册资本是公司信誉及其承担责任的物质基础。为保证公司资本的真实可靠，防止公司设立中的欺诈和投机，保护债权人权益，维护社会经济秩序的稳定发展，本法规定公司发起人、股东出资后，不得抽回出资。抽逃出资行为的主体为公司发起人和股东，其抽逃出资行为是一种故意的行为。实践中，抽逃出资主要表现为以下两种情况：一种是为了达到设立公司的目的，通过向其他企业借款或者向银行贷款等手段取得资金（即通常所说的"过桥资金"），并将该取得的资金用于缴纳自己的出资，待公司登记成立后，又抽回这些资金；另一种是在公司设立时，依法缴纳了自己的出资，但当公司成立后，又通过制作虚假财务会计报表虚增利润进行分配，虚构债权债务关系、关联交易等违法方式将出资抽回。公司的发起人、股东在公司成立后，抽逃其出资，是对公司及其债权人、社会公众和公司登记机关的欺骗，应当承担相应的法律责任。

当公司的发起人、股东抽逃出资时，涉及资金的进入、转出、交易的审核等不同环节，需经公司主管人员等操作执行，方能完成资金的转出。故直接负责抽逃出资相关环节的主管人员和其他直接责任人，协助配合公司发起人、股东完成抽逃出资，共同侵害了公司及债权人的利益，应承担相应的法律责任。本条对虚假出资行为法律责任追究的方式，包括责令改正、罚款。

关联法规

《公司法解释三》第14条

关联案例

河南亚鹰钢结构幕墙工程有限公司与汉川市工商行政管理局行政处罚纠纷案①

---

① 参见湖北省孝感市中级人民法院(2016)鄂09行终54号。

第二百五十四条 【公司财务违法行为的法律责任】有下列行为之一的,由县级以上人民政府财政部门依照《中华人民共和国会计法》等法律、行政法规的规定处罚:

(一)在法定的会计账簿以外另立会计账簿;

(二)提供存在虚假记载或者隐瞒重要事实的财务会计报告。

条文注释

本条规定了两种具体财务违法行为:

第一种是在法定的会计账簿以外另立会计账簿。会计账簿是指由一定格式的账页组成的,以经过审核的会计凭证为依据,用以全面、系统、连续地记录各项经济业务的簿籍。公司违反本法规定另立会计账簿的行为,通常具有以下特点:第一,另立会计账簿行为的主体为公司,因此,只能是法人而非自然人。第二,另立会计账簿行为的主观方面,大多是为逃避有关主管机关监督、检查或者逃避公司的法定义务,目的与动机十分明确,因而行为的主观方面是故意。第三,另立会计账簿行为的客观方面主要表现为公司违反了法律、行政法规和国务院财政部门关于设立会计账簿的规定,在法定的会计账簿之外另外设立了一套会计账簿。

第二种是提供存在虚假记载或者隐瞒重要事实的财务会计报告。公司的财务会计报告是指公司对外提供的反映公司某一特定时期的财务状况和某一会计期间的经营成果、现金流量等会计信息的文件。股东和社会公众主要就是通过公司的财务会计报告来了解公司的经营情况及其成果,并在此基础上维护自己的合法权益,决定今后投资的意向等。因此,本法禁止公司提供的财务会计报告等材料作虚假记载或者隐瞒重要事实。提供存在虚假的财务会计报告与工作过失造成财务会计报告失实行为在客观上有相同之处,即财务会计报告存在虚假或遗漏。但二者关键的区别在于主观方面的不同,前者在主观上表现为行为人故意提供存在虚假记载的或者隐瞒重要事实的财务会计报告,而后者则是行为人由于业务能力、工作经验和态度等方面的原因,导致制作的财务会计报告中出现错算、错记、漏记等情形，即主观上表现为过失。

因本条的违法行为发生在财务会计领域，而在《会计法》第42～46条中，已对本条的违法行为的法律责任作出详细规定，故本次修改删除了具体的法律责任承担方式，直接适用《会计法》等法律、行政法规，实现了本法与《会计法》等法律、法规的有效衔接。

关联法规

《会计法》第42～46条

第二百五十五条　【公司合并、分立、减少注册资本或清算时违反通知、公告义务的法律责任】公司在合并、分立、减少注册资本或者进行清算时，不依照本法规定通知或者公告债权人的，由公司登记机关责令改正，对公司处以一万元以上十万元以下的罚款。

条文注释

为了防止公司逃避债务，保护债权人的利益，依照本法第220条、第222条、第224条、第235条等的相关规定，公司在合并、分立、减少注册资本或者进行清算时，应通知或公告债权人。如果公司不按照本法规定通知或者公告债权人的，会损害债权人的利益，应当承担相应的法律责任。本条对公司在合并、分立、减少注册资本或者清算过程中，存在未通知或公告债权人行为的，公司登记机关依法对其追究法律责任的方式，主要包括责令改正、罚款。

第二百五十六条　【公司进行清算时的违法行为及法律责任】公司在进行清算时，隐匿财产，对资产负债表或者财产清单作虚假记载，或者在未清偿债务前分配公司财产的，由公司登记机关责令改正，对公司处以隐匿财产或者未清偿债务前分配公司财产金额百分之五以上百分之十以下的罚款；对直接负责的主管人员和其他直接责任人员处以一万元以上十万元以下的罚款。

条文注释

依照本条规定,违法清算行为的基本特点包括:第一,违法清算行为的主体为公司,但不仅要追究公司的责任,还要追究直接负责的主管人员和其他直接责任人员的法律责任。第二,违法清算行为主要有隐匿财产、对资产负债表或者财产清单作虚假记载、未清偿债务前分配公司财产。其中,"隐匿财产",是指将公司财产予以转移、隐藏。公司的财产既包括资金,又包括工具、设备、产品、货物等各种财物。"对资产负债表或者财产清单作虚假记载",是指公司在制作资产负债表或者财产清单时,故意采取隐瞒或者欺骗等方法,对资产负债或者财产清单进行虚报,以达到逃避公司债务的目的。虚报公司的财产,有时可能采取少报、低报的方式,故意隐瞒或者缩小公司的实际财产的数额;有时可能采取夸大的方式,多报公司的实际资产,如将公司的厂房、设备、产品的实际价值高估高报,用以抵销偿还债务;有时还会对公司现有债务状况进行夸张或不实记载;等等。总之,隐匿财产、虚报财产的目的是逃避公司的债务,或者使少数股东、债权人在分配公司财产或者清偿公司债务时优于其他股东或者债权人分得财产或者得到抵偿。其后果是损害债权人和利害相关方的利益。"未清偿债务前分配公司财产",是指在清算过程中,违反法律规定,在清偿债务之前就分配公司的财产,这样会导致公司对外所欠债务不能履行,损害债权人的合法权益。本条对公司上述行为的法律责任追究方式,包括责令改正、罚款。

第二百五十七条 【承担资产评估、验资或者验证的机构违法行为的法律责任】承担资产评估、验资或者验证的机构提供虚假材料或者提供有重大遗漏的报告的,由有关部门依照《中华人民共和国资产评估法》、《中华人民共和国注册会计师法》等法律、行政法规的规定处罚。

承担资产评估、验资或者验证的机构因其出具的评估结果、验资或者验证证明不实,给公司债权人造成损失的,除能够证明自己没有过错的外,在其评估或者证明不实的金额范围内承担赔偿责任。

条文注释

本条第1款与《资产评估法》《注册会计师法》等法律、法规相衔接，对承担资产评估、验资或者验证的机构违法行为的法律责任，由有关部门依照《资产评估法》《注册会计师法》等法律法规的规定处罚。

承担资产评估、验资或者验证的机构因为自己的过错，出具了不实的评估结果、验资或者验证证明，公司债权人因为信任其评估结果、验资或者验证证明，而遭受损失的，债权人有理由要求承担资产评估、验资或者验证的机构予以赔偿。承担资产评估、验资或者验证的机构除能够证明自己没有过错外，在其评估或者证明不实的金额范围内承担赔偿责任。依照本条第2款规定，理解承担资产评估、验资或者验证的机构承担民事责任时，应注意：

第一，承担资产评估、验资或者验证的机构要证明自己没有过错。依照《民事诉讼法》第67条第1款的规定，当事人对自己提出的主张应当及时提供证据。在关于承担资产评估、验资或者验证的机构是否承担民事责任的诉讼中，遭受损失的债权人只需证明自己因为信任中介机构提供的不实的评估结果、验资或者验证证明，从而遭受了损失即可，不需要证明承担资产评估、验资或者验证的机构是否存在过失。承担资产评估、验资或者验证的机构要证明自己在提供评估结果、验资或者验证证明时没有过错，即通常所说的举证责任倒置。

第二，承担资产评估、验资或者验证的机构承担赔偿责任的范围受限。由于承担资产评估、验资或者验证的机构所出具的评估结果、验资或者验证证明不仅提供给有关部门，往往还为广大社会公众、债权人提供信息，如果因此给债权人造成损失，其损失往往是承担资产评估、验资或者验证的机构所不能预见的；如果让承担资产评估、验资或者验证的机构承担所有的损失而不加以限制的话，一是对承担资产评估、验资或者验证的机构不公平，二是会阻碍资产评估、验资或者验证行业发展。因此，本条第2款规定，承担资产评估、验资或者验证的机构在其评估或者证明不实的金额范围内承担赔偿责任,即承担的是一种限额赔偿责任。

关联法规

《资产评估法》第20条、第47条;《注册会计师法》第20条、第21条、第39条

关联案例

1. 山东黄河河务局滨州黄河河务局、山东东慧会计师事务所有限公司等股东出资纠纷案①

2. 立信会计师事务所、金亚科技股份有限公司证券虚假陈述责任纠纷案②

第二百五十八条 【公司登记机关未履职或履职不当的法律责任】公司登记机关违反法律、行政法规规定未履行职责或者履行职责不当的,对负有责任的领导人员和直接责任人员依法给予政务处分。

条文注释

根据《市场主体登记管理条例》的有关规定,国务院市场监督管理部门主管全国市场主体登记管理工作,县级以上地方人民政府市场监督管理部门主管本辖区市场主体登记管理工作,代表国家行使市场主体登记管理权力。登记机关及其工作人员是否规范履职、秉公执法、廉洁自律,直接关系市场主体合法权益的维护、市场经济秩序的稳定以及营商环境的优化程度。如果公司登记机关违反法律、行政法规规定,对不符合本法规定条件的登记申请予以登记,或者对符合本法规定条件的登记申请不予登记;公司登记机关的上级部门强令公司登记机关对不符合本法规定条件的登记申请予以登记,或者对符合本法规定条件的登记申请不予登记的,或者对违法登记进行包庇的,则侵害了当事人的合法权益,损害国家、社会公众和其

① 参见山东省高级人民法院(2022)鲁民终593号。

② 参见四川省高级人民法院(2020)川民终1382号。

他组织的合法权益，破坏社会经济秩序，也损害了登记机关的威信。为此，本条规定了公司登记机关违反法律、行政法规规定未履行职责或者履行职责不当的法律责任，即对负有责任的领导人员和直接责任人员，根据具体情况，由监察部门或任免机关、单位依法给予警告、记过等政务处分。

关联法规

《公职人员政务处分法》第7条；《市场主体登记管理条例》第50条

第二百五十九条　【假冒公司的违法行为及其法律责任】未依法登记为有限责任公司或者股份有限公司，而冒用有限责任公司或者股份有限公司名义的，或者未依法登记为有限责任公司或者股份有限公司的分公司，而冒用有限责任公司或者股份有限公司的分公司名义的，由公司登记机关责令改正或者予以取缔，可以并处十万元以下的罚款。

条文注释

登记是市场主体的一项法定义务，也是市场主体进行生产经营活动的前提条件，市场主体需要取得登记机关签发的营业执照，接受国家的行政管理。根据本法第31条规定，申请设立公司，符合本法规定的设立条件的，由公司登记机关分别登记为有限责任公司或者股份有限公司；不符合本法规定的设立条件的，不得登记为有限责任公司或者股份有限公司。第7条规定，依照本法设立的有限责任公司，应当在公司名称中标明有限责任公司或者有限公司字样。第38条规定，公司设立分公司，应当向公司登记机关申请登记，领取营业执照。第33条第1款中规定，公司营业执照签发日期为公司成立日期。

依法登记是公司取得民事主体资格的形式条件。营业执照则是市场监督管理机关给核准登记的公司颁发的从事符合规定范围的生产经营活动的合法凭证，取得营业执照是公司成立的标志。在领取营业执照前,任何人不得以公司或者分公司的名义从事经营活动。行为人冒用有限责任公司或者股份有限公司或者其分公司的名义,在主观方面是故意的,即明知自己没有依法登记为有限责任公司或者股份有限公司或者公司的分公司,而冒用虚假的、不真实的有限责任公司或者股份有限公司或者公司的分公司的名义。这一行为有扰乱市场经济秩序的可能,也会损害和其进行交易的善意相对人的利益,应当禁止。需要指出的是,本条规定的违法主体具有多样性,可能是个人、法人;可能是有限责任公司,也可能是股份有限公司。无论是谁,违反了上述规定,在未经依法登记领取营业执照的情况下,以市场主体的名义从事经营活动,是一种严重违反本法及市场主体登记管理规定的行政违法行为,应当依法由公司登记机关责令改正或者予以取缔,可以并处10万元以下的罚款。

第二百六十条 【公司逾期开业、不当停业及不依法办理变更登记的法律责任】公司成立后无正当理由超过六个月未开业的,或者开业后自行停业连续六个月以上的,公司登记机关可以吊销营业执照,但公司依法办理歇业的除外。

公司登记事项发生变更时,未依照本法规定办理有关变更登记的,由公司登记机关责令限期登记;逾期不登记的,处以一万元以上十万元以下的罚款。

条文注释

依照本法规定,公司非依法登记不得成立,公司营业执照的签发日期,为公司成立日期。公司成立后,随之就应该开业,开始从事各项生产经营活动。如果公司成立后无正当理由超过6个月未开业或者开业后自行停业连续6个月以上的,除公司依法办理歇业的情形外,公司登记机关依法可以给予吊销营业执照的行政处罚。其中,"未开业"是指没有正式对外营业;"无正当理由"是一种原则性表述,至于何为正当理由,何为不正当理由,需要公司登记机关根据具体情况来认定。

依据本法第34条第1款和相关法律法规的规定，公司登记事项发生变更的，应当依法办理变更登记。所谓公司登记事项，是指向公司登记机关登记的有关公司的主要事项，公司登记事项主要有：公司名称和住所、公司经营范围、公司注册资本、公司法定代表人的姓名、有限责任公司股东、股份有限公司发起人的姓名或者名称等。公司登记事项发生变更时，应当依照本法的相关规定办理相应的变更登记，如果不进行变更登记，违反法律的义务性规范，公司登记机关应责令限期登记；对于逾期仍不登记的，处以1万元以上10万元以下的罚款。

关联法规

《市场主体登记管理条例》第24～30条、第37条、第46条、第47条

第二百六十一条 【外国公司擅自在中国境内设立分支机构的法律责任】外国公司违反本法规定，擅自在中华人民共和国境内设立分支机构的，由公司登记机关责令改正或者关闭，可以并处五万元以上二十万元以下的罚款。

条文注释

依照本法第243条的规定，外国公司是指依照外国法律在中国境外设立的公司。外国公司在我国设立分支机构，要经我国有关主管机关批准，公司登记主管机关对其递交的申请文件进行审查后，认为材料齐全，符合中国法律、行政法规规定的，准予登记，发给其在中国营业的执照，外国公司的分支机构领取营业执照后方可开始营业。依照本条规定，外国公司违反本法规定，擅自在中国境内设立分支机构的，由公司登记机关责令改正或者关闭，可以并处以5万元以上20万元以下的罚款。对于情节轻微的外国公司违法在中国境内设立分支机构的，公司登记机关可以责令改正，改正的形式可以是要求其依法补办有关设立分支机构的手续，也可以要求自行停止设立的分支机构。对于不符合设立分支机构条件或者主观恶性较大

的，公司登记机关有权关闭外国公司违法设立的分支机构。对于外国公司违法在中国境内设立分支机构的行为，公司登记机关在作出上述任何一种处理以后，还可并处罚款，罚款的幅度为5万元以上20万元以下。

第二百六十二条 【危害国家安全、社会公共利益的法律责任】利用公司名义从事危害国家安全、社会公共利益的严重违法行为的，吊销营业执照。

条文注释

本条规制不法主体利用公司作掩护从事非法活动的行为。个别不法主体成立公司不是为了进行正常的市场经营活动，而是为了利用公司的合法外衣进行危害国家安全、社会公共利益的活动，以逃避有关部门的监管和法律的制裁，如黑社会性质组织成立公司进行洗钱、套路贷等行为。法律必须对该类严重违法行为进行严格规制，发现存在利用公司名义从事危害国家安全、社会公共利益的严重违法行为的，吊销其营业执照。

第二百六十三条 【民事赔偿优先原则】公司违反本法规定，应当承担民事赔偿责任和缴纳罚款、罚金的，其财产不足以支付时，先承担民事赔偿责任。

条文注释

公司实施某一违法行为，可能构成犯罪，依照《刑法》的有关规定被判处罚金、没收财产等；可能侵犯公民、法人或者其他组织的财产权或者人身权，按照民事法律规范，需要承担民事赔偿责任；同时，按照本法和有关法律、行政法规的规定还可能被处以罚款处罚等，形成民事赔偿责任、行政责任、刑事责任的竞合。出现前述情形，在执行罚款或罚金后，可能出现不能偿付民事赔偿的现象，显然不利于民事债权人利益的保护。为此，本条规定，在违法的公司既要承担民事赔偿责任，又要承担行政责任和刑事责任的情况下，如果其财产不足以同时支付，则应当先行承担民事赔偿责任。当然，公司用以承担民事赔偿责任的财产，应当是公司的合法财产。

关联法规

《民法典》第187条；《刑法》第36条；《证券法》第220条

第二百六十四条　【刑事责任】违反本法规定，构成犯罪的，依法追究刑事责任。

条文注释

违反本法规定，依照《刑法》构成犯罪，需要追究刑事责任的行为主要有：(1)依照《全国人民代表大会常务委员会关于〈中华人民共和国刑法〉第一百五十八条、第一百五十九条的解释》，以及《最高人民检察院、公安部关于严格依法办理虚报注册资本和虚假出资抽逃出资刑事案件的通知》的规定，对于依法实行注册资本实缴登记制的公司，申请公司登记使用虚假证明文件或者采取其他欺诈手段虚报注册资本，欺骗公司登记主管部门，取得公司登记，虚报注册资本数额巨大、后果严重或者有其他严重情节的；公司发起人、股东违反《公司法》的规定未交付货币、实物或者未转移财产权，虚假出资，或者在公司成立后又抽逃其出资，数额巨大、后果严重或者有其他严重情节的。(2)在招股说明书，认股书，公司、企业债券募集办法中隐瞒重要事实或者编造重大虚假内容，发行股票或者公司、企业债券，数额巨大、后果严重或者有其他严重情节的。(3)公司向股东和社会公众提供虚假的或者隐瞒重要事实的财务会计报告，严重损害股东或者其他人利益的。(4)公司、企业进行清算时，隐匿财产，对资产负债表或者财产清单作虚伪记载或者在未清偿债务前分配公司、企业财产，严重损害债权人或者其他人利益的。(5)承担资产评估、验资、验证、会计、审计、法律服务等职责的中介组织的人员故意提供虚假证明文件,情节严重的。(6)其他违反本法规定,构成犯罪的行为。

关联法规

《刑法》第158~162条、第229条

第十五章　附　　则

第二百六十五条　【用语含义】本法下列用语的含义：

（一）高级管理人员，是指公司的经理、副经理、财务负责人，上市公司董事会秘书和公司章程规定的其他人员。

（二）控股股东，是指其出资额占有限责任公司资本总额超过百分之五十或者其持有的股份占股份有限公司股本总额超过百分之五十的股东；出资额或者持有股份的比例虽然低于百分之五十，但依其出资额或者持有的股份所享有的表决权已足以对股东会的决议产生重大影响的股东。

（三）实际控制人，是指通过投资关系、协议或者其他安排，能够实际支配公司行为的人。

（四）关联关系，是指公司控股股东、实际控制人、董事、监事、高级管理人员与其直接或者间接控制的企业之间的关系，以及可能导致公司利益转移的其他关系。但是，国家控股的企业之间不仅因为同受国家控股而具有关联关系。

条文注释

根据2018年《公司法》第216条第3项关于“实际控制人，是指虽不是公司的股东……”的表述，股东身份与实际控制人身份不予重合，即股东不能被认定为实际控制人，这就导致对股东与实际控制人身份认定的矛盾性。如一个股东仅持有公司少量的股权，但其实际可以控制整个公司，但根据上述规定，该股东不能被认定为公司实际控制人，从而无法基于实际控制人的身份对该股东进行约束。但实务中，证监会关于上市公司相关规定早已将股东纳入实际控制人的认定范围。2023年《公司法》修订，删除了“虽不是公司的股东”的表述，即表明实际控制人不仅包含不具备股东身份的控制人，还包含了具备股东身份的控制人，使对公司实际控制人的认定更加清晰。

关联案例

上海欧宝生物科技有限公司诉辽宁特莱维置业发展有限公司企业借贷纠纷案①

第二百六十六条 【施行日期、出资期限及出资额的调整】本法自2024年7月1日起施行。

本法施行前已登记设立的公司，出资期限超过本法规定的期限的，除法律、行政法规或者国务院另有规定外，应当逐步调整至本法规定的期限以内；对于出资期限、出资额明显异常的，公司登记机关可以依法要求其及时调整。具体实施办法由国务院规定。

条文注释

本条第1款规定本法的生效时间，自2024年7月1日起施行。

第2款规定了本法施行前已登记设立的公司已认缴出资的出资过渡期。

① 参见最高人民法院(2015)民二终字第324号。